現代社会とスポーツの社会学

【編著】

高峰　　修

岡本　純也

千葉　直樹

束原　文郎

横田　匡俊

株式
会社 杏林書院

編著者

高峰　　修　明治大学政治経済学部教授（第 8 章）

岡本　純也　一橋大学商学部准教授（第 11 章）

千葉　直樹　中京大学スポーツ科学部教授（第 5 章）

束原　文郎　京都先端科学大学健康医療学部准教授（第 7 章）

横田　匡俊　日本体育大学スポーツマネジメント学部准教授（第 15 章）

執筆者

工藤　保子　大東文化大学スポーツ・健康科学部准教授（第 1 章）

松尾　哲矢　立教大学コミュニティ福祉学部教授（第 2 章）

水上　博司　日本大学文理学部教授（第 3 章）

中澤　篤史　早稲田大学スポーツ科学学術院准教授（第 4 章）

桜井智野風　桐蔭横浜大学スポーツ健康政策学部教授（コラム 1）

栗山　靖弘　鹿屋体育大学スポーツ人文・応用社会科学系講師（第 6 章）

高橋　義雄　筑波大学体育系准教授（第 9 章）

笹生　心太　東京女子体育大学体育学部准教授（第 10 章）

安松　幹展　立教大学コミュニティ福祉学部教授（コラム 2）

植田　　俊　東海大学国際文化学部講師（第 12 章）

足立　美和　共立女子大学家政学部准教授（コラム 3）

依田　充代　日本体育大学スポーツマネジメント学部教授（第 13 章）

佐野　信子　立教大学コミュニティ福祉学部教授（第 14 章）

海老原　修　尚美学園大学スポーツマネジメント学部教授（第 16 章）

（執筆順）

序　文

　和歌の世界には"本歌取り"という技法があるという．辞書的には「和歌，連歌などを作る際に，すぐれた古歌や詩の語句，発想，趣向などを意識的に取り入れる表現技巧」（『精選版 日本国語大事典』）とされるが，本歌への深い思いや共感が返歌に陰に陽に盛り込まれる．先人たちのこうした創意が時空を超えた文化の蓄積をもたらす世界である．

　翻って私たちが生業とする研究活動も，ある意味ではこの本歌取りに近い営為といえるかもしれない．学兄の深く，冷静に，しかし熱い思いを伴って考え抜かれ記された論文をさらに読み深め考察し，そこから新たな問題意識や仮説を導き出す．異なるのはそこに批判的精神が加わることであろうか．また，いかなる論文であってもそれが記された時代を反映する一方で，その時代ならではの視点から逃れられないという限界も合わせ持つ．

　さて，杏林書院から『現代スポーツ社会学序説』（以下，『序説』）が発行されたのは2003年のことである．『体育の科学』誌上で2000年4月号から2002年3月号まで組まれた連載「時代を映すスポーツ人物・考」の論考を編集したものであったが，それから約20年が経ち，国の内外を問わず社会も，政治も，コミュニケーションの方法も激変し，そしてもちろんそれらとのかかわりの中で展開されるスポーツの姿も様変わりした．本書『現代社会とスポーツの社会学』の編著者らは横浜国立大学スポーツ社会学研究室で学び，研究者としての駆け出しの頃に上記『体育の科学』誌の連載，『序説』に執筆の機会を得た．『序説』の編著者，海老原修の退官を機に久しぶりに集まった5人は，同書で扱ったキー概念や研究視角が現在のスポーツと社会を読み解く上で有効なのか否か，またそれを再考することによって過去と現在のスポーツと社会の関係をより明確にでき，さらにはスポーツ社会学という学問分野の進展も浮かび上がらせることができるのではないかといったことを語らい，冒頭に示した"本歌取り"というコンセプトに思い至ったのである．

　本書では『序説』で扱った論考の枠を外し，『体育の科学』誌に掲載されたスポーツと社会をめぐるさまざまな現象についての論考の中から1本または複数

本選び，それを"本歌"として，スポーツにかかわる各分野の専門家が"返歌を詠む"というコンセプトを設定した．具体的には，各章のテーマを専門とする執筆者に本歌を選んでいただき，過去10〜20年間にわたる研究の動向や議論の発展を概観しつつ現代的視点から読み直し，新たな知見を書き加えることをお願いした．読者の方々には，ぜひとも各章の"本歌"も合わせて読むことをおすすめしたい．現在から過去へとまなざしを向けることだけでなく，過去の視点から現在をまなざすことによって，現在のスポーツや社会の輪郭が明瞭になってくるとも考える．過去と現在の往還により未来を見通す視点を得る．それが"本歌取り"という技巧に依る編著者らのねらいであり，願いでもある．

　本書はスポーツ社会学を専攻する初学者を主たる読者と想定して執筆された．これからスポーツに関する研究，教育，ビジネスで活躍するであろう読者の方々に，この分野の独自の研究視角，社会をとらえる分析視点などから，編著者らが経験した知的な好奇心と興奮を感じ取っていただければこの上ない喜びである．

　最後に，本書の出版を快諾くださった株式会社杏林書院・太田康平氏，ならびに編集作業に尽力くださった齋田依里氏に記して感謝申し上げる次第である．

　　2022年2月吉日

編著者代表　高峰　修

目　　次

第1部　スポーツ実践の現代的課題

第1部　スポーツ実践の現代的課題

第 1 章

運動・スポーツ実施：
調査の現状把握と読み解く力

　運動，スポーツ，健康に少なからず携わる者としては，現状を把握することは必須である．その際に参考とするのが政府や民間団体で実施されている全国調査である．これまでも，これらの調査結果に基づき，さまざまな研究や事業立案，政策立案が行われてきたが，2017 年頃からは EBPM（Evidence-Based Policy Making，証拠にもとづく政策立案）の推進方針が内閣府を中心に進められるようになり，全国調査が示す結果や，それらを読み解く力が一層重要になってきている．

　本章では，参考となる全国調査を紹介するとともに推移・現状を報告し，今後を読み解く視点を解説したい．

1．運動・スポーツ実施に関する全国調査の紹介

　わが国では，運動・スポーツ実施状況を把握する全国調査がいくつか実施されており，それぞれが以下のような特徴を持っている．

1）社会生活基本調査

　総務庁統計局が，1976 年から 5 年ごとに実施している統計法に基づく基幹統計調査である．全国から無作為に抽出した 10 歳以上の約 20 万人を対象に，1 日の生活時間の配分や余暇時間における主な活動（学習・自己啓発・ボランティア活動・スポーツ・趣味・旅行等）を調査し，国民の社会生活の実態を明らかにすることを目的としている．また，この調査は「統計法」という法律に基づき，対象になった者は回答する義務（報告義務）が生じる，いわゆる回答拒否ができない調査であり，これに反したときの罰則が定められている．

　本調査は，各種行政施策の基礎資料を得ることが目的のため，全国結果のほ

か，都道府県別，政令指定都市別，都市階級別（大都市・中都市・町村など）に把握することができ，調査対象者数も多いため，性別や年代別，就業形態別などの基本属性別のクロス集計にも耐え得ることから，運動・スポーツ実施の詳細を把握することが可能な調査である.

2）スポーツの実施状況等に関する世論調査

1972年から，おおむね3年ごとに実施してきた「体力・スポーツに関する世論調査」を踏襲する調査で，1972〜2009年は内閣府（旧，総理府）が実施していた．2013年は文部科学省が実施し，2015年のみ名称を「東京オリンピック・パラリンピックに関する世論調査」として内閣府が実施している．2016年からはスポーツ庁が，現在の「スポーツの実施状況等に関する世論調査」の名称で実施している.

調査対象・方法は，調査員による個別面接聴取（標本数3,000人）から，2016年より登録モニターを対象としたWEBアンケート調査（標本数20,000人）に変更されている.

スポーツ庁は，この調査結果も踏まえてライフステージに応じたスポーツ活動の推進とその環境整備を行い，成人のスポーツ実施率を週1日以上が65％程度，週3日以上が30％程度となることを目指している.

3）国民健康・栄養調査

本調査は，戦後の貧困状態にあった1945年に海外からの食糧援助を受けるための基礎資料を得る目的で，連合国最高司令官総司令部（General Headquarters：GHQ）の指令に基づく調査を実施したことに端を発している．1948年からは全国調査となり，現在は厚生労働省が担当している.

国民の健康状態，生活習慣や栄養素摂取量を把握するための調査で，毎年，食生活状況，各種身体・血液検査や飲酒，喫煙のほか，運動習慣などを調べており，国における健康増進対策や生活習慣病対策に不可欠な調査となっている．調査の対象は，全国の約6,000世帯および世帯員（調査年11月1日現在で満1歳以上）の約18,000人である.

4）スポーツライフに関する調査−スポーツライフ・データ−

　公益財団法人の笹川スポーツ財団が 1992 年から 2 年ごとに全国 20 歳以上の 3,000 人を対象に実施している調査で，2016 年からは対象年齢を 18 歳以上に変更して実施している．この調査の特徴は，運動・スポーツ実施を実施頻度・実施時間・実施強度の 3 つの観点から量と質の両面から把握できることで，「する・みる・ささえる」のスポーツライフの現状を把握する目的で実施している．

5）4〜21 歳のスポーツライフに関する調査
−子ども・青少年のスポーツライフ・データ−

　笹川スポーツ財団では，2002 年から定期的に子どもと青少年を対象とした調査を実施している．2013 年からは 2 年ごとに年齢区分等を，全国の 4〜11 歳の訪問留置法による質問紙調査（標本数 2,400 人）と，12〜21 歳も同様の方法で標本数 3,000 人を対象として実施している．

　成人調査の特徴に加えて，把握する活動を「運動・スポーツ」の他，おにごっこやぶらんこ，かけっこなどの「運動遊び」を加えている．また，保護者用の質問紙もあり，保護者の運動・スポーツ活動歴や，子どもの運動・スポーツへの保護者のかかわり方なども把握できる調査となっている．

6）全国体力・運動能力，運動習慣等調査

　子どもの運動・スポーツ活動の現状を把握する調査としては，「全国体力・運動能力，運動習慣等調査」も参考になる．国や各学校が児童生徒の体力や運動習慣，生活習慣等を把握し，国の施策や各学校の体育・健康等の指導に役立てることを目的としている．

　文部科学省（現在はスポーツ庁）が 2008 年から毎年実施している調査で，対象が全国の国立・公立・私立に通う小学 5 年生と中学 2 年生全員のため，標本数が約 200 万人と多いのが特徴である．1 週間の総運動時間と体力の関係などを確認することができる．

7）障害者のスポーツ参加促進に関する調査研究

　文部科学省（現在はスポーツ庁）が 2013 年度から実施しており，2019 年までは 2 年ごとに，インターネット調査会社が保有するリサーチモニターのうち，

障害児・者本人あるいは同居する家族で障害児・者がいる（いる場合は7歳以上）者を対象としている．約8,000人から回答を得ている．調査内容は，スポーツ・レクリエーションの実施率やスポーツ等を行うにあたっての障壁やきっかけ，主な目的など，障害児・者の運動・スポーツ実施の現状が把握できる．

2．運動・スポーツ実施の推移・現状

運動・スポーツ実施のこれまでの推移が把握できるデータを，笹川スポーツ財団「スポーツ白書2020」やスポーツ庁の報告から抜粋し紹介する．

1）運動・スポーツ実施率の推移（20歳以上）

先に報告した，スポーツ庁の「スポーツの実施状況等に関する世論調査」の推移をまとめたのが図1-1であり，わが国の成人の運動・スポーツ実施の推移を確認することができる．過去1年間に「運動・スポーツを実施しなかった者」（非実施者）は，1972年から減少傾向を示していたが，2013年を期に一度増加に転じている．あわせて「年1日以上の運動・スポーツ実施者」の割合は，2013年から2016年にかけて17.7ポイントも減少している．「週1日以上

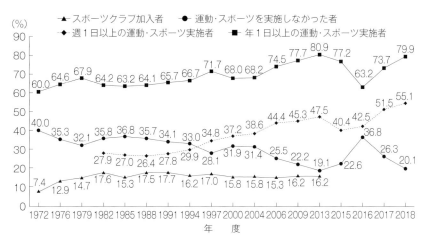

図1-1　運動・スポーツ実施率推移（20歳以上）（笹川スポーツ財団，2020a：p52）
2016〜2018年調査の「運動・スポーツを実施しなかった者」には回答選択肢「わからない」が含まれる．

の運動・スポーツ実施者」の割合も，2013年から2015年にかけて7.1ポイント減少し，2016年にやや回復をみせている．2013年9月に東京オリンピック・パラリンピック競技大会（東京2020大会）の開催が決定したにもかかわらず，2016年までの3年間の実施率の落ち込みについては注視するものがある．

　ちなみに，2017年調査からの年1日・週1日の実施率の増加には，調査の回答選択肢が以下の通り追加・変更になったことが影響していると考えられる．

【変　　更】
「ウォーキング（歩け歩け運動・散歩など）」（2016年調査）
→「ウォーキング（歩け歩け運動・散歩・一駅歩きなどを含む）」（2017年調査）
【追　　加】
「階段昇降（2アップ3ダウン等）」（2017年調査）

　一見，些細な変更と思われるかもしれないが，継続実施している調査の回答選択肢を変更することが，得られる結果に大きな影響を与える場合があることを示す結果にもなったといえる．継続調査の結果の推移をみる場合には，回答選択肢の変更などの情報も考慮する必要がある．

2）運動習慣者の推移（20歳以上，性×年代別）

　スポーツ白書2020（笹川スポーツ財団，2020a）で紹介されている厚生労働省の「国民健康・栄養調査」では，運動習慣者の推移を把握することができる．本調査では，運動習慣者を週2回以上，1回30分以上の運動実施を1年以上継続している者と定義している．図1-2は，性別・年代別に示したものであるが，男女とも「70歳以上」，「60歳代」で運動習慣者の割合が高く，一方で，男性の20～50歳代，女性の20～40歳代で運動習慣者の割合が低く，その傾向は1999年頃から続いていることがわかる．

3）運動・スポーツ・運動あそび実施率の推移（4～11歳，12～21歳）

　子ども・青少年の運動・スポーツ・運動あそび実施の推移を，笹川スポーツ財団の全国調査の結果で確認できる（笹川スポーツ財団，2019a）．4～11歳の調査は表1-1の通り，非実施者から高頻度群の4群に分けて集計してい

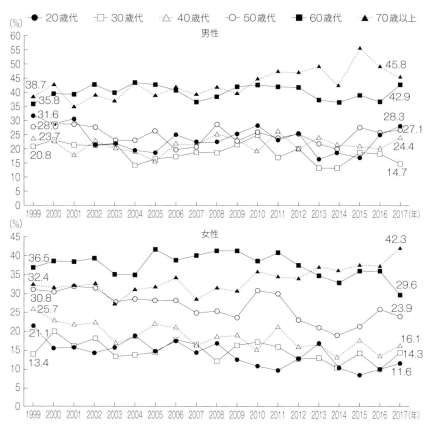

図1-2　運動週間者の推移（笹川スポーツ財団，2020a：p54）

厚生労働省（旧厚生省）「国民栄養調査」（1999～2002），「国民健康・栄養調査」（2003～2017）より作図

表1-1　運動・スポーツ実施頻度群（笹川スポーツ財団，2019a：p56）

実施頻度群	基準
非実施群	過去1年間にまったく運動・スポーツをしなかった（0回/年）
低頻度群	年1回以上，週3回未満（1～155回/年）
中頻度群	週3回以上，週7回未満（156～363回/年）
高頻度群	週7回以上（364回/年）

る．図1-3に示された通り，2019年調査の全体では，高頻度群が最も多く45.5％，次いで中頻度群，低頻度群，非実施者はわずか3.1％であった．2015年調査から高頻度群がわずかに減少し，中頻度群の割合が微増していることがわかる．この傾向は男女別の結果でも同様であった．

12～21歳の調査は，表1-2の基準に基づいて非実施者の「レベル0」から「レベル4」の5群に分けて集計している．図1-4の通り，全体をみると，2019年調査では「レベル4」が24.7％と最も多く，次いで非実施者の「レベル0」の21.7％，「レベル2」の20.3％と続く．2015年調査からの推移をみると高頻度・

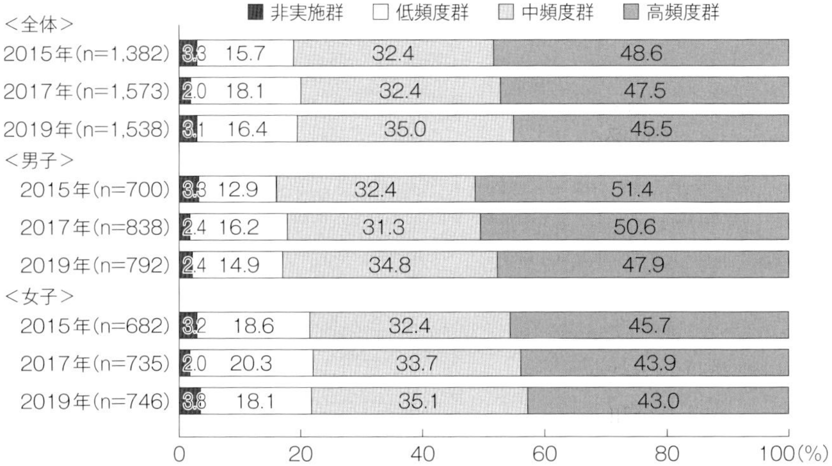

図1-3　運動・スポーツ実施頻度群の年次推移（4～11歳：全体・性別）
（笹川スポーツ財団，2019a：p57）
2015年は「10代のスポーツライフに関する調査」より10歳・11歳のデータを追加して算出．

表1-2　運動・スポーツ実施レベル（笹川スポーツ財団，2019a：p58）

実施頻度群	基準
レベル0	過去1年間にまったく運動・スポーツをしなかった（0回/年）
レベル1	年1回以上，週3回未満（1～51回/年）
レベル2	週1回以上，週5回未満（51～259回/年）
レベル3	週5回以上（260回/年）
レベル4	週5回以上，1回120分以上，運動強度「ややきつい」以上

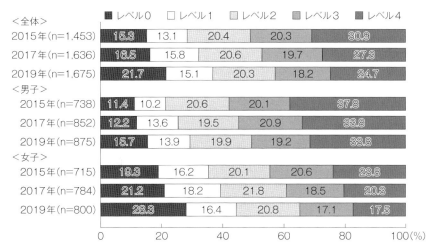

図1-4　運動・スポーツ実施レベルの年次推移（12～21歳：全体・性別）
（笹川スポーツ財団，2019a：p58）
2015年は「10代のスポーツライフに関する調査」の12～19歳を分析対象とした.

高強度の「レベル4」が減少し，非実施者の「レベル0」が増加傾向にあるとがわかる．男女別では，女子の方がその傾向が顕著にみられる.

4）障害者のスポーツ・レクリエーションの実施率

　スポーツ庁の令和2年度「障害者のスポーツ参加促進に関する調査研究」（2021）の調査結果をみると（**図1-5**），成人の障害者のスポーツ・レクリエーションの実施率は，週1日以上で24.9％，週3日以上で12.3％とほぼ横ばいの状況にある．7～19歳では週1日以上で27.9％で，成人よりはわずかに高いが，前年と比較して若干低下している.

　男女別の週1日以上の実施率は，成人男性は27.5％，成人女性は22.1％，7～19歳男子は32.6％，7～19歳女子は22.3％と，いずれも男性の方が高い割合であった.

　非実施者（過去1年間に1日もスポーツを行っていない者）の割合は**図1-5**には明記されていないが，成人で53.6％（前年度調査から0.8ポイント減），7～19歳で49.4％（前年度から4.6ポイント増）で，障害のある子ども・青少年の非実施者が増加傾向であることが報告されている.

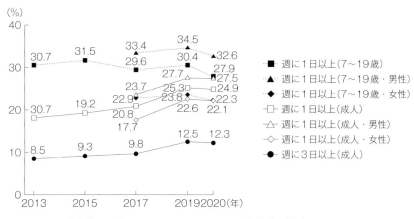

図1-5　障害者のスポーツ・レクリエーションの実施率の推移(スポーツ庁，2021)

5）国際比較（4 カ国：日本，韓国，イングランド，ブラジル）

　スポーツ白書 2020 では，日本，韓国，イングランド，ブラジルの 4 カ国の運動・スポーツ実施等を比較した結果を紹介している（表 1-3）．ちなみに調査の対象年齢は同じではなく，韓国は 10 歳以上と他の国よりも若いことを前提に結果をみる必要がある．

　はじめに「非実施者」をみると，日本，韓国は 26 ％前後で同様の割合であった．イングランドの 25.1 ％は，「週 30 分以下の不活動者」の割合のため，非実施者に限定するとより少ない割合になると報告されている．また，ブラジルの非実施者の割合は 13.9 ％で，日本の約半分で，かつ男女差もないことが報告されている．

　その他，週 1 回以上の実施率，週 150 分間以上の実施率，実施種目の上位 5 種目など，4 カ国だけでも多様な状況であることがみてとれる．なお，国際比較の場合，運動・スポーツ実施の定義や対象年齢，調査内容の細かな条件が国によって異なるため，厳密な比較には限界があることをあらかじめ留意する必要がある．

表1-3 運動・スポーツ実施率および実施種目の国際比較（笹川スポーツ財団, 2020a：p55）

実施率	日本	韓国	イングランド	ブラジル
非実施（不活動者）	26.0%（男性23.8%, 女性28.2%）	28.0%	25.1%（男性24.0%, 女性26.0%. ただし週30分以下の不活動者）	13.9%（男性13.9%, 女性13.9%）
週1回以上	58.0%（男性56.8%, 女性59.1%）	62.2%	—	—
週150分以上	35.6%（男性39.3%, 女性31.9%）	—	62.6%（男性65.0%, 女性61.0%）	37.0%（男性43.4%, 女性31.5%. 週150分間以上の中強度の実施者）
実施種目	日本	韓国	イングランド	ブラジル
1位	散歩（ぶらぶら歩き）30.9%	歩く40.8%	余暇のための歩行※1 42.4%	
2位	ウォーキング25.4%	登山27.2%	移動のための歩行※2 33.2%	
3位	体操（軽い体操・ラジオ体操など）19.6%	ボディビル11.3%	フィットネス活動※3 29.9%	
4位	筋力トレーニング15.2%	自転車・サイクリング・マウンテンバイク10.7%	ランニング, 複数種目※4 15.4%	
5位	ボウリング9.9%	サッカー・フットサル8.8%	サイクリング※5 13.6%	
実施条件	過去1年間に1回以上	過去1年間に1回以上	過去28日間に2回以上	
対象年齢	18歳以上	10歳以上	16歳以上	18歳以上
調査年	2018年	2018年	2017年11月～2018年11月	2017年1～12月

※1walking forleisure. ※2walking for travel. ※3fitness activities. ※4running. athletics or multisports. ※5cycling for leisure and sport
日本：笹川スポーツ財団「スポーツライフ・データ」(2018). 韓国：国民生活体育参加実態調査(2018).
イングランド：Active Lives Adult Survey November 17/18 Report(2019). ブラジル：VIGITEL BRASIL(2017)より作表

3．運動・スポーツ実施の今後を読み解く視点

　わが国の運動・スポーツ実施の今後を読み解く視点として，笹川スポーツ財団が実施している成人と子ども・青少年のスポーツライフデータから紹介する．

1）「運動あそび」は「スポーツ」に発展するのか

　子どもの現状については，幼少期に行われる「運動あそび」と，学校体育での導入に伴い昼休みや放課後の地域社会での活動となるドッジボールなどの「リードアップゲーム」，中体連や高体連の運動部活動やオリンピック・世界選手権の主役となる「スポーツ」との関係性について分析している（笹川スポーツ財団，2017）．結果，「運動あそび」から「リードアップゲーム」，「リードアップゲーム」から専門的な「スポーツ」につながる経路は想定しづらいと結論づけている．これは幼少期の「運動あそび」が「スポーツ」に発展しない可能性を裏付ける結果であった．

2）子ども・青少年のスポーツ種目は多様か

　子ども・青少年スポーツにみられるスポーツ種目の多様性についても言及しており，年中クラスから高校 3 年生までの実施頻度とスポーツ種目数の関係をみると，実施頻度が高い者ほどスポーツ種目の選択数が多いことがわかった（笹川スポーツ財団，2019a）．とりわけ高頻度群の小学 4 年生くらいから中学 1 年生までは，スポーツへの専心と多様性を兼ね備えており，中学進学後は，スポーツ種目数は減少し，実施頻度が高いほど減少傾向が急となるが，全体的には 2 種目以上に親しんでいる子ども達の姿が確認できた．

3）中高年の運動・スポーツ活動の現状はいかに

　中高年の運動・スポーツ活動の現状については，トレンド分析（時系列変化を重視して，データの傾向を分析する手法）の結果，1998〜2018 年の 20 年間に，積極的に運動・スポーツに親しむように方向転換した中高年の姿が明らかになった（笹川スポーツ財団，2019b）．また，2003 年度の高等学校学習指導要領「保健体育」に，運動やスポーツを文化として捉えるとの明文化がなされ

たことを受けて，すでに中高年がスポーツを文化として取り込み，体現しているとも言及している．

4）新型コロナウイルスによる運動・スポーツ活動への影響はあるのか

　笹川スポーツ財団（2020b）によれば，2019 年の新型コロナウイルスによる運動・スポーツ活動への影響については，1992 年からの 28 年間の運動・スポーツ実施レベル別の推移をみて，一方では積極的に，他方では消極的な，両極に分散する現状であることを指摘している．さらに，年代別に 2018 年度と 2020 年度を比較すると，60 歳代と 70 歳以上の高齢者の運動・スポーツ実施は抑制的で，若年層や壮年層は促進的に影響しており，これらはコロナ禍の実情を反映する結果であると報告している．しかしながら，1994 年度から 2020 年度に至る，運動・スポーツ実施頻度の変動を追跡的に検討すると，生涯スポーツが広く浸透するムーブメントが浮かび上がり，新型コロナウイルスによって多くの社会・経済的活動が抑制される現下であっても，この大きな流れには抗えないとも指摘している（笹川スポーツ財団，2020b）．

　加えて，新型コロナウイルスによる運動・スポーツ活動への影響については，笹川スポーツ財団が実施した同一人物（2,410 件）による行動追跡が可能な全国調査の 2 次分析結果も報告されている．その内容は，運動・スポーツ実施水準が高いほど，その習慣の維持率は高く，実施頻度と維持率の間には高い相関性が確認でき，実施水準の低下に伴って増減への分散が高まるが，その分散では，増加が減少を上回り，コロナ禍の影響によって，運動・スポーツ実施が抑制されず，むしろ積極的な方向に変動したと結論づけている．

　本章では，運動・スポーツ実施について，参考となる全国調査を紹介するとともに推移・現状を報告し，今後を読み解く視点を解説することを目的とした．まずは，現在実施されている全国調査が同様の方法で，これからも継続実施されることを願いたい．その上で，わが国のスポーツ政策や社会・経済的な情勢が，国民のスポーツライフや運動・スポーツ実施にどのような影響を与えているのかを把握し続けていく必要がある．その際に，本書の読者には思い込みや憶測に惑わされることなく，結果から得られる客観的なメッセージを受け止める感性を大切にしていただきたい．時には，得られた結果を疑う，批判的な視点も必要と考える．データを読み解く力を是非とも身につけてもらいたいもの

である.

引用文献

厚生労働省：国民健康・栄養調査. https://www.mhlw.go.jp/bunya/kenkou/kenkou_eiyou_chousa.html（参照日　2022年3月1日）

笹川スポーツ財団（2017）子ども・青少年のスポーツライフ・データ−4〜21歳のスポーツライフに関する調査報告書2017−. 笹川スポーツ財団.

笹川スポーツ財団（2019a）子ども・青少年のスポーツライフ・データ−4〜21歳のスポーツライフに関する調査報告書2019−. 笹川スポーツ財団.

笹川スポーツ財団（2019b）スポーツライフ・データ2018−スポーツライフに関する調査報告書−（2刷）. 笹川スポーツ財団.

笹川スポーツ財団（2020a）スポーツ白書. 笹川スポーツ財団.

笹川スポーツ財団（2020b）スポーツライフ・データ2020−スポーツライフに関する調査報告書−. 笹川スポーツ財団.

スポーツ庁：スポーツ実施率. https://www.mext.go.jp/sports/b_menu/sports/mcatetop05/list/1371920.htm（参照日　2022年3月1日）

スポーツ庁：スポーツの実施状況等に関する世論調査. https://www.mext.go.jp/sports/b_menu/toukei/chousa04/sports/1402342.htm（参照日　2022年3月1日）

スポーツ庁（2021）令和2年度 障害者のスポーツ参加促進に関する調査研究.

推薦図書

海老原修（2003）現代スポーツ社会学序説. 杏林書院.

海老原修（2013）就学前児童の運動・スポーツ現況からみる義務教育年齢引き下げ. 体育の科学, 63（3）：210−217.

大澤清二（2000）スポーツの統計学. 朝倉書店.

［工藤　保子］

第2章

青少年期のスポーツクラブ（学校運動部）：
その担い手をめぐる構造変動と「公」−「私」連携

　日本スポーツ協会の調査によれば，休日の部活動が地域に移行された場合，「地域人材に任せたい」と回答した人の割合は，中学校教員の45.6％，高校教員の36.1％に上る（日本スポーツ協会，2021a）．ここで問題にしたいのは，青少年期のスポーツクラブを誰が担うのかという点である．なかでも学校運動部を誰が担うのかについて，主に「公」領域と「私」領域の関係性に着目して検討したい．

　「公」と「私」の関係性について海老原は，政府と市場における「平等」と「効率」の対立構造を乗り越える上で，「市場原理の追求と最低限度の社会保障」（海老原，2003）を前提として検討している．この視点は，具体的な施策的展開を考える上で重要な分析・評価視点だと思われるが，スポーツ文化の成熟とそのあり方が問われる現在，文化的な機能とその変容可能性を読み解く視点が求められている．

　そこで本稿では，「教育としてのスポーツ」から「産業としてのスポーツ」への現在的な潮流を踏まえて，学校運動部に着目し，「私」＝市場が「公」の領域に入り込むことで生じる文化の変容可能性と連携の要件について，主に「聖・俗・遊」図式に基づいて検討する．

1．スポーツクラブの歴史的動向と「公」，「共」，「私」

　スポーツクラブの歴史的動向をみる上で，スポーツの担い手に着目してみることが有効であろう．ここではクラブの組織や制度という点から，広く「公」，「共」，「私」に着目して整理してみたい．

　「公」とは公共のことであり，公共性（public）を有し，平等・公平等の観点から富や資源の再配分を行う．主な担い手は，政府や地方自治体等である．「共」

とは共同のことであり，共同性（common）を有し，ボランタリーに地域やコミュニティを互いに支えあうという互酬性に基づいて行動する．主な担い手は，共同体，NPO（非営利団体）や地域団体等であり非営利を旨とする．さらに「私」は，私性（private）に基づいて交換の原則に従って行動し，主に営利を目的として，市場領域を構成する．主な担い手は，私企業等である（広井，2014）．

　青少年期のスポーツクラブを中心に，「公」，「共」，「私」の領域ごとに戦後の動向を示したものが図2-1である．

　戦後，「公」の領域である学校運動部がその中心的な役割を担ってきた．一方，「共」の領域では，1949年，**社会教育法**の制定によって，学校以外のスポーツは，社会体育として主に地域において運動会等のイベントの実施等が行われていた．そして，1964年の東京オリンピックの開催を契機として，開催2年前の1962年，日本体育協会（現日本スポーツ協会）内にスポーツ少年団が創設された．2020年8月現在，団体数約31,300団体，団員数約65万人である（日本スポーツ協会，2021b）．

　その後，1972年，文部省保健体育審議会答申に基づき，地域の公共スポーツ施設が整備される．それに伴って地域でのスポーツ教室が盛んとなり，「教室」から「クラブ」へというスポーツの日常化とその拠点としてのクラブが増加していく．1999年の日本スポーツクラブ協会の調査によれば，公共スポーツ施設（学校開放体育施設含む）を拠点に活動している地域スポーツクラブ数は，全国に約36万クラブに上る．しかし，単一種目型クラブが94.6％を占めるなど，性別，年代別，種目別の小規模のクラブが大半であった（日本スポーツクラブ協会，2000）．そこで，スポーツ全般を楽しみ，地域活動の拠点となるようなクラブが求められ，1995年度から多世代・多種目・多志向のクラブである総合型地域スポーツクラブ育成モデル事業が開始された．2020年7月現在，創設クラブ（準備中含む）数は，全国3,594となっている（スポーツ庁，2021）．

　次に，「私」領域の青少年期のスポーツクラブは，東京オリンピックの翌年の1965年からスイミングクラブ，体操クラブなど**民間スポーツクラブ**が誕生し，たとえば，1989年にはスイミングクラブが全国1,000を超えるなど，急速に増加することになる（松尾，2015：p57）．数もさることながら，現在，世界で活躍する競技として水泳，体操競技，ゴルフ，テニス等があげられるが，そ

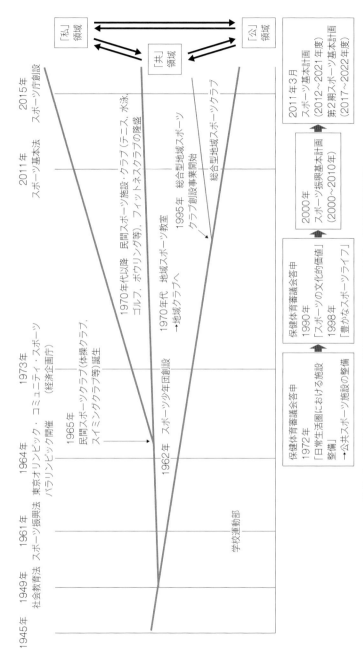

図2-1 戦後日本における青少年期を中心としたスポーツクラブの動向

の競技者の大半が民間スポーツクラブ出身である点は注目される．また，1970年代以降，青少年期のみならず民間のテニスクラブ，ゴルフクラブ，フィットネスクラブ等が増加し，2019年のフィットネスクラブの会員数は，約340万人，事業所数は約1,500となっている（経済産業省，2021a）．

　このように，「公」，「共」，「私」の各領域で展開されてきたが，現在，各領域の発展のみならず，国民スポーツの推進に向けて各領域間の連携のあり方が問われている．そこで以下では，「公」領域と「私」領域の関係性に着目して検討する．

2．「公」と「私」の象徴闘争のアリーナとしての学校運動部

1）学校運動部を誰が担うのか－教員の働き方改革と「公」と「私」－

　近年，学校運動部を誰が担うのかという議論が再燃している．過度の活動回数や量，専門的な競技指導のできる教員確保の困難さ，教員の過重労働等の問題が顕在化してきたのである．

　これまでの青少年の健全育成という観点での検討に加え，今回は，教員の働き方改革の文脈で検討されている点に特徴がある．他国と比較しても教員の長時間労働が常態化しており，部活動もその一因となっている．また，2019年，公立の義務教育諸学校等の教育職員の給与等に関する特別措置法（給特法）が改正され，これまで実質無制限であった公立学校教員の残業に法的制限がかけられたこともあり，部活動のあり方とその担い手をどうするのかが喫緊の課題となっている．

　この問題を重くみたスポーツ庁（政策課学校体育室）は，2018年，「運動部活動の在り方に関する総合的なガイドライン」を出し，「休養は，最低週1日」，「活動時間は平日2時間，休日3時間」等，部活動の休養日や活動時間について明示した（スポーツ庁，2018）．また，文部科学省は，中央教育審議会の答申や給特法改正の国会審議における「部活動を学校単位から地域単位の取組とする」という指摘も踏まえ，段階的に部活動を地域移行することを発表し，2023年度から，休日の部活動の段階的地域移行を提示している．その運営主体は，退職教師，地域のスポーツ指導者，生徒の保護者等の参画や協力を得て，**総合型地域スポーツクラブ**，民間のスポーツクラブ等が担うことが想定されている（文

部科学省，2020）．

　つまり，「公」の学校運動部を地域と協働・融合する形で，主に「共」の領域の指導者や体制で担うという方向性と具体的なスケジュールが示されたのである．

　一方，2020年10月，経済産業省は「地域×スポーツクラブ産業研究会」を創設した．同省は，スポーツの成長産業化を視野にスポーツ庁とともにスタジアム・アリーナ整備等を実施してきている．本研究会の設置は，この一連の流れの中にある．

　学校運動部を補完・代替する新たな基盤として，地域に根ざしたスポーツクラブ産業に着目し，ボランティア主体ではなく，「対価を取って」質の高い指導・プレイ環境・コミュニティを提供する．この新しいスポーツ産業が，世帯所得格差の問題に適切に対処しつつ併存することによって生涯にわたるスポーツ環境を提供し，地域経済の新しい成長の核とするねらいがある（経済産業省，2020）．

　この動きの特徴は，「公」の運動部活動を「共」ではなく「私」が担うことで新たな環境の提供とスポーツクラブ産業を展開する点にある．

2）「公」と「私」の象徴闘争のアリーナとしての学校運動部

　学校運動部は，青少年スポーツの中心的な拠点であり，学校教育の一部をなす「公」の＜場＞といえる．これまで「私」の領域である民間スポーツクラブとの関係において，どちらがより正しいスポーツ指導の＜場＞なのかをめぐっての象徴闘争，すなわち「何が正統的な価値基準かの定義をめぐる，文化的言説による闘争」（高橋，1990：p9）が繰り広げられてきた（松尾，2015）．

　しかしながら，今回の運動部をめぐる動きは，学校運動部自体を誰が担うのかという問題であり，「公」の領域に，主に「共」の領域で対応しようとする文部科学省と，「私」の領域で対応しようとする経済産業省を中心とした動きとの間で織りなされる象徴闘争の様相を看取することができよう．少し広げていえば，「公」の領域である学校運動部，また地域におけるいわば社会体育，生涯スポーツを主に担ってきた「共」の領域は，いわば，「**教育としてのスポーツ**」という枠組みを有している．一方で，「私」の領域は，いわば，「**産業としてのスポーツ**」という枠組みを有しており，この両者間での象徴闘争とみることができよ

う.

　学校運動部の地域移行については,これまでも検討されてきた経緯があるが,その主な担い手としては「共」領域のアクターが想定されてきただけに,今回,「私」領域のアクターが新たな担い手の候補として立ち上がっている点に注目していく必要がある.

　その背景として,「公」の領域である学校教育において,「私」の領域が入り込む動きが加速化していることがあげられる.

　政府は「GIGAスクール構想」を中心に,学校現場のデジタル環境を整備しているが,経済産業省では1人1台の端末とさまざまなEdTech (エドテック.テクノロジーを用いて教育を支援する仕組みやサービス)を活用した新しい学び方等を提供する「未来の教室」実証事業を2018年度から全国の学校で進めてきている(経済産業省,2021b).この事業には多くの企業が参画している.学校教育への「私」領域の流入が一段と進むことが予測される.

3.「教育としてのスポーツ」から「産業としてのスポーツ」へ

1)「教育としてのスポーツ」として展開されてきた日本のスポーツ

　日本のスポーツは明治期以降,主に体育として展開され,学校運動部を中心に展開されることで国内に広がるという経緯を有する.また戦後,スポーツ推進の根拠となる法律をみると,1949年の社会教育法にはじまる.つまり,学校以外のスポーツを社会教育の枠組みで,社会体育として展開されてきたのである.1961年,スポーツ振興法が制定されたが,この流れを継承したものといえる.この経緯のなかで地域スポーツは,いわば「教育としてのスポーツ」として展開されてきたといっても過言ではない.このため,「共」領域の地域クラブや総合型地域スポーツクラブは,ボランティアをベースとした相互学習としてのスポーツの特徴を有し,「公」の学校運動部との近接性を有するといえる.

2)「産業としてのスポーツ」への着目と展開

　1990年,スポーツ産業の発展と成長を促す目的で「スポーツビジョン21」が策定されて以降,スポーツの産業化が進展することになる.そして,2011年のスポーツ基本法の制定,2015年10月1日,スポーツ庁の創設は大きな転

機となっていく．スポーツ庁は文部科学省の外局として創設されたが，それまで文部科学省で担ってきた領域に加えて，経済産業省，厚生労働省，外務省，国土交通省などが機能的に入り込む形で多様な取り組みが展開される体制となった．このため，これまでの「教育としてのスポーツ」の枠組みだけでは語れない多様な領域を含み込むことになったのである．

なかでも，政府は 2013 年より成長戦略（日本再興戦略）を掲げ，2016 年，そのひとつの柱としてスポーツ産業の成長産業化を謳い，約 5 兆円規模の市場を 15 兆円規模へと拡大することを目標としている．スタジアムや施設管理・運営，民間スポーツクラブ運営の拡大等，さまざまな取り組みが開始されている．この動きと相まって，いわば，「産業としてのスポーツ」の枠組みが急拡大しているといっても過言ではない．その取り組みのひとつが学校運動部への参画なのである．

このように日本のスポーツ界において，「教育としてのスポーツ」に「産業としてのスポーツ」が急激に入り込み，広がりをみせていると考えることができよう．

4．「聖・俗・遊」図式からみた「教育としてのスポーツ」と 「産業としてのスポーツ」

それでは，「教育としてのスポーツ」から「産業としてのスポーツ」へという流れをどのようにとらえ，今後のあり方を創造すればよいのだろうか．ここでは，スポーツの生活領域や価値空間における位置づけと機能（働き）について「聖・俗・遊」図式とその文化的機能に着目して整理し，その上で両者の位置づけをみておきたい．

1）「聖・俗・遊」図式とスポーツ

スポーツは生活領域や価値空間においてどのように位置づけられるのだろうか．

スポーツの定義は，一般的には，「遊戯性，身体性，競争性」を内包するものと定義される場合が多いが，近年の非競争的な運動をスポーツとしてとらえる傾向から「遊戯性，身体性を内包とする自発的に楽しむ運動」と定義するこ

ともできる.

いずれにしても「遊戯性」は,スポーツの存立にかかわるきわめて重要な内包(共通する性質)といえる.**遊戯**(プレイ)について,遊戯論の礎を築いたヨハン・ホイジンガは,人間文化は,遊戯のなかに,遊戯として発生し,展開したという「遊びの文化創造機能」を指摘している.その上で,プレイの本質が「fun:おもしろさ」にあり,「遊びとは,あるはっきり定められた時間,空間の範囲内で行われる自発的な行為,もしくは活動である」(Huizinga, 1973:p73)と指摘し,遊戯の目的は行為そのものの中にあることを示している.

そしてホイジンガを批判的に継承したロジェ・カイヨワは,遊びの特徴としては,①自由な活動,②あくまでも隔離された活動,③未確定の活動,④非生産的活動,⑤規則のある活動,⑥虚構の活動,にあると指摘し,その上で,「聖・俗」から,「聖・俗・遊」という見方を提示している(Caillois, 1990).

日常の生活領域や価値空間を考えた場合,「聖」の領域:宗教儀式,道徳的義務,公的・社会的関心,理想主義的厳粛主義に基づく領域(「まじめ」ないし「当為」の原則),「俗」の領域:便宜性,合理性,利害関心,現実主義的功利主義に基づく領域(「実利」ないし「便宜」の原則),そして,「遊」の領域:興奮と解放をもたらし,それ自体が目的であるような自由な領域という3つの領域がある.この「聖・俗・遊」図式によれば,スポーツは,「遊」の領域に位置づけられる.

各領域の特徴について,「力関係」と「自由度」という点からみると,「聖」の領域,たとえば,冠婚葬祭等の儀式の場面においては,席次等を考える際も社会的地位や立場を考慮しながら決定され,進行も厳かに緻密に行われるなど,自由なふるまいは基本的には許容されない.いわば厳粛な領域であり,失敗の許されない領域である.一方,「遊」の領域,たとえば,運動遊びの場は,自由度が高く,それ自体が目的であって,実生活を支配する意図もなければ力もないことを認識した上で成立する領域である.

この基本的な構図を守ることで「遊の世界」(「遊」の領域)が成立するわけだが,時として非日常の「遊の世界」に「日常の世界」(「俗」の領域)が入り込み,遊びが金儲けの手段,政治的利用,昇進の手段等と化す.まさに遊びの汚染現象が生まれる危険性をはらんでいる.

つまり,「遊の世界」は,脆弱な界であり,日常生活から注意深く隔離され

ないとすぐに崩壊の危機にさらされることになるのである．このため，スポーツを遊戯たらしめるためには，与えられた自由度を守るための強い「倫理性」が同時に求められることになる．この遊戯性を守る自由度と強い「倫理性」の発揮こそ，スポーツの存立基盤ということもできよう．

2)「聖・俗・遊」図式における文化的機能からみた「教育としてのスポーツ」と「産業としてのスポーツ」

井上（1977）は，「適応」，「超越」，「自省」から文化の機能的側面を整理している．①「超越」とは，日常的な生活世界をこえて，いわば理想主義的な当為（あるべき姿）の立場から日常生活を批判し方向づける理念的規準としての機能である．②「適応」とは，人間の環境への適応を助けること，日常的な生活欲求の充足を図るという機能である．そして，③「自省」とは，自己懐疑の働きであり，文化自らの妥当性を疑い，それについて自問する機能である．具体的には「超越」である理念的規準，文化の理想を懐疑し相対化する一方で，現実適応的な「適応」を批判的にみる機能である．

「聖」の領域では「超越」機能，「俗」の領域では「適応」機能，そして「遊」の領域では「自省」機能がそれぞれ親和性を有するものと捉えられる．

これらの関係を図式化したものが図2-2である．ここでスポーツは，「遊」の領域に位置づくが，日本のスポーツは，主に学校教育において導入され，教育理念のもとに発展してきた経緯がある．教育が道徳的義務，公的・社会的関心，理想主義的厳粛主義を担うことを理念としているという意味では，教育の

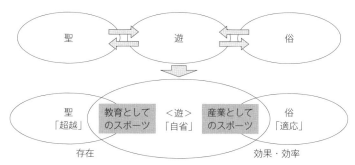

図2-2 「聖・俗・遊」図式からみた「教育としてのスポーツ」と「産業としてのスポーツ」

理念のもとに「教育としてのスポーツ」として発展してきたといえよう．そして，理想主義的な当為や理念的規準を提示する「超越」機能を有する「聖」の領域と不可分な形で発展してきたとみることができる．

　一方，生活する上で必要とされるものを産出，提供する経済活動を意味する産業は，日常的な生活欲求の充足を図る「適応」機能を有する現実主義的功利主義に基づく「俗」の領域であり，「産業としてのスポーツ」は，「俗」の領域と不可分な形で展開されているものといえる．

5.「教育としてのスポーツ」と「産業としてのスポーツ」のあり方と「公」－「私」連携の要件

　ここでは，「聖」－「超越」，「俗」－「適応」，「遊」－「自省」の関係から，現在のスポーツが抱える課題を整理し，その上で「教育としてのスポーツ」と「産業としてのスポーツ」のあり方と「公」－「私」連携の要件について検討してみたい．

1）「聖」－「超越」，「俗」－「適応」，「遊」－「自省」からみた文化の動向とスポーツ

　ここで，「遊」－「自省」の働きを整理すると，「聖」なる世界で展開される理想主義や理念的規準は常に現在を超え出ていこうとする「超越」の働きを持つが，「遊」の「自省」の働きは，その超え出ていこうとする理想やまじめさに対して，本当にそれでよいのかという妥当性を疑うことで機能を発揮する．また，現実適応的な「適応」機能に対しても，本当にそれでよいのかという懐疑を向けていく働きをもつのである．

　文化の機能として，「遊」の自由主義志向に「「俗」の実利性や「聖」のまじめさがつくりだす非人間性への批判可能性」（藤村，1990：pp7-8）を見出すことが期待されるのである．

　しかしながら，井上は，文化の日常化が進むにしたがい，「これら三つの要因の間の拮抗関係が失われて，文化全体が「適応」要因の側にいわば一元化されていく状況」（井上，1983：p154）となると指摘する．

　具体的には，戦後啓蒙主義の漸次的な衰退によって「超越」機能が弱まる中で，

それを問い，乗り越えようとする「自省」機能自体が弱まり，「適応」を批判する上で，「自省」は理想のなさにより，自問しても終りのない無限のループに陥る．その結果，自省機能を喪失させ，それはやがて「適応」要因へと吸収され，文化全体が「適応」の側に一元化されていくことになるのである（藤村，1990：pp9－10）．

つまり，理想や理念が弱くなると「遊」の有する自省機能が弱くなり，日常的な生活欲求の充足に対する自省機能も弱まることで，「俗」の領域における「適応」機能に一元化される．そのことで文化の停滞を引き起こす可能性が示されているといえよう．

「遊」の領域であるスポーツはいかなる自省機能を発揮し得てきただろうか．「人間にとってスポーツとは何か」，「スポーツの価値から日常のあり方を問い直す」ことなしに，日常的な生活欲求の充足のためだけにスポーツが邁進する結果，スポーツは「創造的な文化」から単に「消費される文化」に陥る危険性があるということである．

2）スポーツ界における「教育としてのスポーツ」と「産業としてのスポーツ」をめぐる課題

前述のように「教育としてのスポーツ」は，理想主義的な当為や理念的規準を提示する「超越」機能を有する「聖」の領域と不可分な形で発展してきた．そして「産業としてのスポーツ」は，日常的な生活欲求の充足を図る「適応」機能を有する「俗」の領域と不可分な形で展開されているとみることができる．

スポーツが「遊」の領域である以上，「聖」の領域における「超越」機能の高まりが「遊」の「自省」機能を高めることを勘案すれば，文化における，あるいは社会における理念的規準やあるべき姿としての当為が示される「超越」機能の高まりが望まれる．

一方，スポーツ界の内部に目をむけると「教育としてのスポーツ」として全人教育におけるスポーツの意味や価値，あるべき姿という理念的規準に照らし，自省機能を発揮してきた部分があるが，「産業としてのスポーツ」として「適応」機能の強化と展開にのみ邁進するとすれば，結果，「消費されるスポーツ」への道をひた進むことにもなりかねない．

ここで「産業としてのスポーツ」を否定しているのではない．井上によれば，

文化機能が「適応」機能に向くことがダメなのではなく，機能が一元化されることが問題なのである．そして，その乗り越えのためには，「「適応」「超越」「自省」の間の拮抗関係が，そしてまた拮抗しあい相対化しあうがゆえに相互の補完もしあえる動的な関係」（井上，1983：p154）こそが必要であるという指摘は重要である．

　「公」の領域である学校運動部に，「私」の領域である産業が入り込むことによって「適応」機能への一元化が進むとすれば，文化の停滞は免れないともいえよう．それでは「適応」，「超越」，「自省」の間の拮抗関係と相互補完が可能になる動的関係はいかにして可能なのだろうか．

3）「教育としてのスポーツ」と「産業としてのスポーツ」の今後のあり方と 「公」－「私」連携の要件

　最後に，「教育としてのスポーツ」と「産業としてのスポーツ」の今後のあり方と，「公」の領域である学校運動部に「私」の領域である産業が関わる上での要件についてまとめておきたい．

　まず，「教育としてのスポーツ」と「産業としてのスポーツ」の関係については，今後，両者のあいだで，どちらがより正しいスポーツのあり方なのかをめぐって象徴闘争が続くものと思われるが，重要なことは，「聖」の領域の超越性が脆弱化している昨今において，スポーツ界が相対的な自律性を有する＜場＞である（Bourdieu, 1991）という立場に立てば，スポーツは人間にとっていかなる価値を持つのか，望ましいスポーツのあり方とは何かという理念的規準に立ち戻り，スポーツ界内部で「超越」機能を磨く必要がある．そして，遊戯性を守る自由度と強い「倫理性」の発揮，さらには「産業としてのスポーツ」内部からそれでよいのかと自問し続ける「自省」機能を高めていく営みこそがスポーツ文化の創造には不可欠であるといえる．

　また，「公」の領域である学校運動部に「私」の領域である産業がかかわる上での要件としては，「市場原理の追求と最低限度の社会保障」（海老原，2003：p.646）という点から，経済格差によるサービス受容の格差を生じさせない方法の確立はもとより，「教育としてのスポーツ」の理念的規準との接合とその達成に向けた継続的な検証を通して，産業関係者内部での「自省」機能をいかに発揮できるかが連携の要件となろう．また，教育界において学習塾が，公教育

に対する「補助性」の徹底によってその存在証明を果たしてきたように，公教育における「補助性」を徹底させることで存在の公共性を獲得することが重要となろう．

引用文献

Bourdieu P 著，田原音和監訳（1991）人はどのようにしてスポーツ好きになるのか．社会学の社会学，pp223-250，藤原書店．

Caillois R 著，多田道太郎ほか訳（1990）遊びと人間．講談社．

海老原修（2003）地域スポーツ活動を支える財源論：「大きな政府」「小さな政府」それとも「第3の道」－総合型地域スポーツクラブにみる NPO とボランティアを手がかりとして－．体育の科学，53（9）：644-650．

藤村正之（1990）青年文化の価値空間の位相－聖・俗・遊その後．高橋勇悦ほか編，青年文化の聖・俗・遊－生きられる意味空間の変容，pp5-42，恒星社厚生閣．

広井良典（2014）「公－共－私」をめぐる進化と「グローバル化の先のローカル化」．公共研究，10（1）：29-39．

Huizinga J 著，高橋英夫訳（1973）ホモ・ルーデンス．中央公論社．

井上俊（1977）遊びの社会学．世界思想社．

井上俊（1983）文化の「日常化」について．社会学評論，34：148-155．

経済産業省（2020）「地域×スポーツクラブ産業研究会」第1回研究会資料．https://www.meti.go.jp/shingikai/mono_info_service/chiiki_sports_club/index.html（参照日　2022年3月1日）

経済産業省（2021a）特定サービス産業動態統計調査．https://www.meti.go.jp/statistics/tyo/tokusabido/result-2.html（参照日　2022年3月1日）

経済産業省（2021b）未来の学校．https://www.learning-innovation.go.jp/（参照日　2022年3月1日）

松尾哲矢（2015）アスリートを育てる＜場＞の社会学－民間クラブがスポーツを変える－．青弓社．

文部科学省（2020）「学校の働き方改革を踏まえた部活動改革について」の送付について．https://www.bunka.go.jp/seisaku/geijutsubunka/sobunsai/pdf/92497901_04.pdf（参照日　2022年3月1日）

日本スポーツ協会（2021a）学校運動部活動指導者の実態に関する調査報告書．

日本スポーツ協会（2021b）スポーツ少年団登録状況．https://www.japan-sports.or.jp/club/tabid301.html（参照日　2022年3月1日）

日本スポーツクラブ協会（2000）地域スポーツクラブ実態調査報告書．

スポーツ庁（2018）運動部活動の在り方に関する総合的なガイドライン．https://www.mext.go.jp/sports/b_menu/shingi/013_index/toushin/1402678.htm（参照日　2022年3月1日）

スポーツ庁（2021）令和2年度総合型地域スポーツクラブに関する実態調査.
　　https://www.mext.go.jp/sports/b_menu/sports/mcatetop05/list/detail/1379861.
　　htm（参照日　2022年3月1日）
高橋一郎（1990）文化的再生産論の再検討－「教育科学の社会学」の試み－．ソシオ
　　ロジ，35：3-17.

推薦図書
神谷拓（2015）運動部活動の教育学入門－歴史とのダイアローグ－．大修館書店.
松尾哲矢（2015）アスリートを育てる＜場＞の社会学－民間クラブがスポーツを変え
　　た－．青弓社.
友添秀則（2016）運動部活動の理論と実践．大修館書店.

［松尾　哲矢］

第3章
スポーツクラブ（地域）・地域スポーツ
：アソシエーション・ネットワーク・社会運動

1. Sportverein ハイムシュテッテン

　ドイツ南部バイエルン州の州都，ミュンヘンの中央駅から鉄道に乗って25分．列車は人口12,800人が暮らすキルハイム地区のハイムシュテッテン駅に到着する．駅から住宅街を歩いて10分．田園風景が広がる一画にスポーツパークハイムシュテッテンがみえてくる（写真3-1）．1967年創設のSportvereinハイムシュテッテン（以下，SVH）のホームグラウンドだ．名門クラブFCバイエルン・ミュンヘンの19歳以下部門の本拠地としても，このスポーツパークは借り出されている．サッカーコートは芝生2面半，人工芝1面，ミニコート1面，テニスコートはクレー9面，ハード1面，ビーチバレーコート1面，

写真3-1　Sportvereinハイムシュテッテンのスポーツパーク

アイスシュトック場 3 レーン．壁一面がクラブカラーでコーティングされたクラブハウスには，保育園や託児室，レストランやキオスク，コーチ室やミーティング室，シャワールームのほか，クラブ史を紹介する展示エリアが玄関ホールに完備されている．レストランに併設されたオープンテラスやキッズ向けプレイグラウンドは，平日でもランチ持参の家族連れで賑わうという．その他，キルハイム地区の基礎学校（6〜10 歳までの Grundschule），基幹学校（日本の中学校にあたる 5 年制 Hauptschule），ギムナジウム（大学進学希望者が通う 9 年制 gymná:zium）の各学校体育館も SVH の活動拠点だ．部門（クラス）はサッカー，バスケットボール，バレーボール，体操，フィットネス，柔道，空手，テニス，卓球，クライミング，アイスシュトック（カーリングに似た氷上スポーツ）の 11 でそれぞれ世代別や曜日別のクラスにも分かれている．SVH はクラブ会員 1,943 名に対して有資格コーチ 55 名（2016 年 3 月時点）の指導体制で運営されているドイツ国内では一般的な地域スポーツクラブである（水上，2020）．

　1959 年，ドイツでは「第 1 の道」という競技スポーツの振興に対して「第 2 の道」の生涯（国民）スポーツの振興が提唱される．SVH のような地域スポーツクラブが「第 2 の道」の推進拠点だ．翌 1960 年，ドイツオリンピック協会（Die Deutsche Olympische Gesellschaft．以下，DOG）は地域スポーツクラブが管理・運営することを条件とした公共スポーツ施設の国家的な整備計画を発表する（福岡ほか，2008）．「ゴールデン・プラン（黄金計画）」と呼ばれたこの計画は 1975 年までの 15 年間におよぶもので，ドイツが地域スポーツクラブを基盤としたボトムアップ型の包括的なスポーツ統括組織を築く礎であった．

2．コミュニティ政策の中のスポーツクラブ

　同じ頃，わが国では 1972 年，文部省保健体育審議会が「体育・スポーツの普及振興に関する基本方針について」を答申する．「1966 年に文部省が発表した『青少年の健康と体力』に次ぐ第 2 の体育・スポーツ白書とも言うべき画期的な内容」（川本，1971）と評価されるこの答申はスポーツ振興の分岐点であり，以後，昭和元号年をとって「47 答申」の略称で語り継がれることになった．なぜならこの答申が競技スポーツ振興よりも生涯（国民）スポーツ振興の必要

性をはじめて強調したこと，また公共スポーツ施設の整備基準を人口規模別に提唱したこと，そして，ドイツの「第2の道」と「ゴールデン・プラン」に通じる日本版のスポーツ振興方策であったことを昭和47年に刻んだ記憶として留めておきたかったからである．しかし，一方では「地域でも，全国で2万8,000団体，会員数にして425万人とかなり多くのスポーツクラブが育ってきているが，一般に行事中心の組織となっており，幼児から高年齢者にいたるまで広く一般地域住民の日常的な体育・スポーツ欲求をみたす組織とはなっていない」（文部省，1972）ことが記されているようにわが国のスポーツクラブ政策の未整備状況も記憶に刻まれることになったのである．

47答申から20年以上が過ぎた1995年，わが国ではようやく国が推進する総合型地域スポーツクラブ（以下，総合型クラブ）政策がスタートし，クラブハウスを保有し，指導者やクラブマネジャーの雇用を目指す図3−1のようなスポーツクラブ像が描かれた．今日では全国に3,594（2020年7月：創設準備中を含む）の総合型クラブが設立・育成され，2017年の「第2期スポーツ基本計画」（スポーツ庁，2017）では「スポーツを『する』『みる』『ささえる』スポーツ参画人口の拡大と，そのための『人材』と『場』の充実」を目指す重点施策に位置づけられている．しかしながら，行政主導によるトップダウン型の量的拡大は否定できず，今後は質的充実への転換を目指した総合型クラブの「自立的な運営」が促進されなければならない．

このような自立的な運営を目指す総合型クラブは，包括的なスポーツ統括組織の基盤[注1]であることを想定した組織論やガバナンス論，アソシエーション論やNPO論からその組織的自立への道筋が議論されなければならない．しかしながら，総合型クラブは，わが国のコミュニティ政策をめぐって議論されてきた手段的な機能集団に位置づけられてきたため，多くはコミュニティ・スポーツ論のフレームからその組織的意義が議論されてしまった．それは総合型クラブが，包括的なスポーツ統括組織や競技連盟・協会を含めたわが国のスポーツ組織全体からみて，どのような役割や意義を果たすのかといった組織論やガバナンス論の不在を意味していたといっても言い過ぎではなかろう．言い換えれば，総合型クラブを基盤としたボトムアップ型の包括的なスポーツ統括組織体制をどのように構築していくのかといった議論を不問にしたままコミュニティ政策に貢献する手段としての総合型クラブを論じただけに過ぎなかったのであ

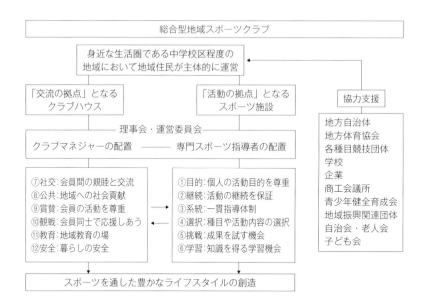

図3-1　総合型地域スポーツクラブのモデル(文部科学省，2001より作図)
総合型地域スポーツクラブは，「活動の拠点」となる運動・スポーツ施設と「交流の拠点」となるクラブハウスを保有する社会経済的運営が可能なスポーツ組織である．活動の拠点には，専門のスポーツ指導者を配置・組織化し，交流の拠点には，クラブマネジャーの配置をする．それぞれの拠点では，図中に示した①から⑫の役割を機能させていく運営が求められている．

る．
　そこで本論では，コミュニティ・スポーツ論の特徴と限界を再確認し，その上で地域スポーツクラブをアソシエーション・スポーツ論のフレームから論じる可能性について述べてみたい．

3．コミュニティ・スポーツ論の限界

　コミュニティ・スポーツ論は，1969年，国民生活審議会コミュニティ問題小委員会が報告した「コミュニティ：生活の場における人間性の回復」(以下，69報告) からその論理の特徴を捉えるのがよい．戦後すぐに出生した第一次ベビーブーム世代，いわば団塊世代[注2]と呼ばれたこの世代が成人期をむかえ家族を持つことが想定された1970年代，都市化に伴う新しい生活観や家族観は，

伝統的な地域共同体への参加を避ける住民層の増加を招くとされた。69 報告では「地域共同体の崩壊およびコミュニティの不在」が「地域生活の存続を脅かす」と警告し、この課題を克服するための生活空間として新たな「コミュニティ」の形成が提唱されている。そのための優先的な方策が「生活における集団形成の必要性」である。すでに「社会奉仕活動、スポーツ、レジャー、趣味、実技習得などさまざまな領域にわたって各種の機能集団を自発的に形成」（経済企画庁国民生活課、1969）しようとする住民の萌芽的な集団づくりが全国各地にみられ、コミュニティ形成に重要な役割を果たすことが期待されていたのである。

その後、69 報告の主張は 1973 年、経済企画庁が発表した「経済社会基本計画：活力ある福祉社会のために」（以下、73 計画）へ引き継がれる。ここでは「スポーツ活動は増大する余暇を楽しみながら、人間本来の活動力を取り戻すという現代不可欠の要素」としてスポーツを生活・暮らしの中に位置づけ、コミュニティ形成に寄与する「コミュニティ・スポーツ」という行政言語を用いた数々の指針が打ち出された。さらにこの指針は、1975 年の欧州評議会の「**スポーツ・フォア・オール憲章**」と 1978 年の UNESCO（United Nations Educational, Scientific and Cultural Organization、国際連合教育科学文化機関）の「**体育・スポーツ国際憲章**」が提唱した「**スポーツ権**」[注3] 運動にも後押しされる。このように 1970 年代に萌芽期を迎えるコミュニティ・スポーツ論は、政府がすすめたコミュニティ政策に加えて国際機関の採択したスポーツ憲章が結びつく機縁にも恵まれる。しかし一方で、こうした機縁がコミュニティ・スポーツという行政言語とその論理に疑問を挟めない支配的な言説空間（Foucault, 1981）をつくり出してしまった。2000 年代以降の総合型クラブ政策がコミュニティ・スポーツ論のフレームから論じられてきたことを考えれば、この言説の支配性に頷くことはできよう。

1970 年代のわが国のコミュニティ論は、社会学者の松原治郎が「閉鎖的な共同体条件のなかに生活が埋没していた」（松原、1978：p. 57）と指摘している通り、伝統的な地域共同体の封建性と閉鎖性が、新たな生活課題の自覚に至らず、住民による課題解決どころか生活課題を放置としたままにするという停滞的な社会構造批判が契機となっていた。このため住民自らが生活課題に気づき自分たちで課題解決を目指す新たな地域共同体の創出がコミュニティ論の中核

的な関心にもなっていた．松原のコミュニティの定義には，そのことが明瞭に
述べられている．コミュニティとは「地域社会という場において，市民として
の自主性と主体性と責任を自覚した住民によって，共通の地域への帰属意識と，
人間的共感と，共通利害を持って，具体的な共通目標に向かって，それぞれの
役割を担いながら，共通の行動をとろうとする，その態度のうちに見出される
ものである．その場合，特に地域の生活環境条件を等しくし，それの持つ問題
性を共通に認識し，かつ，それを手掛かりにして生活を向上させていこうとす
るという方向で一致できる人たちが作り上げる地域集団活動の体系，それこそ
がコミュニティの集団的表現形態である」（松原，1978：p59）である．ここで
いう「地域集団活動の体系」は伝統的な地域共同体の封建性と閉鎖性を突破す
る地域住民らによるボトムアップ型の新たな地域共同体であると捉えてよい．
しかしながら，1970年代のコミュニティ政策は，地域の「生活環境施設」[注4]
というインフラ整備を通じて新たな共同性を期待する施策となってしまうので
ある．このためコミュニティ・スポーツ政策でも施設整備が重点施策となり，
「地域集団活動の体系」としての地域スポーツクラブづくりは努力目標として
付け加えられる程度であった．

4．コミュニティからアソシエーションへ

　その後，2000年代を迎えるとコミュニティ・スポーツ論の限界が自覚され，
総合型クラブやNPO型のスポーツ組織はアソシエーション・スポーツ論から
アプローチすべきであるとする論調が目立つようになってくる．地域だけでは
なく，学校や企業といった社会空間をもコミュニティとして，その範囲を広義
に捉える海老原（2000）は，これまでのスポーツ集団や組織がコミュニティ形
成の「手段」として論じられてきたことを自省し，コミュニティからスポーツ
を「分立」させるべきであると主張した．言い換えれば，スポーツ活動の質的
向上を「目的」としたスポーツ組織論の提唱であり，69報告がコミュニティ形
成の優先方策としてきた「集団形成の必要性」や「機能集団を自発的に形成」す
るというアソシエーション的意義に立ち還ることであった．
　では，アソシエーションとは，どのような社会的意義を持つ概念として認識
すべきなのであろうか．マルクスのアソシエーション論を体系的に論じた田畑

は，アソシエーションにあてはまる訳語が団体，組合，連盟，協会，結社，共同社会などきわめて不統一であるため多様な文脈において都合よく意味解釈されてきたという．このため「概念としての統一性を回復する」には，そのままのアソシエーションを訳語に用いることで，この用語が持つ普遍的な意義を再確認するべきであると論じた（田原, 2015）．こうした訳語統一からアソシエーション論を俯瞰してみると2つの方向性から論じられていることがわかる．1つは資本主義へ抵抗する労働組合運動などの集合行為を論じたマルクスのアソシエーション論であり，もう1つは社会変革を担うNPOなどの**共的セクター**を論じたアソシエーション論（佐藤, 1986）である．アソシエーションの定義では，前者を田畑が「諸個人が自由意志にもとづいて，共同の目的を実現するために，力や財を統合する形で，社会を生産する行為を意味し，またその行為によって生産された社会」（田畑, 2012）とし，後者を佐藤が「人々が自由・対等な立場で，かつ自由意思に基づいてボランタリー（自発的）に，ある共通目的のために結び合う非営利・非政府の民主的な協同のネットワーク型集団である」（佐藤, 2002：p155）とした．特に後者は，第1の国家（公的セクター）と第2の市場（民間セクター）を補完する第3（サードセクター）の共的セクターであり，アソシエーション・スポーツ論が注目する対象であるといってよい（佐藤, 2002：pp3-5）．32頁の図3-1でモデル化した総合型クラブはもちろん，スポーツの各種協会や連盟などスポーツの社会経済的な役割を果たすスポーツ組織を包括していると考えてよい．こうしたアソシエーションの定義と現代社会におけるスポーツの価値を「**スポーツ宣言日本**」[注5]に求めつつ，筆者が考えるアソシエーション・スポーツは次のように定義しておきたい．

　アソシエーション・スポーツとは，スポーツに携わる人々が，スポーツの価値を自覚し，その価値を具現化するための共通の目的のために行動を取ろうとする民主的な社会経済的行為に見出されるもので，あまねく人々がスポーツの価値を等しく享受できることを目指す協同のネットワーク型組織によるスポーツ・プロモーションの総称である．

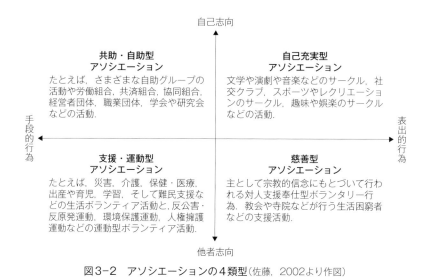

図3-2　アソシエーションの4類型(佐藤，2002より作図)

5．アソシエーション・ネットワーク・社会運動

　アソシエーション・スポーツ論では，スポーツ・プロモーションを担う協同のネットワーク型組織の仕組みと，この組織の発展がもたらす社会的意義を理解し，これにあてはまる地域スポーツクラブをどのように運営していくのか，またわが国のスポーツ統括組織体制の中でどのような役割を果たすのかを考えようとする．地域スポーツクラブは，種目別や世代別の各チーム活動のほかスクールやイベント，研修事業や地域貢献事業など多様な部門で活動する小集団が集まった協同のネットワーク型組織である．こうしたネットワーク型組織の民主的な運営と社会経済的活動を実行するためには，組織内部の異なる活動や事業の多様性を尊重し，組織外部の多様な組織・団体との連携やスポーツ環境整備を中核的に担う社会運動体としての役割が認識されなければならない．こうした役割を果たす地域スポーツクラブは，佐藤が提示したアソシエーションの4類型を見取り図とすることでアソシエーション・スポーツ論として論じる視点を構築することができよう．

　図3-2はアソシエーションに求められる中心的な行為について横軸に「手段的－表出的」な行為，縦軸に「自己志向－他者志向」の行為を位置づけて4

タイプに類型化したものである．

　①「表出的－他者志向」タイプは，「慈善型」アソシエーションである．アスリートやクラブの人道的な慈善活動がこのタイプである．

　②「手段的－他者志向」タイプは「支援・運動型」アソシエーションである．総合型クラブのマネジメントサイドからみれば，スポーツ活動支援やスポーツ指導者養成，またスポーツ環境の整備・改善を求める社会運動などがこのタイプである．

　③「手段的－自己志向」タイプは「共助・自助型」アソシエーションである．労働組合や学会などの自助・共助活動がこのタイプである．

　④「表出的－自己志向」タイプは「自己充実型」アソシエーションである．スポーツや音楽，演劇のクラブやサークルの活動がこのタイプである．

　全国で設立・育成が進む総合型クラブの実践では①～④のいずれか複数タイプをカバーする組織運営に取り組んでいる事例は少なくない．たとえば，鹿児島県を拠点に活動するNPO法人スポーツ・コミュニケーション・サークル（SCC）は陸上競技部門，サッカー部門，幼児体操部門，健康体操部門に加えてスポーツ指導者派遣事業，スポーツイベント開催事業，スポーツ啓発事業，文部科学省拠点クラブ事業を行う．また，サッカーJリーグに加盟する松本山雅フットボールクラブでは，世代別のサッカー部門や地域別のサッカースクールのほかホームタウン活動として「One Soul,One Heart プロジェクト」を創設し，「地域と共にあるクラブとして何ができるのか」を具現化するために幼稚園・保育園での運動教室，福祉施設での健康運動教室，雷鳥保護ボランティア，清掃ボランティア，田植えや種まきなどの農業・食糧支援など多様な地域貢献活動を展開している．

　こうしたアソシエーションの4類型を見取り図にしながら，社会運動体としての地域スポーツクラブを考えることは，地域から支持されるスポーツ組織の公共性とは何かといった視点を提示してくれるはずである．コミュニティ・スポーツ論は，伝統的なスポーツ組織にみられる閉鎖性や封建性をコミュニティ形成の「弊害」として捉え，「生活者の視点」（鳥越，1997）から運動・スポーツ活動の意義を実証的に明らかにする営みであった．これに対してアソシエーション・スポーツ論は，スポーツ組織が陥りやすい閉鎖性や封建性を抑制するためのスポーツ・プロモーションであり，地域スポーツクラブに求められる

公共性を問う営みであるといえる．アソシエーション・スポーツ論としてのス
ポーツクラブは，コミュニティ・スポーツ論の限界を自覚し，わが国の包括的
なスポーツ統括組織体制をどのように再構築していくのかといった問いに応え
る重要な視座であることは間違いないと思う．

注　釈

注1）ドイツのスポーツ統括組織の仕組みは，地域スポーツクラブを基盤にして地
　　域（市町村）レベルの競技団体やスポーツ連盟が組織化されている．日本のよ
　　うに学校や企業の運動・スポーツ部門や各チーム単位の加盟・登録ではない
　　ため地域スポーツクラブの自立的な運営に必要な公的支援体制が確立されて
　　いる．

注2）団塊世代とは，戦後直後の1947〜1949年の第一次ベビーブーム世代をいう．
　　1970年代に成人を迎える世代であり，日本人の世代別人口では突出して多い
　　世代群である．堺屋太一の1976年発行の小説「団塊の世代」（講談社）から命
　　名された．

注3）「体育・スポーツ国際憲章」第1条では「体育・スポーツの実践は全ての人に
　　とって基本的権利である」ことが謳われ，同条第2項では「自国のスポーツの
　　伝統に従って体育・スポーツを実践する十分な機会を持たなければならない」
　　とされた．

注4）コミュニティ形成には①地域性，②共同性，③社会的資源，④コミュニティ
　　感情の条件が必要とされた．③社会的資源は①地域性と②共同性を結びつけ
　　る媒介資源である．1970年代のコミュニティ政策は，媒介資源としての「共
　　通の生活環境施設」からの共同性の萌芽を期待した．

注5）2011年，公益財団法人日本スポーツ協会と公益財団法人日本オリンピック委
　　員会の創立100年を記念して発表された日本スポーツのための次の100年の
　　ための指針．

引用文献

海老原修（2000）地域スポーツのこれまでとこれから−コミュティ型スポーツの限界
　　とアソシエーション型スポーツの可能性−．体育の科学，50（3）：180-184.

Foucault M 著，中村雄二郎訳（1981）知の考古学．河出書房新社.

福岡孝純ほか（2008）ドイツにおけるスポーツ・フォア・オール施策とスポーツ施設
　　整備計画−ゴールデン・プランからゴールデン・プログラムへ−．帝京経済学
　　研究，42：57-61.

川本信正（1971）中間報告に対する世論の反応．健康と体力，3（1）：4-7.

経済企画庁国民生活課（1969）コミュニティ−生活の場における人間性の回復−国民

生活審議会調査部会コミュニティ問題小委員会報告－．経済企画庁国民生活課，p163．

松原治郎（1978）コミュニティの社会学．東京大学出版会．

松本山雅フットボールクラブ：https://www.yamaga-fc.com（参照日　2022年3月1日）

水上博司（2020）総合型地域スポーツクラブ，日本大学文理学部体育学研究室編，大学生のための最新健康・スポーツ科学．pp152-153．八千代出版．

文部科学省（2001）クラブつくりの4つのドア－選ぶのはあなた－．総合型地域スポーツクラブ育成マニュアル．https://www.mext.go.jp/a_menu/sports/club/main3_a7.htm（参照日　2022年3月1日）

文部省（1972）体育・スポーツの普及振興に関する基本方策について＜保健体育審議会答申＞．p30．文部省．

佐藤慶幸（1986）ウェーバーからハバーマスへ－アソシエーションの地平－．世界書院．

佐藤慶幸（2002）NPOと市民社会－アソシエーション論の可能性－．有斐閣．

スポーツ・コミュニケーション・サークル：https://scc.10bai.com（参照日　2022年3月1日）

スポーツ庁（2017）第2期スポーツ基本計画．p15．

田畑稔（2015）増補新版 マルクスとアソシエーション－マルクス再読の試み－．pp7-33，新泉社．

鳥越皓之（1997）環境社会学の理論と実践－生活環境主義の立場から－．有斐閣．

推薦図書

荒井貞光（2003）クラブ文化が人を育てる－学校・地域を再生するスポーツクラブ論－．大修館書店．

黒須充ほか（2002）ジグソーパズルで考える総合型地域スポーツクラブ．大修館書店．

水上博司ほか（2020）スポーツクラブの社会学－『「コートの外」より愛をこめ』の射程－．青弓社．

［水上　博司］

第4章

コロナ禍における運動部活動：
一斉休校・大会中止・部活クラスター

1．コロナ禍で運動部活動はどうあるべきか

　日本社会がコロナ禍に見舞われた2020年春，全国一斉休校が宣言され，運動部活動の実施や競技大会開催の是非が問題になった．その後，一斉休校が解除されて運動部活動は再開されると，今度は高校や大学の運動部活動でクラスター（感染者集団）が相次いで発生し問題になった．

　新型コロナ感染症の脅威は，運動部活動をめぐる問題を突きつけた．「一斉休校で授業もできない中で部活の大会を行うのか？」，「部活クラスターが起きても，なぜ部活は止まらないのか？」，「コロナ禍でも暴走する部活とはいったい何なのか？」——今，かつてないほど運動部活動のあり方が問われている．

　本章では，コロナが運動部活動に与えた影響を振り返りながら，今後の展望を論じる[注1]．

2．運動部活動を考えるための基礎知識

　はじめに，そもそも運動部活動とは何なのかを整理しておこう．

　「部活」を知らない読者はいないだろう．しかし，実は「部活」が，海外にはみられない日本独特のスポーツ文化であることを知っているだろうか．諸外国では，中高生がスポーツをする場所といえば，地域クラブが中心であり，日本のように学校の運動部活動が盛んな国は珍しい（中澤，2014）．

　では，なぜ日本では運動部活動がこれほど大規模に成立してきたのか．「授業のように部活も，法律で決まっているんじゃないの？」と思うかもしれない．しかし，運動部活動は授業ではない．さらに授業を含む教育課程（カリキュラム）の中にも入っていない．運動部活動は教育課程の外にある課外活動である．

　課外活動は，法律や制度によって決められているわけではない．「部活をしなさい」と命じる法律はない．

　現行の法体系をみると，もっとも上位にある日本国憲法に，もちろん部活動は出てこない．そして教育基本法でも，学校教育法でも，同法施行令でも，同法施行規則でも，「部活動をしなさい」とは書かれていない．もっとも下位にある**学習指導要領**で，ようやく「生徒の自主的，自発的な参加により行われる部活動」という表現が出てくる．ここに書かれている通り，部活動は生徒による「自主的」な活動で，教育課程に含まれない．

　だから部活動は，授業とは違って，どの部を設置するか，誰がどのように受け持つか，どんな中身で活動するか，どんなスケジュールにするか，どれくらいの日数や時間で活動するかは，制度的に決まってこなかった．部活動をどうするかは，学校現場に任されてきた．部活動は，学校現場の実践が積み重なってできあがってきた慣習なのである．

　しかし，こうした慣習としての運動部活動が肥大化して，社会問題になっている．現場に任せられた運動部活動は，活動時間を延ばし，活動日数を増やし，歯止めがかからなくなってしまった．強制参加，体罰・暴力，死亡事故，いじめなどの生徒にとっての問題．強制顧問，過重負担，休日出勤などの教師にとっての問題．肥大化した運動部活動は，生徒と教師を苦しませることにもなった（中澤，2017；島沢，2017；内田，2017）．

　だから，こうした状況を改善しようと，スポーツ庁が2018年3月に「運動部活動の在り方に関する総合的なガイドライン」を策定し，休養日設定を含めた適切な運営と体制整備を求めた．運動部活動の**持続可能**なあり方が模索されているのである．

　以上を踏まえて，いよいよコロナ禍における運動部活動のあり方を考えよう．

３．全国一斉休校と競技大会開催の是非

　2020年1月に中国の湖北省・武漢で新型コロナウイルスによる感染症（COVID-19）の発症事例が次々と報告され，非常に強い感染力で各地に被害が拡散した．日本でも中国からの帰国者や，横浜港に停泊したクルーズ船「ダイヤモンド・プリンセス号」の乗客の中に感染者がいたことなどから，感染拡大

表4-1　2020年2月～3月における日本政府の対応と全国的な動向

2月26日	安倍首相が多数の人が集まる全国的なスポーツイベントの，今後2週間の中止や延期を要請．合わせて全国高体連が各競技全国大会の主催者へ大会の開催回避の判断を依頼．
2月27日	安倍首相が全国の小中高などの一斉臨時休校を要請．
2月28日	文部科学省が全国の自治体に休校要請を通知，合わせて部活動の自粛も要請．
3月2日	全国の学校で休校措置が取られはじめる．
3月4日	文部科学省の集計によると，全国の公立小中学校，高校，特別支援学校の約99%が臨時休校を決めたことが判明．
3月5日	全国高体連加盟団体が予定していた全23競技の全国大会の中止が決定．
3月6日	萩生田文科大臣が，選抜高校野球大会の開催是非について「大会の主催の判断を尊重したい」と発言．
3月9日	日本野球機構（NPB）とJリーグが「新型コロナウイルス対策連絡会議」を開催．
3月10日	安倍首相がイベントの中止や延期の要請を，さらに10日間延長することを決定．
3月11日	第92回選抜高等学校野球大会の中止が決定．

各種新聞報道などをもとに筆者作表．

が生じた．

　こうした中で，日本政府は感染拡大を防ぐために，スポーツイベントの中止や延期，また学校の一斉休校措置，そして部活動の自粛などを要請した．**表4-1**に，この間の日本政府の対応と全国的な動向を示した．

　こうした要請に前後して，運動部活動の各種全国大会が中止されていった．**表4-2**に，高校運動部活動の全国大会の中止決定日を示した．

　全国高等学校体育連盟に加盟する競技はいち早く，次々と各競技大会の中止を決定した．もっとも早かったのが少林寺拳法（2月20日）であり，2月中にボクシング，空手道，なぎなた，卓球，ハンドボール，ソフトボール，柔道，自転車競技，レスリング，アーチェリー，相撲，バドミントンを含めた13競技が中止を決定した．

　3月に入って，体操，新体操，ソフトテニス，ラグビーフットボール，ボート，剣道，ウエイトリフティング，フェンシング，スキー，テニスの全23競技が5日までに中止となった．

　対して，最後まで中止の判断が遅れたのが野球だった．すなわち，日本高等学校野球連盟と毎日新聞社が主催する「第92回選抜高校野球大会」だけは，開催可能性を最後まで模索し続けて，ようやく3月11日に中止が決定した．

表4-2　2020年2～3月における高校運動部活動の全国大会の中止

中止決定日	競技名	大会名	予定大会期日	開催地	主催団体
2月20日	少林寺拳法	第23回全国高等学校少林寺拳法選抜大会	3月21～23日	香川県	全国高等学校体育連盟、少林寺拳法連盟
2月26日	ボクシング	第31回全国高等学校ボクシング選抜大会	3月23～26日	石川県	全国高等学校体育連盟、日本ボクシング連盟
2月26日	空手道	JOCジュニアオリンピックカップ 第39回全国高等学校空手道選抜大会	3月26～28日	石川県	全国高等学校体育連盟、全日本空手道連盟
2月26日	なぎなた	第15回全国高等学校なぎなた選抜大会	3月21～22日	兵庫県	全国高等学校体育連盟、伊丹市・伊丹市教育委員会、全日本なぎなた連盟
2月28日	卓球	第47回全国高等学校選抜卓球大会	3月26～28日	千葉県	全国高等学校体育連盟、日本卓球協会
2月28日	ハンドボール	2019年度第43回全国高等学校ハンドボール選抜大会	3月24～29日	埼玉県、千葉県	全国高等学校体育連盟、日本ハンドボール協会
2月28日	ソフトボール	第38回全国高等学校ソフトボール選抜大会（男子および女子）	3月20～23日	山口県および愛媛県	全国高等学校体育連盟、日本ソフトボール協会
2月28日	柔道	第42回全国高等学校柔道選手権大会	3月21～22日	群馬県	全国高等学校体育連盟、全日本柔道連盟
2月28日	自転車競技	第43回全国高等学校自転車競技選抜大会（ロードおよびトラック）	3月17日および 3月18～20日	熊本県および福岡県	全国高等学校体育連盟、日本自転車競技連盟
2月28日	レスリング	国際杯第63回全国高等学校選抜レスリング大会	3月27～29日	新潟県	全国高等学校体育連盟、日本レスリング協会
（2月28日）	アーチェリー	JOCジュニアオリンピックカップ 第38回全国高等学校アーチェリー選抜大会	3月27～28日	静岡県	全国高等学校体育連盟、全日本アーチェリー連盟
（2月28日）	相撲	令和元年度 全国高等学校相撲新人選抜大会（第71回全国高等学校相撲新人選手権大会）	3月21～22日	高知県	全国高等学校体育連盟、日本相撲連盟、高知新聞社、RKC高知放送
2月29日	バドミントン	第48回全国高等学校選抜バドミントン大会	3月26～29日	鹿児島県	全国高等学校体育連盟、日本バドミントン協会
3月2日	体操	第36回全国高等学校体操競技選抜大会	3月22日	兵庫県	全国高等学校体育連盟、日本体操協会
3月2日	新体操	第35回全国高等学校新体操選抜大会	3月19～20日	兵庫県	全国高等学校体育連盟、日本体操協会
3月2日	ソフトテニス	第45回全日本高等学校選抜ソフトテニス大会	3月28～31日	埼玉県	全国高等学校体育連盟、日本ソフトテニス連盟、愛知県ソフトテニス協会
3月2日	ラグビーフットボール	第21回全国高等学校選抜ラグビーフットボール大会	3月24～31日	静岡県	全国高等学校体育連盟、日本ラグビーフットボール協会
3月2日	ボート	第31回全国高等学校選抜ボート大会	3月20～22日	静岡県	全国高等学校体育連盟、日本ボート協会、浜松市、中日新聞社
3月2日	剣道	第29回全国高等学校剣道選抜大会	3月27日	愛知県	全国高等学校体育連盟、全国剣道実行委員会
3月2日	ウエイトリフティング	第35回全国高等学校ウエイトリフティング競技選抜大会	3月26～28日	石川県	全国高等学校体育連盟、日本ウエイトリフティング協会
3月2日	フェンシング	第44回全国選抜高等学校フェンシング大会	3月20～22日	宮城県	全国高等学校体育連盟、日本フェンシング協会
3月3日	スキー	第32回全国高等学校選抜スキー大会（アルペン種目）	3月11～13日	長野県	全国高等学校体育連盟、全日本スキー連盟
3月5日	テニス	第42回全国選抜高校テニス大会	3月21～26日	福岡県	全国高等学校体育連盟、日本テニス協会
3月11日	野球	第92回選抜高等学校野球大会	3月19～31日	兵庫県	日本高等学校野球連盟、毎日新聞社

全国高等学校体育連盟websiteや各種新聞・雑誌報道をもとに筆者作成。ただしアーチェリーと相撲は、中止決定日を直接示す資料が見当たらず推測を含むため、括弧付きで表記した。

　年度が替わって 2020 年 4 月になっても一斉休校措置は継続されて，さらに緊急事態宣言も出された．その結果，2020 年夏に開催予定だった運動部活動の全国大会も次々と中止決定が下された．**全国高等学校体育連盟**主催「全国高等学校総合体育大会」が中止され（4 月 26 日），**日本中学校体育連盟**主催「全国中学校体育大会」が中止され（4 月 28 日），**日本高等学校野球連盟**主催「全国高等学校野球選手権大会」も中止された（5 月 20 日）．

　さて，こうした経緯を振り返ると，「全国規模の大会を中止せざるを得なかった部活動に励んだ生徒はどのように感じるのだろうか」（海老原，2021：p74）と，晴れの舞台を奪われた選手の悔しさに思いをはせたくもなる（元永，2021；早見，2021；タイムリー編集部，2021）．

　だが，その一方で看過できないのは，一斉休校措置で授業・教育課程・学校教育全般が停止している状況で，運動部活動が実施され競技大会が続行することの問題だ．

　前述した通り，運動部活動は生徒による「**自主的**」な**課外活動**に過ぎない．「部活は必要不可欠な教育活動だ」と熱く主張する人もいるが，法制度的にはそうではない．部活動は，少なくとも建前としては，やりたい生徒がやるから成立している．いってしまえば，学校教育にとっての部活動とは，やってもやらなくてもよいオマケである．

　以上を踏まえると，コロナ禍で運動部活動や競技大会を強行することの問題を理解できる．休校措置が取られ授業も停止されて学校教育自体が成り立たなくなっている状況で，課外活動の運動部活動を優先的に継続させることは本末転倒である．

　話をコロナ禍の運動部活動が辿った経緯に戻そう．2020 年 5 月，休校措置が解除され，各地域で徐々に学校が再開した．6 月頃から多くの地域で，部活動も一部制限されながら再開されはじめた．7 月にはほとんどの地域で，部活動がコロナ前と同じように実施されるようになった．

　しかし，そこから次の問題が浮かび上がってきた．いわゆる「部活クラスター」である．

4．相次いで発生する部活クラスター

　「部活クラスター」——この聞き慣れぬ新語が大手新聞で使用されるように
なったのは，2020年8月．「新型コロナ　島根92人感染　高校部活クラスター
か」（読売新聞2020年8月10日付），「新型コロナ　部活クラスター多発　接
触避け寮生活，困難」（毎日新聞2020年8年20日付）の見出しで，島根県の
高校サッカー部で起きたコロナのクラスターが報道された．

　現在に至るまで，こうした部活クラスターが相次いで発生してきた．いった
いどれほどの生徒たちが感染してしまったのか．

　部活クラスターを「学校の部活動（文化部を含む）で生徒・指導者・関係者
の5人以上が感染すること」と定義して，新聞・テレビ・ネットニュース等の
報道記事や自治体・学校等の公式発表を元に，部活クラスターの事例を蒐集し
て，その詳細や傾向を把握しようと試みた．

　具体的な事例蒐集の手続きは，次の通りである[注2]．

　第1に，新聞記事データベースおよびインターネット検索システム等で「部
活／クラブ／運動部／文化部／部員」と「コロナ／クラスター／感染」などのキー
ワードを組み合わせながら検索し，新聞・テレビ・ネットニュース等の報道記
事や自治体・学校等の公式発表から，関連する情報を可能な限り集めた．

　第2に，各情報の内容を吟味しながら，クラスター発生や感染拡大のプロセ
スに部活動関連の場面での対人接触が影響しており，当該部活動の生徒・指導
者・関係者が5人以上感染した事例を抽出し，それを部活クラスターとみなし
た．

　第3に，部活クラスターの各事例の情報を精査しながら，報道記事や公式発
表の日付（感染が拡大した事例などで複数の報道等があった場合は最終的な報
道等の日付）・都道府県名・感染者数（当該部活動の生徒・指導者から感染し
た家族等の関係者を含む）・学校種・学校名・部活動名・その他の項目で整理
した．同一事例で感染が持続的に拡大したりして複数の報道記事や公式発表が
出ている場合は，最終的な状況がわかるもっとも新しい情報の内容を採用した．

　その結果，2021年12月末までに，全47都道府県で530件，総感染者数が
9,292人の部活クラスターが発生していたことがわかった．

　蒐集できた部活クラスターの事例の詳細と傾向をみてみよう．

　最初の部活クラスターは，奈良県の高校の吹奏楽部で発生し，2020年7月15日時点で6人の感染者が確認された．次いで東京都の大学で，合宿所で共同生活をしていた運動部員の間でも発生し，7月17日時点で13人の感染者が確認された．

　逆にいうと，それら以前には部活クラスターは確認されなかった．国内で新型コロナ感染症が問題になった2020年1月以来，実は7月に入るまで部活クラスターは発生しなかったのだ．

　その大きな理由は，先述した3月からの全国一斉休校措置のために，多くの学校で部活動自体が中止されていたことがあげられるだろう．当たり前であるが，意外と気づかれない重要な事実として，部活動がなければ部活クラスターも起きないのである．

　感染規模がもっとも大きかった部活クラスターは，2021年8月に北海道で開催された第16回全国高校選抜アイスホッケー大会で生じた．大会は苫小牧市などで8月4～8日に開催されたが，次々と感染が発覚・拡大して，8月27日時点で150人の感染者が確認された．

　次に大きかったのが，石川県の高校部活動から拡大した事例で，2021年6月10日時点で121人の感染者が確認された．この事例では，特に寮生活から感染爆発が起きた．

　部活クラスターの事例全体を見渡すと，どのような傾向がわかるだろうか．

　蒐集された事例を概観すると，多くは部活動からクラスターが発生したり拡大した事例であったが，一部には他の場所で感染がはじまり部活動で広がった事例もあった．また，部活動の種別が判明した事例でいうと，文化部はごくわずかで，ほぼすべてが運動部だった．

　ひとつの部活クラスターでの平均感染者数は，総感染者数9,292人を事例件数530で除して，平均17.5人であった．一度クラスターが発生してしまうと，多くの感染者が出てしまうことがわかる．

　図4-1に，学校種別でみた部活クラスターの発生件数および感染者数を示した．大学で210件3,745人，高等専門学校で1件8人，専門学校で1件17人，高校で248件4,663人，中学校で34件361人，中高一貫校で6件121人，学校種別が不明のケースは30件377人であった．

　部活クラスターは，高校で最も多く，次いで大学で多い．高校と大学で全体

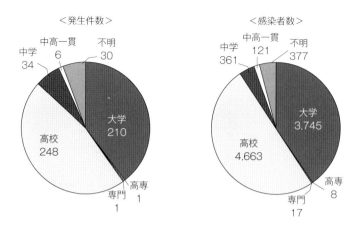

図4-1 学校種別でみた部活クラスターの発生件数および感染者数
新聞・テレビ・ネットニュース等の報道記事や自治体・学校等の公式発表をもとに作図.

の9割以上を占めていることがわかる.

　図4-2に，月別でみた部活クラスターの発生件数および感染者数を示した．2020年7月が4件38人，8月が13件158人，9月が9件309人，10月が3件95人，11月が14件283人，12月が28件583人，2021年1月が37件752人，2月が12件296人，3月が12件218人，4月が37件527人，5月が56件1,278人，6月が26件690人，7月が42件640人，8月が167件2,385人，9月が68件1,015人，10月が2件25人だった．

　2020年夏からはじまった部活クラスターは，増減を繰り返しながら，2021年8月に最多を記録した．

　なお，2021年12月末時点での最後の部活クラスターは，10月15日に生じた事例であった[注3]．

　なぜ部活クラスターが発生してしまうのか．事例からわかる理由を3つ指摘する．

　第1に，当然であるが，活動中に生徒同士や指導者との間で身体的な接触が頻繁に生じるからである．

　教室での一斉授業では，生徒が互いに机を離して距離を取り，教師の話を黙って聞き学ぶスタイルもあり得る．だが運動部活動では，特にチームスポーツや集団活動系で，生徒が互いに接触したり，対話したりする機会が多くある．さ

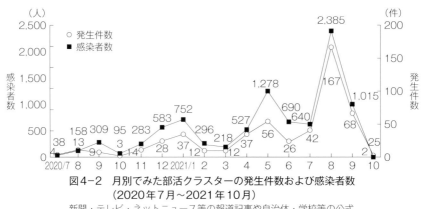

図4-2　月別でみた部活クラスターの発生件数および感染者数
（2020年7月～2021年10月）

新聞・テレビ・ネットニュース等の報道記事や自治体・学校等の公式
発表をもとに筆者作図.

らに屋内スポーツでは，閉じられた空間での接触も避けられない.

　第2に，対外試合や大会参加，長時間の移動や宿泊を含めた遠征活動もある
からである.

　前述した通り，2021年8月の第16回全国高校選抜アイスホッケー大会では
150人の感染者が出た. 他にも，2021年1月5～10日に東京で開催された「春
高バレー」（第73回全日本バレーボール高等学校選手権大会）では，参加した
高校3校で部活クラスターがあり，計35人の感染者が確認された（1月9日
時点で京都府の高校で6人，1月14日時点で福岡県の高校で10人，1月18日
時点で福島県の高校で19人）. 試合や大会は運動部活動の中心的なイベント
であるが，それがまさに感染を招く引き金になっている.

　第3に，運動部活動は，直接的な活動場面以外にも，さまざまな集団行動や
共同生活を伴うからである.

　活動前後に更衣室や部室に複数の部員が滞在する時間も出てくるし，活動が
終わった後やオフの休日などに運動部活動の仲間で食事に出かける誘因もあ
る. またスポーツ強豪校などでは，部員が専用の寮で共同生活を日常的に営ん
でいるケースが少なくない. 必然，運動部活動に絡むさまざまな場面で，感染
が発生・拡大してしまうリスクがある.

5．コロナ禍で運動部活動はどうあるべきか

　では，どうすれば部活クラスターを阻止できるか．コロナ禍における運動部活動のあり方はどうあるべきか．

　まず注意すべきは，部活クラスターが発生した現場で，当事者たちが感染予防を特段サボっていた訳ではないということである．ほとんどの学校と運動部活動で，生徒や指導者は，すでに十分すぎるほど感染対策に気を付けている．文部科学省も，「学校における新型コロナウイルス感染症に関する衛生管理マニュアル～『学校の新しい生活様式』～」などで，部活動でのマスクの着用やこまめな換気，手洗い，消毒液の使用などの注意喚起を繰り返してきた．

　にもかかわらず現場では，残念ながら部活クラスターが生じ続けてきたのである．だから，一人ひとりが注意を払うことを前提として，それ以外にも対策を考えないと，部活クラスターは生じ得る．その点を踏まえた上で，先に議論した部活動の法制度的な位置づけおよび競技大会のあり方に引きつけながら，3つ提案したい．

　1つ目は，現場レベルでの運動部活動の縮小／中止である．

　繰り返し述べているように，そもそも部活動は，授業ではなく教育課程にも含まれない自主的な課外活動であり，言ってしまえば，やってもやらなくてもよいオマケである．各学校や各教師の判断で，活動日数・時間を減らしたり，活動そのものを中止にすることは可能である．

　もしかすると，「生徒がやりたがっているから，部活の中止は可哀想」と反論が来るかもしれない．しかし，たとえ生徒が真に自主的に運動部活動の継続を望んでも，感染リスクが拭えないならば生徒の安全を守るために規制することは間違っていない．いわんや，生徒が望んでいないにもかかわらず強制しているような状況があれば，すぐに是正されねばならない．

　2つ目は，競技団体レベルでの大会の縮小／中止である．

　各学校や各教師の判断で運動部活動の縮小や中止が可能であるはずだが，実際には運動部活動は止まらなかった．その理由のひとつは，競技大会が開催されるからである．2020年の春や夏の各種全国大会は軒並み中止になった（だから夏以前に部活クラスターが発生しなかった，とも考えられる）．しかし，秋から大学スポーツの競技大会が開催されはじめ，冬には高校スポーツの全国大

会も開催された．

　このように競技大会が用意されると，それに向けて現場では運動部活動が行われる．大会に出るために準備しなければならない，大会で勝つために練習しなければならない…．そう考えられて運動部活動が行われ，感染リスクが高まるのである．

　大会を主催する競技団体や学校体育連盟などは，たしかに大会開催期間における大会会場での感染対策には気を配っている．だが，それだけでなく，競技大会があること自体がもたらす現場への影響も視野に入れるべきである．大会の規模を縮小したり，大会の開催を延期・中止する選択肢を除外してはならない．

　3つ目は，国・自治体レベルでの規制措置や中止命令である．

　国は，部活動の自粛を要請したり活動の制限を求めることはあっても，結局一度も部活動の中止命令を出さなかった．

　前述した文部科学省作成の感染対策マニュアル「学校の新しい生活様式」は，「新しい生活様式」を踏まえた学校の行動基準を示している．それによると，地域の感染レベルが最上位「レベル3」になると，感染リスクの高い教科活動は「行わない」，つまり禁止される．だが部活動は，「個人や少人数での感染リスクの低い活動で短時間での活動に限定」すれば，なぜか許されている．

　2021年1月に2度目の緊急事態宣言が出された関東圏では，部活動への対応が自治体ごとに分かれた．神奈川県と千葉県は大会参加や対外試合を禁止するにとどめ，部活動そのものを中止にはしなかった．東京都と埼玉県は試合を含めて全面的に部活動を中止した（朝日新聞2021年1月8日付）．

　部活動は課外活動とはいえ学校教育活動の一環として行われるので，あくまで教育行政の管轄範囲内にある．それゆえ国や自治体は，直接的に部活動を規制する措置を取ったり，中止を命令することは可能である．局面によっては，生徒が感染する事態を防ぐためにそうする責任もあるといえるだろう．

　以上をまとめると，部活クラスターをはじめコロナ禍での運動部活動の問題とは，その過剰さである．課外活動に過ぎない運動部活動が暴走し，部活クラスターが起きても止まらない．この過剰な運動部活動を制御するために，現場レベル，競技団体レベル，国・自治体レベルでの適切な規制と対応が必要である．

注　釈

注 1）　本稿は，中澤（2020；2021）をもとに再構成したものである．
注 2）　ただし，こうした手続きで漏れてしまった部活クラスターの事例が存在する
ことは否めない．記事における感染経路の書かれ方で部活クラスターとみな
すかどうかの判断が変わってしまうし，そもそも感染事実が報道・公表され
ない場合はカウントできない．
注 3）　本稿の脱稿後，2022 年 1 月には再び部活クラスターが頻発している．

引用文献

海老原修（2021）推薦制度を振りかえって．体育の科学，71（2）：74-77．
早見和真（2021）あの夏の正解．新潮社．
元永和弘（2021）甲子園はもういらない……それぞれの甲子園．主婦の友社．
中澤篤史（2020）新型コロナウィルスと選抜高校野球大会－運動部活動が応援され続
けるために－．体育の科学，70（6）：398-403．
中澤篤史（2021）部活クラスター－コロナ禍でも止まらない学校スポーツの暴走－．
現代思想，49（4）：178-184．
島沢優子（2017）部活があぶない．講談社．
タイムリー編集部（2021）監督からのラストレター－甲子園を奪われた君たちへ－．
インプレス．
内田良（2017）ブラック部活動－子どもと先生の苦しみに向き合う－．東洋館出版社．

推薦図書

中澤篤史（2014）運動部活動の戦後と現在－なぜスポーツは学校教育に結び付けられ
るのか－．青弓社．
中澤篤史（2017）そろそろ，部活のこれからを話しませんか－未来のための部活講義
－．大月書店．

［中澤　篤史］

column1

子どもの活動スペースは，
タレントに影響を及ぼすのか？

　海老原（2008）は，子どもの成長期における体力変化の要因に触れ，運動を行わない子ども達と運動頻度の高い子ども達では，跳動作や投動作など多関節が関与する運動能力に大きな差が出ると報告している．つまりは，この時期にはダイナミックな動きをすることが重要であり，そのための活動スペースの確保が体力要素決定の大きな要因となることも示している．

　このような活動環境条件は，身体活動や体力などの人々の生活のさまざまな側面に影響を与えることが示されている．特に，幼児期から青年期に屋外で過ごす時間は身体活動と体力に積極的に関連する重要な要因であり（Gray et al., 2015; Collins et al., 2012），多くの国々においても，都市型の生活環境が子どもの体力低下のリスクを高めることが報告されている（Machado-Rodrigues et al., 2014; . Chillón et al., 2011）．子どもの体力低下が叫ばれて久しいわが国において，体力とアクティブなライフスタイルとの関連はもとより，将来の一般的な健康と幸福に対する体力の重要性を考えると，子どもを対象とした介入戦略は特に重要と考えられる．

　オーストラリアの農村部と都市部の児童期の運動能力の差を調べた研究（Drenowatz et al., 2020）では，多くの項目で農村部の子どもが優れているとされ，基本的な体力の向上には活動スペースを確保することが重要であるとしている．同様に，オーストラリアの小学生の遊び場空間と身体活動の生態学的研究報告（Grunseit et al., 2020）によれば，健全な体力の向上のためのスペースを生徒 1 人当たり 15〜25m^2 としている．日本の小・中学校は，文部科学省の設置基準によりグラウンドの面積が規定されている．都市近郊の平均的な小・中学校は一学年のクラス数が 3 クラス程度として計算すると，生徒 1 人当たりのグラウンド面積は 10m^2 となる．これはオーストラリアの研究報告からすると，子どもの体力向上の必要条件を満たしていない．文部科学省が毎年発表す

る子どもの体力測定結果では，運動能力の年次データ推移が示される．その変化に対しての要因解析は，活動量や運動習慣を分析するのみで，それらを生み出している活動環境に関して言及するに至っていない．しかし，子どもたちにとってより効果的な活動環境の設計のためには，体力科学的な知見に基づいた活動スペースに関する情報の提供が必要である．

近年，スポーツのプロ化やそれに伴うスポーツビジネスの加速化により，幼児期から学童期におけるスポーツ活動の早期専門化が顕著となり，これによる子どもの身体的，精神的負担の増大が懸念されている．図1のように，発育・発達過程に伴い，向上する運動能力に年代差があることは知られている．身体を巧みに動かす能力（脳や神経の関与）は未就学期から小学校期，運動を長く続ける能力（呼吸・循環系の関与）は中学校期，力強くパワーを発揮できる能力（筋の関与）は高等学校期辺りに能力向上のピークが訪れるため，それに応じた活動を行うことが好ましいといえる．このように，年齢や発育・発達段階を考慮し，パフォーマンスにこだわり過ぎないように配慮するとともに，運動能力のピーク年齢を想定した長期的展望による活動計画を立案することも重要である．そのポイントを筋力と持久力に分けてまとめると表1のようになる．幼児期から始まり青年前期までは持久力の向上が顕著であり，各年代のポイントに「自由な遊び」，「さまざまな種類の運動」，「移動距離」といったキーワードがあげられる．このことから，多様な活動および長い移動が可能となる広い

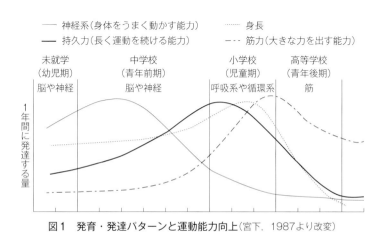

図1　発育・発達パターンと運動能力向上（宮下，1987より改変）

表1　発育・発達を考えた運動能力向上のポイント

	～5歳	6～12歳	13～15歳	16歳～
持久力 (スタミナ)	動き方やフォームを覚えるような活動する.	軽度から中程度の負荷により多くの筋肉を動かす活動とする.	軽度から中程度に負荷を段階的に増加させながら運動する.	能力に応じた高い負荷設定で運動する.
筋力 (パワー)	自由な遊び時間とする.	さまざまな種類の運動を，休憩をとりながら行う.	運動の強さに応じ，反復回数，時間，移動距離を増やす.	個人の能力に応じて運動の頻度，強度，時間を設定する.

活動スペースの必要性が示唆される.

　幼児期から児童期において，自由な遊びと運動を促進する安全な屋外スペースへのアクセスや，活発な移動手段の促進，組織化されたスポーツ活動への参加は，将来を見据えた体力の維持向上に貢献すると同時に，スポーツを行う上でのタレントの養成への関与が示唆される．すなわち，この時期の活動スペースの広狭は，その後のスポーツ活動を支えるタレントに影響を及ぼす可能性も考えられる.

　アスリートが幼児期から青年期を過ごした市町村の大きさがエリート・レベルに達成する可能性に影響を与えるという報告がある（伊藤ほか，2017）．イギリスはトップアスリートの支援・育成プログラムであるワールドクラス・パフォーマンス・プログラム（WCPP）を有しており，トップアスリートの生誕地，成長地の分析も行っている．これによれば，イギリスにおける一般的な人口の都市で生誕し成長したオリンピック・アスリートの数と比較すると，人口5～10万人の中規模サイズの都市で生誕し児童期までを過ごしたアスリート数は2.1倍以上，人口2万人以下の非常に小さな町で児童期まで過ごしたアスリート数は10.5倍以上，さらに人口2万人以下の町で青年期まで過ごしたアスリート数は3.0倍以上というデータが示されている．生誕から児童期・青年期を過ごした環境は，心理的，社会的そして文化的な背景によって緩和されることも考えられる．しかし，この生誕・成長地の効果が実際に存在することのひとつの要因に，子ども期の活動スペースが関与している可能性も打ち消すことはできない.

　海老原（2008）は，男女共同参画社会や働き方改革といった大人のさまざ

な都合により，幼児期の子どもを十分な活動スペースが確保できない保育所や幼稚園に通わせている現状に対し，各施設が子どもの体力的側面を考慮した運動環境の充実を図るべきと提議している．子どもにとって十分な活動スペースの提供・確保は，子どもの体力・運動能力の低下を防ぐだけでなく，彼らが持つ「タレント」という蕾を開花させることで，将来のスポーツ活動やアクティブなライフスタイルの構築を手助けするものと思われる．

引用文献

Chillón P et al.（2011）Physical fitness in rural and urban children and adolescents from Spain. J Sci Med Sport, 14（5）：417-423.

Collins P et al.（2012）The impact of the built environment on young people's physical activity patterns: a suburban-rural comparison using GPS. Int J Environ Res Public Health, 9（9）：3030-3050.

Drenowatz C et al.（2020）Physical fitness in upper Austrian children living in urban and rural areas: a cross-sectional analysis with more than 18,000 children. Int J Environ Res Public Health, 17（3）：1045.

海老原修（2008）子どもの身体活動に必要なスペース．体育の科学，58（9）：610-616.

Gray C et al.（2015）What is the relationship between outdoor time and physical activity, sedentary behaviour, and physical fitness in children? A systematic review. Int J Environ Res Public Health, 12（6）：6455-6474.

Grunseit AC et al.（2020）Ecological study of playground space and physical activity among primary school children. BMJ Open, 10（6）：e034586.

伊藤静夫ほか（2017）イギリス・メダリスト育成プロジェクト－世界一流タレント育成に関する今日の科学的知見を検証する－．陸上競技研究紀要，13：43-65

Machado-Rodrigues AM et al.（2014）Urban-rural contrasts in fitness, physical activity, and sedentary behaviour in adolescents. Health Promot Int, 29（1）：118-1290.

宮下充正編（1987）子どものスポーツ医学．南江堂.

［桜井智野風］

第5章

スポーツ現場の「暴力」問題：
ホリスティック・アプローチの可能性

　2012 年 12 月に，大阪の高校男子バスケットボール部の生徒が自殺する事件が起きた．この生徒は，顧問から平手打ちなどの暴力を日常的に受けていた．この事件の直後に，柔道等他の競技でも問題が発覚し，日本のスポーツ界に残っていた暴力に関する課題が社会問題になった．大阪の事件を受けて，全国高等学校体育連盟等の 5 団体は，2013 年 4 月に，「スポーツ界における暴力行為根絶に向けた集い」を開催し，暴力行為根絶宣言を採択した．この事件から 10 年近い歳月が流れたが，日本のスポーツ界から暴力行為は根絶されたといえるのであろうか．

　ヒューマン・ライツ・ウォッチ（2020）という人権団体は，東京オリンピック・パラリンピック大会に向けて，2020 年 7 月に，「数えきれないほど叩かれて」という報告書を発表した．この団体は，同年 3 月から 6 月の期間に，45 都道府県の 50 競技に参加したスポーツ経験者 757 名に対して，スポーツ現場における暴力についてオンラインアンケート調査を，56 名にインタビュー調査を行った．この報告書の内容は，過去の暴力経験について証言する回答者もおり，単純に 2020 年時点での日本スポーツ界の現状を表しているかどうか定かではない．しかし，2013 年以降でも暴力の問題が潜在的に懸念される問題であることに変わりがない．

　スポーツ現場における暴力の問題を検討すると，「体罰」という言葉の使用がみられる．学校教育法第 11 条には，教員による生徒および児童への懲戒の容認と「体罰」の禁止が明記されている．懲戒とは，生徒の遅刻などの義務違反に対して行う制裁であり，具体的には直立立ちや清掃の罰を与える行為である．しかし，長時間の正座や校庭 100 周等の罰は肉体的な苦痛を伴うために懲戒であるが，「体罰」とみなされる．学校での暴力は「体罰」と呼ばれ，違法行為である．しかし，この法律には，どのような行為が「体罰」にあてはまるか

に関する明確な定義が記されていない．文部科学省（以下，文科省）による見解も時代により変化しており，暴力行為に関する学校現場での教員による曖昧な解釈を生むことになった．「体罰」という用語は，英語のコーポラル・パニッシュメント（corporal punishment）に由来するが，日本と欧米では 2 つの言葉の定義は必ずしも一致していない．文化人類学者のアーロン・ミラー（Miller, 2021）は，日本の教育法規において「体罰」の定義が曖昧であった問題点を指摘した上で次のように述べた．「体罰という用語は英語の『コーポラル・パニッシュメント』と大きく異なるだけではなく，さまざまな日本人にとってそれぞれに違う意味を持ちながら発達してきた」（Miller, 2021：p36）．このように「体罰」という用語への多様な解釈が存在するために，本章では主に暴力という言葉を使う．暴力とは，殴る，蹴るなどの身体的な**暴行**，平手打ち，拳骨，**暴言**を広義に含む概念とする．

　大阪の事件が起った当時，さまざまな論者が，スポーツ界の暴力問題について意見を述べた．たとえば，海老原（2013）は，スポーツ組織内における指導者と選手間の**権力構造**から暴力の理由を説明している．ミラー（Miller, 2021）は，多くのスポーツ関係者への取材や文献研究を通して，日本における「体罰」に関する是非論の言説を，ミシェル・フーコーの規律権力を参考にして分析した．彼は，学校やスポーツ現場での暴力の原因を，伝統的な日本文化（上下関係等）に基づくと説明する「文化主義」ではなく，体罰禁止法執行の失敗等の構造的要因から説明する必要性を主張した．このような視点は，暴力問題を考える上で重要な観点だろう．

　本章では，暴力根絶宣言以降に起こった，スポーツ界の暴力事件などの原因や問題点を説明した上で，暴力に頼らない指導方法であるホリスティック・アプローチやスポーツ指導法を紹介する．

1．2013 年以降の日本バスケットボール界の状況

　日本バスケットボール協会（以下，日本協会）は，大阪の事件の直後に，全国の公認**コーチ資格**を持つ指導者を対象とした暴力に関する調査を行った（読売新聞，2013 年 6 月 23 日付）．その結果，9.4 ％の指導者（776 名）が，過去 3 年間に暴力行為等を行っていたことが明らかになった．主な内容は，暴言が

6.7 ％（555 名），暴力が 4.5 ％（372 名）であった．さらに，今後暴力行為等を一切行わないことを誓約するかという質問に対して，1.1 ％（93 名）の指導者が誓約をしなかった．この結果から，大阪の事件は氷山の一角であり，他にも暴力行為を行う者が，バスケットボール界で指導していたことが明らかになった．

　日本協会は，指導者の暴力を根絶するために，2018 年 12 月に，インテグリティ委員会を設置した．朝日新聞記者の河野は，大阪の事件以後も，バスケットボール指導者による暴力，暴言がなくならない現状について次のように指摘した．「14 年 11 月〜昨年 11 月，日本スポーツ協会の窓口に寄せられた暴力，暴言の相談は 315 件．日本バスケット協会によると，うち 60 件がバスケット関連で全競技を通じて最も多く，大半がミニバスだ．14 年以降，全国高校体育連盟が認定した体罰 149 件のうち 27 件がバスケットで，これも最多だ」（朝日新聞，2019 年 3 月 21 日付）．大阪の事件から 6 年経ち，インテグリティ委員会を設置した理由は，指導者の暴力に関する相談が，他競技と比べて相対的に多いためであると考えられる．日本協会は対策として，試合中の指導者の暴力，暴言に対して，積極的に審判が反則をとるように指導し，暴言などに苦しむ小学生のチーム間移動を，2019 年 4 月から解禁した．

　千葉（2020）は，2013 年 1 月から 2016 年 3 月の期間に焦点を絞り，19 都道府県の高校バスケットボール指導者（311 名）を対象に質問紙調査を行った．調査結果は，指導者の 40 ％が，学生時代に指導者から暴力を経験していたことを明らかにした．こうした経験を被暴力経験と呼ぶことにする．さらに，殴る・蹴る・平手打ちなどの暴力行為を行った指導者の比率が，この期間に 5.5 ％（17 名）であった．これらの暴力に加えて，生徒への暴言や 30 分以上の罰走などの行為を含めると，約 28 ％の指導者に暴力行為が認められた．それでは，指導者はどのような理由から生徒に暴力行為を行うのだろうか．

　暴力行為を行った理由について選択肢を示し，回答を求めた．主な理由は，「ある選手が他の選手に好ましくない言動をしたから」が，29 名で最も多く，「練習の緊張感を高めるため」が 22 名，「問題行動を繰り返す選手に変わってほしかったから」が 20 名という結果であった．これらの内容を検討すると，「**制裁としての暴力**」と「**競技力向上のための暴力**」に大別することができる．つまり，「ある選手が他の選手に好ましくない言動をしたから」という理由は，前者であり，

「練習の緊張感を高めるため」などは後者である．二種類の暴力という分類は，高校バスケットボールで，全国大会優勝等の実績を残した，T氏の発言からも確認できる．

> 高校体育部内において，指導者が部員達に手をあげるというのは，体罰や制裁もあるとは思うが，それらとは次元の異なる指導者の意思を伝達する最強の方法として，殴る，蹴る，小突く，引っぱたく等の行為があるように思う．（田中，2008：p27）

　T氏は，生徒の喫煙などの日常生活での問題行動に対する「制裁としての暴力」と，「競技力向上のための暴力」を使い分けていた．彼は，試合のハーフタイムや練習中に，選手に暴力を振るうことで，見違えるように選手の動きがよくなる効果を実感していた．前者の暴力は，「学校の警察官」と揶揄され，生徒指導担当になることが多い体育教師に担わされた秩序維持の役割であり，後者は大会での成果を出すための勝利至上主義に由来しているだろう．どちらの暴力も許されるものではないが，後者の理由から，一部のスポーツ指導者が暴力を使い続けると考えられる．

　次に，暴言を含む広義の暴力行為と被暴力経験の関係について比較すると，0.1％水準の有意差が確認された（表5-1）．つまり，この結果は，被暴力経験のある指導者ほど，暴力経験のない者に比べて，この期間に暴力行為を行う比率が高かったことを表している．表5-1の結果から，被暴力経験と2013年から2016年までの暴力行為の有無に基づき，指導者を4つの型（「暴力再生産型」，「暴力反対型」，「暴力学習型」，「非暴力型」）に分類した．「暴力再生産型」とは，選手時代に被暴力経験があり，生徒に暴力行為を行った指導者，「暴力反対型」とは，被暴力経験はあるが，暴力行為を行わないコーチである．「暴力学習型」とは，被暴力経験はないが，生徒に暴力行為を行う指導者であり，「非暴力型」とは，被暴力経験がなく暴力を行わないコーチである．それでは，この4つのタイプの指導者はどのような個人的属性と関係しているのだろうか．

　多項ロジスティック回帰分析という統計手法を用いて，「非暴力型」を参照グループに設定した上で，「暴力反対型」，「暴力再生産型」，「暴力学習型」それぞれに関連する要因を検討した．その結果，「暴力反対型」に関係する要因は，全国大会出場以上の競技実績を持つ保健体育教員であり，「暴力再生産型」では，

表5-1　2013〜2016年の暴力と被暴力経験の関係（千葉，2020）

2013〜2016年の暴力行為	被暴力経験	
	ある(n=116)	ない(n=174)
ある	48(41.4)	35(20.1)
ない	68(58.6)	139(79.9)
自由度1，x^2=15.405，p=0.000	100.0	100.0

私立高校の保健体育教員であり，「暴力学習型」では，1人で指導する西日本の私立高校の教員であることが重要であった．つまり，同じような被暴力経験をした保健体育教員でも，暴力に対してどのような態度を取るかは，選手時代の競技レベルや，勤務校の区分（私立高校か公立高校）によっても異なることが示唆された．また，「暴力学習型」の場合には，選手時代の被暴力経験がなくても，学校やスポーツ現場の同僚から暴力を伴う「指導」を求められる，あるいは一人で指導する中で権威主義的な指導を行う可能性があることを指摘できる．これら4つのタイプは，被暴力経験と暴力行為の有無という2つの項目によって作られたものであり，実際の指導者の行動は時代によって変化しており，より複雑である．今後，これらの4つのタイプがどのような指導者の考えや経験と結びついていくか探究する必要があるだろう．

2．暴力行為根絶宣言後に起こったスポーツ界の暴力事件

　ここでは，2013年以降に起こったスポーツ界の暴力事件，学校での教員による暴力の実態について紹介する．文科省（2013）の報告書によると，大阪の事件が起こった2012年度の中学校・高等学校における暴力発生件数は，全国で5,088件あり，その内39.7％（2,022件）が，部活動中に起こった．2019年度では，暴力発生件数が471件で，その内31.8％（150件）が部活動中であった（文部科学省，2020a）．このように大阪の事件以降，学校現場における暴力事件の数は，10分の1以下に減少した一方で，部活動中の発生率は依然として約30％を占めていた．この結果から，教員による暴力が根絶されていない実態が明らかになった．それでは，具体的にどのような事件が起こったのだろうか．

　たとえば，岩手県立高校男子バレーボール部の生徒は，2018年7月に顧問からの厳しい指導を理由に自殺した．彼は，18歳以下の日本代表候補に選ばれる将来有望な若者であった．島沢（2018）によると，この生徒は，顧問から「『おまえのせいで負けた』『部活やめろ』といった数々の暴言」を連日浴びせられていた．つまり，彼は，言葉の暴力によって自殺を選んだと考えられる．この事件から，暴言もひとつの暴力として捉える必要性があることが確認できる．加えて，この顧問は，前任校の部活動においても，暴力事件を起こし，元生徒から提訴され，2017年11月に盛岡地方裁判所で敗訴していた．岩手県教育委員会が，この時点で顧問を部活動の指導から外すなどの措置を取っていれば，このような悲劇を防ぐことができたと考えられ，教員委員会の責任も問われている．

　それでは，この顧問のように，過去に暴力事件を起こしても，なぜ部活動の指導ができたのであろうか．簡単にいえば，暴力事件を起こした教員への処分が，相対的に甘いといわざるを得ないからである．教員の処分内容は，「訓告等」と「懲戒処分」に大きく分かれる．「訓告」は懲戒処分ではなく，履歴に残らない公務員としての服務上の処分である．一方で，懲戒処分には重い順に，免職，退職，減給，戒告（教育長から注意の文書を受ける）があり，教員としての履歴に残り，その後の出世や給与に影響する．

　文科省（2020b）による教員調査の結果を調べると，全国の学校で「体罰」を理由に懲戒処分等を受けた教員は，550名（全教育職員の0.06％）おり，処分内容は，訓告等408名（74.2％），減給68名（12.4％），戒告56名（10.2％），停職18名（3.3％），免職0名であった．つまり，生徒に暴力を振るっても，約74％の教員は，訓告という軽い処分が下されている．鈴木（2014）が指摘している通り，わいせつ行為をした教員の処分（2007～2011）では，58％の教員が免職になっていた一方で，「体罰」で免職になった教員はほとんどいない．こうした相対的に甘い処分内容が，教員の暴力事件を生む土壌になっていると考えられる．各県の教育委員会の職員は，教員と同じ地方公務員であり，独立した第三者ではない．したがって，身内の処分には甘くなる傾向があり，教員の暴力を抑止するためにも，外部の弁護士などが教員の処分を行う仕組みを構築する必要がある．

　大相撲界でも，これまで度重なる暴力事件が発覚してきた．たとえば，2007

年には，時津風部屋の時太山（当時17歳）が，集団で暴行を受け亡くなる事件
が起こった．また，2017年の秋巡業中に，当時横綱の日馬富士が貴ノ岩に暴
力を振るい，引退に追い込まれた．その1年後には，被害者であった貴ノ岩が
付き人に暴力を振るったことが発覚した．こうした事件が大きく報道される中
で，日本相撲協会は，2018年10月に，「暴力決別宣言」と「暴力問題再発防止
策の方針」を発表した．しかし，その後も角界で暴力事件が起こった．2019年
9月に，貴ノ富士は2度目の付き人への暴力が発覚し，協会から引退勧告を受
けた．処分に納得のいかない貴ノ富士は，弁護士とともに記者会見を開き，付
き人への暴力について説明する中で次のように述べた．

> 手を出さない代わりに，どういう風に指導していったらいいか，言葉で何
> 回も何回も毎日言っても伝わらない場合はどうしたらいいかということは
> 教えてもらえていない．（FNNプライムオンライン，2019）

　つまり，貴ノ富士は暴力に頼らない指導方法を教えられていないために，他
の指導方法がわからないと説明した．暴力以外の方法がわからないから手を出
したとしても，彼の行為を正当化することはできない．しかし，大相撲では暴
力に頼らない指導法が具体的に啓発されていないことが，この事例から確認さ
れた．同じことは，暴力を振るう教員やスポーツ指導者に対しても指摘できる
だろう．誰でも暴力がよくないことは理解している．しかし，それに代わるもっ
とよい方法が，具体的にスポーツ界で確立されていないことが問題である．

3．ホリスティック・アプローチ

　それでは，暴力に頼らずに，どのようにスポーツ指導をすればよいのだろう
か．ここでは，「ホリスティック（holistic：全人的）」・アプローチと呼ばれる
2つの指導方法を紹介する．このアプローチでは，中学生のスポーツ選手を指
導する際に，その年代での成功のみを求めるのではなく，選手が生涯にわたっ
てスポーツ経験からどのような影響を受けるかという視点に立って指導する．
　畑（2013）は，高校サッカー部の指導において，ボトムアップ理論という生
徒を主役としたチーム運営を行う指導方法を確立した．この理論では，生徒は
練習メニューから公式戦の出場選手，戦術，選手交代などのすべてを決定し，

指導者は必要に応じて問題提起を行いながら，生徒の可能性を引き出すファシリテーター役として機能する．畑（2013）は，ボトムアップ理論を導入する上で，①選手育成基本の3本柱，②組織構築の3本柱，③全員リーダー制の3つを重視していた．①選手育成基本の3本柱では，生徒に挨拶，返事，後片付けを身につけさせることを主眼にしている．サッカーを行う以前に，人として挨拶や返事をしっかり行い，部室での鞄や靴などを整理整頓させるように指導していた．②組織構築の3本柱では，練習で量よりも質を重視していた．週末には練習試合などを行っていたようだが，平日の練習は，週2日2時間程度だった．しかし，練習は，試合中の心拍数よりも高い強度で行われていた．また，生徒には2冊のノートの記入を義務付け，生徒との意思疎通を図っていた．③全員リーダー制では，各部員に「ライン係」などの役割を与え，各自が自主的に部活動に取り組めるようにしていた．

　ボトムアップ理論を導入すれば，生徒が自主的に部活動に取り組むために，やらされる練習のような受け身的な状態にならない．指導者が，チームの目的や目標，練習内容などを，生徒と民主的に話し合い決定するようになれば，生徒が求めるプレーをできないからといって，暴力に訴える必要はなくなるだろう．ボトムアップ理論のように，すべてを生徒に任せた時に，指導者の指示を生徒が聞かなくなるのではないかと懸念する者がいるかもしれない．しかし，目標設定やキャプテンの選出，練習内容の決定を生徒に任せ，選手選考は指導者が決定するというように，部分的に取り入れることもできるだろう．

　アメリカでは，1998年にトンプソン（Thompson, 2016）によって創設されたポジティブ・コーチング・アライアンス（Positive Coaching Alliance：PCA）という団体があり，多くのコーチが選手との意思疎通の方法をポジティブにすることを学んでいる．トンプソン（Thompson, 2016）は，ポジティブ心理学の知識をスポーツ指導に適応させ，「どのコーチも，選手が試合に勝てるようにし，かつ，スポーツを通して人生訓（ライフレッスン）を教える役割を果たす，ダブル・ゴール・コーチ」（Thompson, 2016: p8）となり，ユーススポーツ文化を変えることを目指している．アメリカのスポーツ界でも，勝利至上主義の考え方が，プロスポーツのみならず，ユーススポーツにも浸透しており，結果だけで選手を評価する考え方に対して，PCAでは勝利を目指しながら，選手の人格形成につながる指導に努めている．

　ダブル・ゴール・コーチングには，熟達達成のための ELM ツリー，感情タンクを満たす，試合への敬意を払うの三原則がある（Thompson, 2016）．熟達達成のための ELM ツリーとは，努力（Effort），学習（Learning），ミス（Mistake）から立ち直る強さを意味する．つまり，PCA では，勝利を目指すが，その過程の中で，技術の習得に重点を置き，技術が向上した副産物として勝利を手にするという考え方をしている．そのためには，練習や試合で常に全力を尽くし，技術の習得に向けて学習し，ミスしても切り替える強さが必要だという心構えを教えている．また，PCA では，選手自身に技術面での行動目標やチャレンジ目標を設定させ，勝敗にかかわらず技術的に向上したことを自ら評価することを勧めている．

　感情タンクを満たすとは，選手をやる気にさせるという意味であり，具体的には，選手への賞賛と批判の比率を，5 対 1 にするという指導方法である．保守的な日本人の指導者は，選手の欠点ばかりを指摘して，褒めることが苦手な方が多いかもしれない．しかし，選手の良かった点や頑張って取り組んでいる点を認めた上で，修正点を指摘することが効果的だという考え方である．もちろん，むやみに選手を褒めればよいという主張ではなく，十分に選手の取り組みを観察し，意欲的に取り組んだ点を評価するということである．そのために選手自身に具体的な技術面での目標を設定させて，その内容を評価することを提唱している．PCA では，問題行動を起こした選手に，一時的に練習に参加させない措置を取り，選手が問題点を改善した後に，練習に参加できるような指導方法を取っている．

　試合への敬意を払うとは，ルール，対戦相手，審判，チームメイト，自分自身に敬意を払うということである．この内容は，スポーツパーソンシップやフェアプレイの価値を教えることと同じであり，選手のみならず保護者にも同じ態度を求めている．そのために指導者自身が，誤審にあったとしても，審判の判定を批判せずに，節度ある対応をすることが求められる．

　ここでは，ボトムアップ理論と PCA の事例を紹介したが，両者には「ホリスティック」なアプローチという点で共通点がある．これまでの日本のスポーツ界では，各年代の大会で，最高の成績を出させるために，選手の主体性を無視して，指導者や保護者がスポーツに力を入れる例がみられた．つまり，コーチ中心の指導方法であり，結果的に選手が過剰な練習のためにケガをしたり，

燃え尽き症候群になったりして，スポーツから離脱することがあった．そうではなく，選手とコーチ中心の指導方法が必要である．ボトムアップ理論やPCAの考えに基づいて，スポーツ指導を行えば，指導者が選手に暴力を振るう必要はなくなる．さらに，選手自身が主体的にスポーツ活動に取り組める指導体制を築いていく必要がある．指導者が暴力やハラスメントを行った時には，選手自身が問題点を指摘し，改善を求める批判的視点を育てる必要がある．つまり，アンデルセンの童話「はだかの王様」にでてくる子どものように，指導者のおかしな行動に疑義を提起する選手を育てる必要があるだろう．

引用文献

海老原修（2013）暴力と愛のムチ−気合を刻む−．体育の科学，63（10）：766-769．

FNNプライムオンライン（2019）「差別的発言は兄弟子たちが先に…」貴ノ富士 謝罪の一方で引退は受け入れられない．https://www.fnn.jp/articles/-/930（参照日 2022年3月1日）

畑喜美夫（2013）質を上げ生徒の考える力で勝負する！−畑喜美夫・ボトムアップ理論の概要と実際，①ボトムアップ理論の概要（DVD）．ジャパンライム．

ヒューマン・ライツ・ウォッチ（2020）「数えきれないほどたたかれて」日本のスポーツにおける子どもの虐待．https://www.hrw.org/ja/report/2020/07/20/375777（参照日 2022年3月1日）

文部科学省（2013）体罰の実態把握について（第2次報告）．https://www.mext.go.jp/a_menu/shotou/seitoshidou/__icsFiles/afieldfile/2013/08/09/1338569_01_2_1.pdf（参照日 2022年3月1日）

Miller AL著，石井昌幸ほか訳（2021）日本の体罰−学校とスポーツの人類学−．共和国．

文部科学省（2020a）体罰の実態把握について（令和元年度）．https://www.mext.go.jp/content/20201222-mxt_syoto01-000011607_33.pdf（参照日 2022年3月1日）

文部科学省（2020b）体罰に係る懲戒処分等の状況一覧（教育職員）（令和元年度），2020．https://www.mext.go.jp/content/20201222-mxt_syoto01-000011607_19.pdf

島沢優子（2018）岩手17歳バレー部員は「遺書」に何を書いたか−遺族と調書も明かす「行き過ぎた指導」の実態−．東洋経済online．https://toyokeizai．net/articles/-/242943（参照日 2022年3月1日）

鈴木麻里子（2014）「体罰」に関する行政処分について−桜宮高校体罰問題を境に変容する「体罰」概念−．流通経済大学スポーツ健康科学部紀要，7：15-36．

田中國明（2008）見て見ぬふりか，ゲンコツか−腑抜け状態の教育現場にダンクシュート！−．主婦の友社．

Thompson Jim（2016）ダブル・ゴール・コーチングの持つパワー．スポーツコーチング・イニシアチブ．

千葉直樹（2020）高校バスケットボール指導者の被暴力経験と暴力行為の関係－2013年1月から2016年3月の期間に着目して－．スポーツ健康科学研究，42：49－62．

推薦図書

Miller AL 著．石井昌幸ほか訳（2021）日本の体罰－学校とスポーツの人類学－．共和国．

畑喜美夫（2019）図解ボトムアップ理論－自ら考えて行動できる，自主自立した組織づくり－．ザメディアジョン．

［千葉　直樹］

第6章

スポーツと進路：
大学への進学とスポーツ推薦入試

1．スポーツ推薦を利用した大学への進学

　本章では，スポーツ活動と「進学」について，スポーツ推薦を利用した大学進学を事例に解説する．

　「スポーツ推薦」という言葉を聞いて，読者のみなさんはどのようなことをイメージするだろうか．たとえば，「スポーツの世界でのエリート」や「大会で活躍した」などのポジティブな側面をイメージする読者もいるだろう．一方で，「勉強ができない」ことや学業的な意味での「成績が悪い」（折戸ほか，2013）といったネガティブな側面をイメージするかもしれない．

　このように多様な評価やイメージと結びつくスポーツ推薦において，ネガティブな側面に注目すれば，その代表的な問題点を海老原（2021）は次のように指摘する．「スポーツの成績が秀でる者を集めれば，そこでの競争はより加熱し，より高いパフォーマンスが発揮される．同時に生み出される多くの脱落者には競技者から指導者の道が拓ける仕組みは冷却（クールダウン）の一例となる」．しかし，続けて次のようにも指摘する．「それでも，この予見される事態，すなわち，野心（アスピレーション）への冷却（クールダウン）に新たな道を開けない場合に，いかなる御破算を準備できようか」と．そして，「推薦要件で採用されたスポーツの優秀さを否定された時に，サブカルチャーを持ち得ないアスリートを囲む社会環境の成員が問われる」（海老原，2021）と結んでいる．

　海老原は，スポーツ推薦で選抜されたアスリートがアスリートとしての優秀さを否定されるような事態に直面した際，彼ら/彼女らに他の環境で生活するための基盤が欠けていることに対して警鐘を鳴らしているのである．

　スポーツ推薦で大学に進学した学生が抱える具体的な問題のひとつとして，就職活動への取り組みがあげられる．長谷川（2016）は「非選抜型大学」にスポー

ツ推薦等の入試で入学した学生へのインタビュー調査から，以下の共通点を見出している．

　〔スポーツ推薦での入学者は〕厳しい入試選抜を経ての進学ではなく，〔中略〕「勉強にはそれほど興味はないが，自分が好きなこと（例えばスポーツ）をするため」といったように，学習や研究を通じて自身の能力を高めることを主な目的とせずに，高校から大学への移行を果たしていることである．
　就職活動に取り組むなかで，それまで〔中略〕それぞれの移行時に経験してこなかった厳しい**競争**に直面し，どのように切り抜けていってよいのか方法が見当たらない状態の者が多かった．（長谷川，2016：pp153-154）

　他にも，故障によって競技の継続が困難になるケースなどもスポーツ推薦に付随する問題としてあげられるだろう．こうした問題点について，一度は見聞きしたことがある読者もいるかもしれない．あるいは，自分自身がスポーツ推薦で大学に進学した当事者だという読者もいるかもしれない．
　本章では，こうした問題点や指摘の重要性を認めつつも，一度，「スポーツ推薦を利用した大学進学」という現象を相対化した上で，「競技実績を活かして大学に進学する」ことの背後にある実態を捉えてみたい．もちろん，スポーツ推薦の持つ問題性の解決を志向するという方向性もある．そのこと自体は重要なテーマだが，本章ではそうした議論に入る前の段階として，スポーツ推薦がどのような選抜であるのか，その特徴をデータを用いて紹介する．

2．「進学」とは何か

　ここで，本章の主題のひとつである「進学」について説明しておきたい．
　本章の読者が大学生であれば，これまでの人生の中で小学校から高校まで，誰もが学校に通った経験を持っている．その意味で，全員が「進学」を経験していることになる．学校に通うことや「進学」は，現代日本社会に生きるわれわれにとっては当たり前のことであり，あらためてその意味を考えることは少ないだろう．
　しかし，そうした当たり前のものとしてある「進学」を考えることが，スポー

ツ推薦による大学進学を相対化するうえで重要な作業になる．そもそも，日本社会において「進学」とは何を指しているのだろうか．普段は当たり前すぎて，ほとんど意識することがないと思われる「進学」がどのような現象なのかをあらためて確認するところからはじめてみよう．

社会学者の尾中文哉は，「進学」を以下のように説明する．

> 現代の教育は種々の学校の段階的編成（通常「学校体系」と呼ばれる）によりなされており，義務教育を終えた後においては，次の段階の学校にいくかどうか，あるいはどのような学校に行くかということが重要な選択となってくる．このことを社会学では「進学」と呼んでいるのである．（尾中，2015：p4，下線筆者）

現代日本社会においては，高校進学率は1970年代に90％を超えて以来，高い水準で推移しており，大学に関しても18歳人口の半数以上が進学するようになっている．したがって，「義務教育を終えた後」に「次の学校段階に行くかどうか」，「どのような学校に行くかどうか」が重要な選択となるのはそうした文脈があるからである．そして，ここで重要なのは，社会学的な意味での「進学」が，基本的に「義務教育を終えた後」に上級学校に行くことを指しているということである．

さらに，「進学」は「選択」と同時に「選抜」を伴うものであることを意味している．ここでの「選抜」は「入試」のことを指す．入試とは「入学者選抜試験」のことである．そのため，上級学校に「進学」する際に，どの学校に進むのかを「選択」すると同時に，入学するための「選抜＝試験」を通過しなければならない．換言すれば，「進学」は入試としての「選抜」と不可分に結びついた現象だということである．読者が大学生であるとすれば，全員が入試を経験していることになる．どのような形であれ，大学に入学するためには入試を経験するからである．

日本国内において「進学」を考える場合には，こうした側面を踏まえておく必要がある．

3．「進学」と「競争」

ところで，先に紹介した「進学」における「選抜」は，従来激しい「競争」という性格もあわせ持っていた．たとえば，「受験地獄」なる言葉が人口に膾炙していたことがそのあらわれである．では，そうした競争はなぜ生じるのだろうか．

この理由を考えるためには，「入試」を個人と社会という2つの視点からみてみる必要がある．まず，個人にとって入試は，社会的な上昇や地位達成という意味合いが強い．「一流の塾へ行き，一流の中学・高校を経て，一流の大学に入る．そうすれば，一流の企業に就職して，幸せな人生を送ることができる．よい教育→よい仕事→幸福な人生」（苅谷，1995：pⅰ）というライフコースを想像するとわかりやすいかもしれない．個人にとって入試は，自らの社会的な地位を決めるという側面があるのである．

次に，社会の側から入試をみると，そこには人々を選抜して人材を社会に配分するという目的がある．人々を社会の中のさまざまな役割の中に配分するという側面である．これは，選抜を通じて社会を発展させることにつながっている．

読者にとってより身近なのは，個人の視点から入試をみた場合だろう．個人の視点から入試をみた場合の指標として，個人の賃金を想定するとわかりやすい．人々が将来的に，経済的により豊かな生活を送りたいと考えるから，多くの人が大学に進学しようする，と考えるのである．表6-1は，2020年の賃金を学歴別に示したものである．特に，高校と大学の差に注目してほしい．男性で約10万円，女性で約7万円の差があることがわかる．賃金の面から，大学進学にメリットがあることがわかる．また生涯賃金に関しても，「学歴の効用が増大している．とりわけここ近年，大卒の経済的効用が増している」ことが指

表6-1　学歴別にみた賃金（2020年）（厚生労働省，2021より作表）

	大学	高専・短大	専門学校	高校
男性	391.9	345.5	309.3	295.0
女性	288.3	258.0	263.4	218.0

単位，千円

摘されており，「大卒独り勝ち状態」といわれている（濱中，2013）．このように，大学に進学することは少なくとも賃金の面でメリットが認められる[注1]．

4．多様な入試のひとつとしてのスポーツ推薦入試

　ところで，一言で「入試」といってもそこにはさまざまな形態の「入試」が存在する．たとえば，読者の中にも一般入試（一般選抜）だけでなく，推薦入試（学校推薦型選抜）やAO入試（総合型選抜），指定校推薦，そしてスポーツ推薦など，人それぞれに異なる「入試」を経験している．言い換えれば，大学生であることは，必ずいずれかの「入試」を経験して大学に「進学」しているということである．そして，これらのすべてが「入試＝選抜」だという認識を持つことが大切である．たとえば，「自分はスポーツ推薦で入学したから入試を経験していない」という認識を持っている大学生もいるかもしれない．確かに，社会的な状況としては，大学全体でおよそ3人に1人が推薦入試による進学であり，私立大学に限ってみれば推薦やAOによる進学が過半数を占める状況にある（中村，2011：p2）．すなわち，「もはや一般入試は『一般』的だとは言えなくなっているのである」（中村，2011：p2）．しかし，一般入試以外の方法で大学に進学したとしても，何らかの「入試」を経ていることに変わりはない．どのような入試であれ，そこで選抜された結果として大学に入学しているのである．

　「入試」と聞くと，多くの受験生が大学の教室で机に向かって英語や数学などの試験を受けることがイメージされるかもしれない．これは一般選抜を念頭に置いたイメージであり，「学力一斉筆記試験」（中村，2011）と呼ばれる．しかし，スポーツ推薦入試を例に考えると，英語や数学などの試験による選抜というよりも，高校時代の部活動における競技成績に比重を置いた選抜と捉えることができる．その意味で，スポーツ活動も「進学」に一定の影響を与えているのである．

　表6-2は，私立大学の学部単位で，入試難易度（偏差値ランク）別にスポーツ推薦でどれくらいの競技実績が要求されるのかを示している．もっともレベルの高い「全国・ブロック大会出場以上」では，Sランクが全体の70％以上を占めているが，AランクとBランクが20％程度，Cランクでは10％以下になっ

表6-2　偏差値ランク別にみた推薦基準（n＝457）（栗山，2017）

推薦基準／偏差値ランク	全国・ブロック大会出場以上	都道府県大会ベスト4	都道府県大会ベスト8	都道府県大会ベスト16	県大会出場（予選通過）	県大会出場（予選なし）
Sランク	29 74.4%	2 5.1%	0 0.0%	0 0.0%	2 5.1%	0 0.0%
Aランク	16 23.1%	19 27.5%	21 30.4%	1 1.4%	2 2.9%	2 2.9%
Bランク	20 22.7%	5 5.7%	20 22.7%	5 5.7%	4 4.5%	5 5.7%
Cランク	21 8.1%	38 14.6%	40 15.3%	26 10.0%	6 2.3%	24 9.2%
全体	86 18.8%	64 14.0%	81 17.7%	32 7.0%	14 3.1%	31 6.8%

推薦基準／偏差値ランク	地区予選（都道府県大会への予選）上位	競技実績に関する具体的な基準を要求しない	客観的な基準のない条件	その他の推薦	合計
Sランク	5 12.8%	1 2.6%	0 0.0%	0 0.0%	39 100.0%
Aランク	4 5.8%	1 1.4%	3 4.3%	0 0.0%	69 100.0%
Bランク	4 4.5%	12 13.6%	13 14.8%	0 0.0%	88 100.0%
Cランク	6 2.3%	68 26.1%	17 6.5%	15 5.7%	261 100.0%
全体	19 4.2%	82 17.9%	33 7.2%	15 3.3%	457 100.0%

表中の「入試難易度」はS＝60以上，A＝50〜59，B＝45〜49，C＝44以下である．

ている．一方で，Cランクでは「競技実績に関する具体的な基準を要求しない」
が26％ともっとも高くなっていることがわかる．

　それぞれの大学（学部）では，高校時代の競技実績を踏まえた入学者選抜を
行っているのである．そしてそこには入試難易度との関連があることもわか
る．

　さらに，スポーツ推薦で課されているのは競技成績だけではない．**表6-3**は，
私立大学の学部ごとにスポーツ推薦で課される**入試方法**を示している．ここか
らわかるのは，面接，書類，小論文の3つが入試方法として課される割合が高
いということである．入試を「大学教育で必要な能力を測定する」ことだとす
れば，スポーツ推薦においては，上記3つを主な方法として入学者を「選抜」

表6-3　入試難易度別にみたスポーツ推薦の入試方法（栗山，2018より改変）

入試難易度	面接	書類	小論文	実技	基礎学力	セレクション	その他① 講座受講・授業を受ける	その他② 課題作文
Sランク (n=36)	36 100.0%	29 80.6%	26 72.2%	0 0.0%	0 0.0%	0 0.0%	0 0.0%	0 0.0%
Aランク (n=59)	58 98.3%	51 86.4%	48 81.4%	9 15.3%	0 0.0%	0 0.0%	0 0.0%	0 0.0%
Bランク (n=83)	69 83.1%	66 79.5%	45 54.2%	24 28.9%	4 4.8%	1 1.2%	0 0.0%	0 0.0%
Cランク (n=242)	222 91.7%	188 77.7%	47 19.4%	56 23.1%	6 2.5%	7 2.9%	3 1.2%	11 4.5%
全体	385 91.7%	334 79.5%	166 39.5%	89 21.2%	10 2.4%	8 1.9%	3 0.7%	11 2.6%

表中の「入試難易度」はS＝60以上，A＝50〜59，B＝45〜49，C＝44以下である.

しているのである.

　このように，どのような形態であれ，大学入学には入試を経る必要があり，特にスポーツ推薦では競技成績に加えて，面接，書類，小論文の3つが課される傾向にあることがわかる.

5．スポーツ推薦による大学進学の特徴

　次に，スポーツ推薦による大学進学の特徴について，高校生の側の視点から紹介する．スポーツ推薦による大学進学の特徴は大きく2つに分けることができる．第1に，進学先決定の仕組み（メカニズム）である．第2に，公式戦への出場状況によって進学先が規定される側面である.

　はじめに，スポーツ推薦による進学先がどのように決まっているのかを紹介したい．ある私立の高校野球強豪校を事例とした調査では，高校と大学の野球の指導者間の「人脈」が，スポーツ推薦による進学先の決定に大きな影響をもっている（栗山，2017）．すなわち，高校の部長や監督，コーチが大学野球の指導者に対して持っている「人脈」によって，どの大学に進学するのかが決まっている側面が大きいのである.

　続いて，公式戦への出場によって，進学先が大きく方向づけられている点を

図6-1　ある高校野球部員の公式戦への出場状況からみた偏差値ランク
　　　　（スポーツ推薦利用者）（n＝105）（栗山，2017）

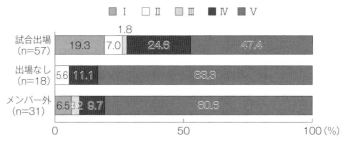

図6-2　ある高校野球部員の公式戦への出場状況からみた野球ランク
　　　　（スポーツ推薦利用者）（n＝106）（栗山，2017）

確認しよう．図6-1は，高校野球の夏の大会における試合への出場状況を「試合出場」，「出場なし」，「メンバー外」の3つに区分し，進学先の大学の入試難易度（偏差値ランク）との関連を示したものである．まず，全体的な傾向として，Cランクの大学への進学が多いことが特徴である．一方で，「試合出場」のSランクに7.0％が，Aランクに5.3％が，そしてBランクに17.5％がそれぞれ進学しているのに対し，「出場なし」ではSランクへの進学者はいなくなり，AランクとBランクがそれぞれ5.6％ずつ進学している．そして，「メンバー外」ではBランクに10％が進学している以外は，Cランクの大学への進学となっている．このように，公式戦に出場できたかどうかが，進学可能な大学を大まかに方向づけていることがわかる．

　図6-2は，公式戦への出場と進学先の大学野球部の強さとの関連を示している[注2]．ここでも，図6-1と同様に，公式戦に出場できたかどうかによって，野球部が高い実績を残している大学に進学できるかどうかが方向づけられてい

ることがわかる.

　このように，スポーツ推薦による大学進学においては，「公式戦への出場」
が進学先を決める上で非常に重要な意味を持っている.「進学」が「どのような
学校に行くかということが重要な選択となってくる」ことに鑑みれば，スポー
ツ推薦の場合，それは「公式戦への出場」かどうかが分水嶺となっているので
ある.例えるなら，高校時代の部活動の**競技実績**（本章の場合は公式戦への出場）
が，一般選抜における英語や数学などの「学力」と同じような働きをしている
ということである.加えて，面接や書類，小論文などが課されることで，最終
的な大学進学が実現していることになる.スポーツ推薦では，こうした流れの
なかで最終的な進学が決まっているのである.普段よく耳にするスポーツ推薦
も，その実態を観察していくと，大学や社会とのかかわりがみえてくるのであ
る.

おわりに

　冒頭で，スポーツ推薦のネガティブな側面について触れた.本章では，そ
うした側面を一度括弧に入れて，すなわち「スポーツ推薦を利用した大学進
学」という現象を相対化し，その実態を捉えた上で，「競技実績を活かして大
学に進学する」ことの背後に広がる景色を紹介してきた.具体的には，スポー
ツ推薦で求められる競技実績や実際の入試方法，そして進学先決定の特徴であ
る.「スポーツ推薦を利用した大学進学」といっても，そこにはさまざまな側面
があり，それらを無視してスポーツ推薦の問題性を議論することはできないの
ではないだろうか.たとえば，スポーツ推薦で求められる競技実績や，入試で
課される入試方法は，大学（学部）の入試難易度と関連があった.このことは，
多様な大学や学部があり，それぞれの大学や学部が教育の理念や目標に沿って
学生を選抜していることを示している.本章で扱った内容をもとに考えると，
スポーツ推薦には高校時代の競技実績に加えて，各種入試方法による選抜が行
われているということである.

　入試が「大学入学後に必要なものを測る」ことだとすれば，スポーツ推薦に
よる大学進学は／も，多面的な選抜を経た結果だとみることができる.そうで
あるならば，次のように考えることもできるのではないだろうか.すなわち，

スポーツ推薦による進学には，スポーツ経験を活かした大学での学び方がある
ということである．「スポーツで選抜された自分」は，他の入試形態で進学して
きた学生とは異なる視点から世界をみることができるかもしれない．特に，
受け身ではなく，能動的な学び（アクティブラーニング）が求められる昨今に
おいては多様な価値観を取り込むことによって世界観を形成するからである．
その世界観の形成の軸にスポーツによる経験が生かされることが，もっと注目
されてもよいのではないだろうか．もちろん，進学する学部や学科の特性にも
よるが，スポーツ推薦での進学先には，体育・スポーツ系の学部に加えて，社
会科学系の学部が多いという特徴がある（栗山，2020）．もちろん，スポーツ
社会学という領域もここに含まれる．人間と社会との関係を，スポーツで得た
経験を通して考察することは，大学で学ぶ上で重要な視点である．

注　釈

注1）　もちろん，経済的なメリットだけが大学に進学する意義ではない．純粋に大学
　　　で学ぶことや友人を得ることも大学進学のメリットである．そのことを否定
　　　するわけではないが，紙幅の都合上，経済的なメリットのみを取り上げた．
注2）　「野球の強さ」は，大学野球部の全国大会出場回数によって区分した．各ラン
　　　クは，Ⅰ＝10回以上，Ⅱ＝5〜9回，Ⅲ＝3〜4，Ⅳ＝1〜2回，Ⅴ＝出場なし
　　　である．

引用文献

海老原修（2021）推薦制度を振りかえって．体育の科学，71（2）：74-77，2021．
濱中淳子（2013）検証・学歴の効用．勁草書房．
長谷川誠（2016）大学全入時代における進路意識と進路形成－なぜ四年制大学に進学
　　　しないのか－．ミネルヴァ書房．
苅谷剛彦（1995）大衆教育社会のゆくえ－学歴主義と平等神話の戦後史－．中公新書．
厚生労働省（2021）令和2年度 賃金構造基本統計調査．
栗山靖弘（2017）強豪校野球部員のスポーツ推薦入試による進学先決定のメカニズム
　　　－部活を通じた進路形成と強豪校の存立基盤－．スポーツ社会学研究，25（1）：
　　　65-80．
スポーツ推薦入試とキャリア形成－「言語活動の充実」に注目して－．体育の科学，
　　　68（12）：889-893．
栗山靖弘（2020）スポーツ推薦の現状．中村高康編，大学入試がわかる本－改革を議
　　　論するための基礎知識－．pp307-320，岩波書店．
中村高康（2011）大衆化とメリトクラシー－教育選抜をめぐる試験と推薦のパラドク

スー．東京大学出版会．

尾中文哉（2015）「進学」の比較社会学－三つのタイ農村における「地域文化」との係わりで－．ハーベスト社．

折戸萌美ほか（2013）スポーツ推薦入学当事者における入学前後のアイデンティティの変容－高等教育機関における課外活動の研究（8）－．関西教育学会年報，37：181-185，2013．

推薦図書

苅谷剛彦（1995）大衆教育社会のゆくえ－学歴主義と平等主義の戦後史－．中央公論社．

志水宏吉（2005）学力を育てる．岩波書店．

吉川徹ほか（2012）学歴・競争・人生 –10代のいま知っておくべきこと－．日本図書センター．

[栗山　靖弘]

第7章

スポーツとキャリア形成：
「体育会系神話」の揺らぎと変容にどう抗うか？

1．揺らぐ体育会系神話

　わが国では，「体育会系学生は他に比して良い就職を得る」という「体育会系神話」がまことしやかに語られてきた．それは，スポーツに熱心に取り組み，その取り組みから得られるさまざまな学びや向上する資質（リーダーシップやフォロワーシップを含むコミュニケーション能力，課題認識・目標設定能力，実行力，柔軟性，チャレンジ精神，忍耐力ほか）が評価されるからなのか．体育会系学生の就活支援を手掛ける株式会社アスリートプランニングの中村祐介社長は日経新聞の取材に応えて，「組織文化を受け入れ，与えられた目標を達成する耐性がある点で，体育会系学生は有利」と主張した（鈴木ほか，2018）．

　他方，その体育会系の価値は低下しているとの見方もある．株式会社リクルートキャリア・就職みらい研究所所長の岡崎仁美は朝日新聞のインタビューに応じ，「大学の運動部の出身者は1980年代まで，企業で重宝され」たが，「（90年代以降は）他の対応力も求められるようになり，優先度は下が」った，「体育会出身者を優遇する『体育会プレミアム』は，落ちている」と述べた（朝日新聞デジタル，2018）．実は，これに類する体育会系神話の終焉もしくは弱体化説は，1990年代から再三にわたりメディア上に登場している（ビズリーチ・キャンパス，2017；鈴木ほか，2018；毎日新聞，2018）[注1]．

　どちらが本当なのか．そもそも，神話に対応する実態はあるのか．本章では，体育会系の置かれた文脈（時代・社会）の変容に照準し，上掲の語りには現れてこない，見過ごされた体育会系について考える．

２．体育会系神話の起源：「強健なる身体」を持つスーパーエリート

　体育会系学生の企業人としての潜在能力をポジティブに期待する見方は，企業組織が高度化し，旧制専門学校を含む高等教育機関卒業者による企業への就職が一般的となっていた大正末期から昭和初期にすでに成立している．昭和恐慌後，1933 年の『帝国大学新聞』を覗いてみよう．

　　　「スポーツマンの就職には苦労がなく直ぐさま話が運び入社試験もほとんど形式的であるらしい．スポーツマンの中には学問がよく出来る人もあるが，大体において成績が良くない．学校の成績がよくないスポーツマンが何故か高く評価されるのであらうか.」

　当時，京都帝国大学生で後に読売巨人軍球団社長となる記事の著者，宇野庄治は以下のように自答している．

　　　「スポーツマンは使ひ易いという人があるがこの言は真を穿いてゐるものと思う．肉体的にも精神的にも苦に堪得るところがスポーツマンの生命であつて実社会のチームワークに歩調をそろへ決してありふれた徒党根性を持つていないところが買はれるのではなからうか.」（宇野，1933）

　こうした評論がどのような文脈（時代・社会）で成立したのか，当時の高等教育界，経済界，そしてスポーツ界の状況を確認しよう．
　まず，高等教育界から．学制を敷いて以来，経済とともに発展し続けてきた高等教育は，1935 年で国公私立合わせて 308 校，総学生数約 17 万人に上った．しかしこれは，該当人口（20 歳前後の 4〜5 学年分）の 3% 程度に過ぎなかった[注2]（内閣統計局）（表 7−1）．現在の 20 歳前後の人口 4 カ年分の 3% といえば約 14 万 4 千人だが，それはちょうど 2017 年の旧七帝大[注3]の学生総数（約 14 万 3 千人）に近い．昭和初期の高等教育機関に通う学生は皆，現在の旧帝大生レベルに選抜されたエリートだった．このうち，運動部員率はわが国のスポーツ導入の先駆であった東京大学でさえ 1934〜1940 年間で 7.5〜10.0% の間を推移したとされる（澤井，2017）ことから，高等教育機関に在学する運動部員数

表7-1　戦前の高等教育機関数と進学率の推移
（文部省，1962より作表）

年度	高等教育機関数				高等教育在学者の割合(%)注2)	学生数
	計	国立	公立	私立		
1895	36	16	3	44	0.3	
1905	84	39	4	14注1)	0.9	
1915	108	45	7	56	1.0	
1925 注3)	253	106	50	101	2.5	
1935	308	104	61	143	3.0	169,030

注1) 出典ママ．「計」から逆算すると41だが，どのような経緯で誤記されたのかは不明．　注2)「大学院在学者」を含む．該当年齢人口は各年度により範囲を異にする．（付録参照）」との注記有り．
注3) 1918年「大学礼」制定．1919年「帝国大学令」改定・公布．

は該当人口の 0.1〜0.3% 程度というところだろう．

　また，押さえておきたいのは，当時の結核の罹病率の高さだ．東京大学における 1932〜1934 年の病気による休学者数は 821 人（年平均 273.7 人），1931〜1933 年の病気による死者数は 148 人（年平均 49.3 人）に上った（中澤，2017）．当時の結核は死の病であり，東京大学に限らない大学界全体および大卒者を雇用する実業界全体としても対策を要する社会問題であった．「聖路加国際メヂカルセンター」に勤め，数々の企業で「人物採用體格檢査」を担当した堀内彌二郎（内科医）は，以下のように述懐している．

　「或大きな會社から言へば社員の結核病患者の爲に費す費用が1ヶ年［中略］30餘萬圓の豫算なりとのことを承知しましたが，［少し改善したのは］恐らく嚴重な體格檢査の好影響療養所特設の好結果等の爲めでありませう[.]それを考へても將來病氣にならない者を使ふと云ふ事が痛切な條件になつて來ます．［中略］以上の實例で今日人物採用試驗は學績優秀思想堅固といふ點丈けでは困る，仕事能率上又青年成功上どうしても身體の強健を必要とする様に結論せざるを得ぬ次第で御座います．」（堀内，1935）（傍点は筆者）

　しかし，これだけではない．体育会系の受け手となる実業界では，大学スポーツの熱狂を引き継ぐ形で企業スポーツ文化を開花させていた．当時，最も読ま

れたビジネス書『実業之日本』^{注4)}では、「近時大会社大銀行大商店，並びに少し大きなる商店にあって，野球団，庭球団の設けのないところは，恐らくないと言ってよい」とあり，「白熱的高潮に達せる会社銀行野球団評判記」に野球団を持つ 102 の企業が紹介されたり，増田屋商店の学閥的強化（「増田屋は，横浜の増田増蔵氏の経営にかかり，その三男稲三郎君が支店長をしている．稲三郎君は嘗て早稲田野球部の主将たりし人，今や早大系の名選手，大井，松田，加藤，八幡等を入店せしめて，強チームを組織している．」）が描かれている．

神話の誕生当初，体育会系の学生は，現在の旧帝大レベルの頭脳と強健な身体を合わせ持つスーパーエリートであった．発展著しい企業組織にとって，わけてもスポーツ文化の担い手となった大企業にとって，彼らは体育会系というだけで採用にたる人材とみなされたのだ．

3．体育会系神話の変容 1：大学教育のマス化と大学の職安機能

理想的な人材イメージとして誕生して 80 余年，体育会系はどう変わったのか．戦後の高等教育と大学新卒労働市場に関連する制度環境のダイナミズムをまとめた図 7-1 によれば，体育会系＝スーパーエリートという社会的認識が崩れ，ポジティブな評価とネガティブな評価が混在する現在に至るまでに，大きく 2 つの契機があると見受けられる．第一の変化の契機は，1970 年代末までに完結するエリート教育からマス教育（大学受験が社会において一部の限られたエリート層だけでなく，汎ゆる階層を含む大衆に開かれた状態）への移行，第二の契機は 1990 年代末〜2010 年代にかけて進行するマス教育からユニバーサル教育（社会全体で大学進学希望者数が大学のキャパシティを上回り，選ばなければ誰もが大学に入れるようになった状態）への移行である（福井，2016）．前者から確認していこう．

団塊の世代が対象となる 1960 年代を経て，高等教育機関数は 500 に迫り，1 割に満たなかった進学率は男性で 4 割，女性で 3 割を超えた．その起点にあった職業安定法の制定（1947 年）と同改正（1949 年）は，学校に職業斡旋機能を備えさせるものであり，地方の「金の卵」を効率的に工場現場に配置する「集団就職」をはじめ，高度経済成長を支えた「（学校から労働への）間断無き移行」を実現する制度的背景をなした．ちなみに，「間断なき移行」とは，学校を

	1950年代	1960年代	1970年代	1980年代	1990年代	2000年代	2010年代
大学新卒市場	職業安定法(47) 同法改定(49)	学校推薦制⋯⋯⋯⋯⋯⋯指定校制⋯⋯⋯⋯⋯⋯自由応募制				先行プロセスのIT化 <手続き>の適正化	
就職協定	就職協定(52)	日本経済団体連合会 「野放し宣言」(62)	接触規制(73)	就職協定改定(87)	就職協定廃止(97)	有名無実化?	
大学		エリート→マス 女子進学率上昇，私立大学数増加，社会科学専攻増加		マス→ユニバーサル 団塊ジュニア＝受験戦争		ユニバーサル 18歳人口減少，私学経営難	

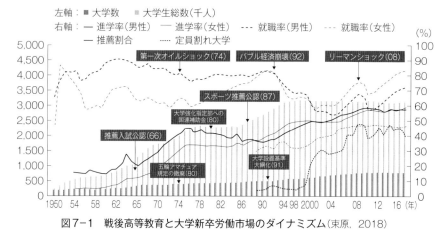

図7-1 戦後高等教育と大学新卒労働市場のダイナミズム(束原, 2018)

卒業予定の若年者が在学中から求職活動をおこない，その多くが在学中に仕事を見つけ，卒業後直ちに労働市場でのキャリアを開始することであり（岩永，1983；香川，2006），企業側の「**新卒一括採用**」を含む日本特殊的な雇用慣行を捉えた機会である．

　これを受けて優良大学と大企業は，「学校推薦制」，「指定校制」を取りながら長期的な需給関係を構築（人材の安定的な輩出先/供給先を確保）した．幹部社員となることを期待された男性の大卒労働市場において，バブル崩壊までおおむね80%程度の高い就職率を維持できたのは，以上のような制度的環境と，それに適応した大学−企業間の就職採用慣行によるところが大きいであろう．

　進学率が戦前の10倍以上となり，高等教育がマス化した1980年代，体育会系のエリート性はもはや失われたが，就職協定の接触規制（1973年）が生んだ「OBOGリクルーター」制が体育会系の有利を維持したと推察される．企業による学生の「青田買い」解消が社会的課題とされた1982年，企業−学生間の早

期接触を監視する立場にあった職業安定局長・関英夫氏が「協定違反は夏休み
ごろの学部ゼミの同好会，あるいはスポーツ関係のクラブ友好会等々に先輩が
くるあたりから始まるのですから，これは非常にわかりにくい」と嘆く通り（関，
1982），企業はOBOGをリクルーターとして大学に派遣し，より有為な人材
をいち早く囲おうとした．大学の職安機能に関する制度は「学校推薦制」が「指
定校制」を経て「自由応募制」へと表面上の姿を変えていたが，多くの大企業
ではA大学〇人，B大学△人……というように，募集定員が大学ごとにあらか
じめ決まっており，OBOG訪問時よりリクルーターによる実質的な選考が
行われていたという（苅谷ほか，1992）．

　1990年代，厚生労働省が3年に一度企業に対して行っていた採用管理調査，
新卒採用重視項目には，「専門知識・技能」や「一般常識・教養」といった能力
に関連する項目から「積極性」「創造性」「協調性」といった資質に関する項目
までが並ぶ中，「運動部で積極的に活動していた」という質問項目が設定され，
学生に対して行われた複数の学術調査においても「体育会系運動部での活動」
（苅谷，1995），「体育会やサークルの活動」（岩内ほか，1998）等が質問項目に
必ず登場した（小山，2008）．優良大学と大企業との安定的な対応関係が前提
となる中で，学生からすれば同じ大学の学生に勝つ必要があり，体育会系は学
内競争におけるわかりやすい差別化戦略として主張されるに至ったのかもしれ
ない．

　さらにこの時期，採用側となる大企業において**企業スポーツ文化**が維持され
たことも大きかった．オリンピックでは1984年ロサンゼルス大会でプロ選手
の出場が解禁されるまで，原則としてアマチュアリズムが護持された．日本の
トップアスリートは五輪での活躍が至上命題であり，その養成は戦前の遺産も
引き継ぐ形で隆盛した大企業における「企業スポーツ」か，自衛隊体育学校や
警察といった，いわゆる「ステートアマ」の枠で行われた（束原，2013）．企
業は一般社員の福利厚生とオーバーラップさせながら競技力向上に取り組み，
いつのまにかトップアスリート養成の主流となった．そしてそれは，企業の業
績悪化が深刻となって企業スポーツクラブの休廃部が続出する1990年代末ま
で続いた．体育会系就職／採用も，企業（実業団）スポーツチームの強化と綯
い交ぜになって維持された．以上のように，大学教育がマス化し，エリート性
が失われる中でもOBOGリクルーターの活躍と企業スポーツ採用は続き，結

果として体育会系神話は延命した.

4．体育会系神話の変容2：高等教育のユニバーサル化と経営難大学の定員充足戦略

　企業（実業団）スポーツの隆盛によって維持された体育会系就職／採用は，1990年代初頭のバブル経済崩壊とともに変化していくことになる．大学設置基準の大綱化（1991年）を経て，2000年代以降は高等教育のユニバーサル化が進んでいく．1990年代末には大学進学率が男女ともに50%を超えるが，同時に18歳人口の減少が大学の過当競争を生み，定員割れや経営難に苦しむ私学が急速に増えていくことになる（図7-1，定員割れ大学を参照）．

　補助金や助成金の減額を恐れる大学の中には，文部省によって公認されたスポーツ推薦や特待生制度（1987年）を使いながらスポーツを強化する体をみせつつ，定員確保に血道を上げる大学も出てくる．1960年代に開学し，1990年代に団塊ジュニアを吸収して拡大したが，18歳人口の減少にその規模や偏差値を維持できなくなったような地方の中小私大などが典型だ．

　例示しよう．1990年代に学生数8,000人規模まで拡大したある地方都市の中堅私立大学は，学生数で2007年の5,500人から，2017年の2,700人台へ，四半世紀でほぼ3分の1に縮小した．その間，当該大学はスポーツに力を入れてきた高校生が受験しやすいよう中高の保健体育科教員の免許を出すためのカリキュラムを整えたり，複数のクラブを強化指定して専門指導者の雇用やリクルーティングにかかわる推薦制度，特待生制度を整備するなどした．しかし，高いスポーツ実績を持つ高校生は上から順に関東関西の有名大学に流れていく．当該大学の所在する地方都市では周辺でもスポーツを強化する大学が増える中，その大学には，全国大会出場はおろか，地区大会上位レベルでスポーツ推薦制度を利用して入学してくる学生が珍しくなくなる．

　どういうことか．彼ら彼女らは単に高校の運動部でスポーツを続けてきたというレベルの競技力しか備えていないにもかかわらず，受験勉強の経験もなく，教員採用試験の倍率も知らずに保健体育科教員の免許が取れるからと大学進学を決める．学生は当然，入学してから保健体育科教員になれる可能性が限りなく0に近いことに気づかされ，一般民間就職に強力に方向付けられることにな

る．ところが，後でも確認するが，体育会系であっても優良企業への内定獲得率は大学生全体と比べても同等もしくは低い値となる場合がある．体育会系というだけで就職が有利になるとは限らないのだ．

　大学に通いながらスポーツに取り組めること自体，恵まれたことかもしれないが，これは，強化を目的としたスポーツ推薦・特待生制度ではなく，経営難に直面した大学の定員充足戦略の一環として，学業的な能力が不足している生徒を入学させるための制度なのかもしれない．2000 年代以降の大学スポーツ人口と課外活動推薦を利用して大学に入学した学生の数と増加率をまとめた図7-2 をみていただきたい．2008〜2017 年までの10 年間の推移が確認できる16 競技では，2008 年 97,817 人（全大学生数の3.5%）→2017 年 114,761 人（同4.0%）へ，117.3% の増加が認められる．この時期に顕著な増加が認められる種目として，陸上競技：2008 年 16,657 人→2017 年 20,783 人（約 4,000 人の上昇，増加率約 125%），サッカー：2012 年 14,782 人→2017 年 19,305 人（約 5,000 人の上昇，増加率約 130%），野球：2007 年 20,147 人→2018 年 29,207 人（約 9,000 人の上昇，増加率約 145%）が上げられる．高校年代までの競技者人口はいずれも少子化とともに顕著な減少を示していることと対照的に，大学生の競技者人口は課外活動推薦利用入学者数とともにきわめて顕著な増加を示している．そうした大学での体育会系の増加は，スポーツ科学の隆盛でもスポーツ強化で

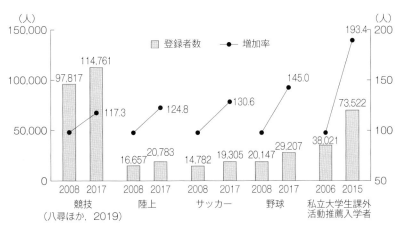

図7-2　近年の学生アスリート人口の拡大とその特徴（束原，2021）
「競技」は「八尋ほか，2019」より引用．

もなく，定員充足率と助成金が連動するルールと，そのルールの中で定員充足率を高め，助成金の減額を避けようとする大学の戦略的行動の帰結と考えられる．

　それでも，体育会系というだけでよい企業に就職できると信じられた時代はよかったが，主要な受け入れ先としてあった企業スポーツも，オリンピック出場のプロ解禁（アマチュアリズムの崩壊）に加え，バブル崩壊による企業業績悪化，金融危機に伴う休廃部が続出し，かつての姿を保てなくなった．同時に大卒労働市場では選考プロセスのIT化が進み，すべての求職学生が同じ土俵で，同じスタートラインから競い合う基盤が整っていく．OBOGリクルーター制によってインフォーマルに維持されていた大学の職業斡旋機能が徐々に失われ，優良大学と大企業の対応関係も制度的に供給されていた前提を失うこととなった．すなわち，体育会系を保護していたさまざまな制度や社会関係のシェルターが剥がされ，むき出しになった体育会系学生個人の地力が試される時代になったのだ．

5．体育会系神話の現在：エリート体育会系／ノンエリート体育会系への分化

　上述のような地殻変動は体育会系の二極化，すなわち企業スポーツの名残のあるスポーツで優良大学に入学し，これまで通り新卒市場で優位を保てるエリート体育会系と，就職支援が必要になるノンエリート体育会系の分化を引き起こした．筆者が代表を務める研究グループが株式会社アスリートプランニングと共同で行った体育会学生21,720人（有効回答数（率）：男性8,247（56.3%），女性3,737（52.8%））への内定先調査によると，2014〜2015年の2カ年に東証一部上場企業から内定を獲得した体育会学生は男性28.4%（2,341人），女性21.1%（789人）であったが，大学グループやスポーツごとに集計してみると，そのカテゴリによって内定獲得率は大きく異なった（東原ほか，2017）．たとえば旧帝大＋東京工業大学・一橋大学レベルで男性38.4%，地方大学が含まれる優良国公立で男性34.5%，女性では以上を合算して28.6%，その他の国公立で男性27.0%，女性22.0%，早慶上智が含まれるトップ私学で男性37.8%，女性30.4%，MARCHが含まれる優良私学で男性35.8%，女性26.4%となり，各

性別の平均以上だが，偏差値がそれを下回る人気私学では男性 21.7%，女性 15.8%，中堅私学で男性 18.2%，女性 18.9%，その他の私学で男性 14.8%，女性 9.8% となり，各性別の平均を下回った．

　同様に，多変量解析で大学グループや受験方法（一般受験／スポーツ推薦／指定校推薦／一般推薦）の効果を統制しても，内定獲得率を高める効果が残ったスポーツをあげると，男性ではボート（サーフィンを含む）37.1%，剣道（薙刀を含む）36.1%，ラクロス 35.2%，アメフト 34.0%，陸上ホッケー34.5%，硬式テニス 30.5%，ラグビー29.9%，サッカー29.0%，バスケ 28.5%，硬式野球 27.8%，女子では硬式テニス 29.8%，ゴルフ・スキー・スケート 28.2%，陸上ホッケー26.3%，ボート 25.9%，アメフト 24.8%，ラクロス 24.2%，チア 23.8%，水泳 23.1%，陸上 22.0% であった．これ以外のスポーツに，東証一部上場企業からの内定獲得率を高める効果は認められなかった[注5]．

　2014 年の大卒者約 56 万人のうち，東証一部上場企業への内定者総数は約 11 万人（約 20%）である．これと体育会系学生を性別のみで比較するなら，男性の体育会系は 10 ポイント程度優位を得るのに対し，女性の体育会系には大きな差はみられない．男性のアメフト，ラグビー，野球，サッカー，バスケなどのチームスポーツに注目すると，男性については伝統的な企業スポーツ採用の残滓がみられるといえるだろうか．女性は陸上を除いて実業団として成立したスポーツはなく，男性とは異なるメカニズムが働いていると考えられる．

　このように，2010 年代半ば・日本の大学新卒市場という文脈においては，男女ともに取り組むスポーツによって内定獲得率が異なるという事実が確認できる．体育会系は，高等教育がマス段階であった頃の優位を引き続き享受できるエリート体育会系と，そうしたエリート体育会系と比べて学力・競技力ともに不足しがちで，支援の対象となるノンエリート体育会系に分化した，否，大学スポーツを取り巻く社会の変容が，副産物としてのノンエリート体育会系を発生させてしまったのである．

6. 体育会系神話の未来：日本の大学スポーツ協会・UNIVAS と大学に期待すること

　日本の大学スポーツ界は，学生アスリートのキャリア形成問題を認識し，組

織的に対処しようと乗り出した．2019年3月に設立された大学横断的かつ競技横断的大学スポーツ統括組織，UNIVAS（大学スポーツ協会）の，学業充実セクション，テーマ4キャリア支援事業である（スポーツ庁，2019）．

　2018年11月18日開催の第3回日本版NCAA設立準備委員会で当該テーマについて提示された資料（藤本，2018）によれば，UNIVASは，学生アスリートのデュアルキャリア形成支援を軸に，①大学，大学アスレティックデパートメント，大学キャリアセンター，指導者，学生といった関係者間の情報収集・提供システムの構築，②指導者教育（セミナー）の実施，③官民が提供する学生アスリート就職支援プログラムの活用，を展開するという．本章の議論に鑑みると，ここで優先されるべきは，旧来のエリート体育会系の保護延命策よりも，ルールメイカー（政府）やプレイヤー（大学）の都合によって構造的に生み出されたノンエリート体育会系への学修・就職支援にかかわる制度設計だろう．エリート・ノンエリートを問わず，すべての体育会系が文武両道を追究できる環境を整えるべく，ルールメイカーの自覚と，大学を経営する側のインテグリティ（＝真摯さ）が求められている．

附　　記

　本稿は科学研究費助成事業 学術研究助成基金助成金 若手研究（B）17K18036：「学生アスリートのキャリア形成が埋め込まれた社会的文脈に関する国際比較研究」（2017.4 - 2022.3，研究代表者：東原文郎）の研究成果の一部である．

注　　釈

注1）東原（2008）では，『日本経済新聞』（1996年3月4日付夕刊13面）や，『PRESIDENT』（2005年10月31日，pp52-53）に掲載された人事課管理職による体育会系人材への評価談を引用している．

注2）内閣統計局『統計年鑑』より該当年，該当年齢人口から筆者推計．

注3）帝国大学とは，1886（明治19）年の帝国大学令以降に設立された日本の旧制高等教育機関（大学）のこと．現在国内には，東京，京都，東北，九州，北海道，大阪，名古屋の7大学が残っていることから，それらを総称して七帝大と呼ぶ．

注4）『実業之日本』は，1900（明治33）年の創刊以来，後に農商務大臣を務める増田義一によって商工業者を中心とした「実業家」の利害に立って編集された経済雑誌である．大正2，3年にはライバル誌『東洋経済新報』を抜いて日本雑

　　誌界の最高販売部数を記録している．
注5）束原（2018）を参照のこと．

引用文献

朝日新聞デジタル（2018）（耕論）体育会，生きづらい？岡崎仁美さん，為末大さん，荒井弘和さん．https://digital.asahi.com/articles/DA3S13353240.html?rm = 150（参照日　2022 年 3 月 1 日）

ビズリーチ・キャンパス（2017）体育会「なのに」就活惨敗！？　その原因は○○にあり！ ビズリーチ・キャンパス．https://br-campus.jp/articles/report/141（参照日　2022 年 3 月 1 日）

藤本淳也（2018）テーマ 4 キャリア支援．スポーツ庁，第 3 回 日本版 NCAA 設立準備委員会 資料 2，pp26 − 35．

福井康貴（2016）歴史のなかの大卒労働市場 − 就職・採用の経済社会学 −．勁草書房，p117．

堀内彌二郎（1935）体格検査特に人物採用身体検査に就て．診療大観，10：239 − 288．

岩永雅也（1983）若年労働市場の組織化と学校．教育社会学研究，38：134 − 145．

岩内亮一ほか編（1998）大学から職業へ 2 − 就職協定廃止直後の大卒労働市場 −．広島大学大学教育研究センター．

香川めい（2006）学校から職業への移行に関する二つの経路 −「間断」のない移行と「学校経由」の就職 −．東京大学大学院教育学研究科紀要，46：155 − 164．

苅谷剛彦編（1995）大学から職業へ − 大学生の就職活動と格差形成に関する調査研究 −．広島大学大学教育研究センター．

苅谷剛彦ほか（1992）先輩後輩関係に"埋め込まれた"大卒就職．東京大学教育学部紀要，32：89 − 118．

小山治（2008）大卒就職に関する質問紙調査における採用重視・評価項目の再検討 − 事務系総合職採用の能力評価のあり方に着目して −．東京大学大学院教育学研究科紀要，48：69 − 79．

毎日新聞（2018）就活の「体育会神話」が通用したのは昭和の昔話？毎日新聞，電子版．https://mainichi.jp/premier/business/articles/20180220/biz/00m/010/020000c?fm =mnm（参照日　2022 年 3 月 1 日）

内閣統計局：統計年鑑．http://www.stat.go.jp/english/data/nenkan/pdf/yhyou02.pdf（参照日　2022 年 3 月 1 日）

中澤篤史（2017）大学が期待した学生の身体．寒川恒夫編著，近代日本を創った身体，pp27 − 61，大修館書店．

澤井和彦（2017）"蛮カラ"な運動部員の思想と身体．寒川恒夫編著，近代日本を創った身体，pp93 − 128，大修館書店．

関英夫（1982）労働省の取り組みについて．大学と学生，195：39-43.

スポーツ庁（2019）一般社団法人 大学スポーツ協会（UNIVAS）設立概要．https://
www.mext.go.jp/sports/b_menu/sports/univas/index.htm（参照日　2022 年 3 月
1 日）

鈴木泰介ほか（2018）「体育会系＝勝ち組」に異変？就活強者の苦悩．日本経済新聞，
電子版．https://www.nikkei.com/article/DGXMZO32531300S8A700C1XS5000/?n_
cid＝NMAIL007（参照日　2022 年 3 月 1 日）

束原文郎（2008）＜体育会系＞神話に関する予備的考察－＜体育会系＞と＜仕事＞に
関する実証研究に向けて－．札幌大学総合論叢，26：21-34.

束原文郎（2013）1912 年～2008 年夏季オリンピック日本代表選手団に関する資料－
所属組織と最終学歴を中心に－．スポーツ科学研究，10：242-316.

束原文郎ほか（2017）2010 年代半ばの＜体育会系＞就職－スポーツ種目と東証一部
上場企業からの内定獲得の関係に関する調査研究－．スポーツ科学研究，14：
13-28.

束原文郎（2018）エリート神話の成立と崩壊－学歴差・男女差・競技差を直視せよ－．
中央公論，132（10）：130-137.

束原文郎（2021）"スポーツ推薦体育会系"の実像－"一般受験体育会系"との比較
から－．体育の科学，71（2）：93-102.

宇野庄治（1933）スポーツマンと就職戦線　果たして彼は有能か．帝國大学新聞 第
四百七十号，1933 年 3 月 13 日付 8 面，縮刷版：p88.

八尋風太ほか（2019）日本における大学生競技者数の 2008 年から 2017 年の推移－
2020 年東京オリンピック種目を対象として－．スポーツ産業学研究，29（4）：
217-222.

推薦図書

福井康貴（2016）歴史のなかの大卒労働市場－就職・採用の経済社会学－．勁草書房.

苅谷剛彦ほか編（2010）大卒就職の社会学－データからみる変化－．東京大学出版会.

川口浩編（2000）大学の社会経済史－日本におけるビジネス・エリートの養成－．創
文社.

小熊英二（2019）日本社会のしくみ－雇用・教育・福祉の歴史社会学－．講談社.

束原文郎（2021）就職と体育会系神話－大学・スポーツ・企業の社会学－．青弓社.

[束原　文郎]

第8章

スポーツ・ボランティア：
アマチュアリズムとプロフェッショナリズムの狭間で

　読者の皆さんは，「スポーツ・ボランティア」と聞いてどのような姿や活動を思い浮かべるだろうか．オリンピックやパラリンピック，ワールドカップなど国際スポーツイベントの運営の手伝いをする，揃いのユニフォームを着て案内をしている人々の姿，あるいは休日に学校の校庭で子どもたちにスポーツを指導する大人の姿だろうか．

　ボランティアとはいっても，それを行う側と受ける側の関係や，する人物の動機，また社会的背景などは多種多様である．さらにスポーツにかかわるボランティアとなると，スポーツの文脈独特のボランティアの姿も加わることになる．

　本章では，このようなスポーツ・ボランティアの多様な姿を視野に入れ，これまでの研究を概観しながら，スポーツ・ボランティアやそれに関する研究の現状，そして今日的課題について考える．

1．日本におけるボランティア

　日本ではじめてスポーツ大会の主催者がボランティアを募集したのは，1985年のユニバーシアード神戸大会でのことである（山下ほか，2015）．しかし，1964年に開催された東京オリンピックでは，ボランティアという言葉こそ使われていないものの，実際には競技会場や選手村における誘導や案内，通訳を担当する有志が募集されていた．日本体育大学から1万1千人，国士舘大学から3,500人，日本大学から1,400人，順天堂大学から850人（いずれも延べ人数）が会場整理にあたった（仁平ほか，2017：p22）．

　このことが表すように，ボランティアという言葉が使われる前から，ボランティア的な活動は日本においても行われており，そうした活動や心意気を表す

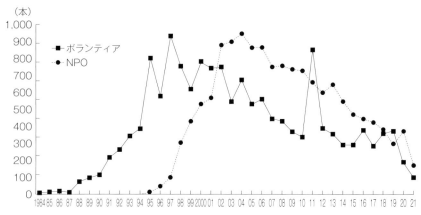

図8-1　「ボランティア」,「NPO」を見出しに含む朝日新聞記事数の推移（1984〜2021年）

言葉としては慈善,厚志,篤志,奉仕,奉公などがある.このうち,たとえば "慈善" は社会的,状況的に上位にいる者から下位にいる者に対する何らかの活動であり,この言葉は明治時代の中頃から新聞上で使われていたという.大正期になると "奉仕" という言葉が使われはじめたが,それは社会の中の平坦な人間関係において行われ,誰かに対する活動が回りまわって自分に返ってくる,というニュアンスが含まれていた.さらに昭和の戦時期になると平坦な人間関係において天皇という突出した存在が表れ,国民のあらゆる活動は天皇に対する "奉公" として捉えられるようになり,天皇からは国民に対して無限の恩恵が施されると考えられるようになった（仁平,2011：pp36-92）.

　日本においてボランティアという言葉が日常的に使われはじめたのは,実はそれほど昔のことではない.図 8 − 1 には,朝日新聞のデータベースを用いて「ボランティア」と「NPO」を見出しに含む記事数を検索した結果を示した.「ボランティア」を見出しに含む記事は 1980 年代後半には年に 100 件を超えなかったが 1990 年代に入ると増加し,1995 年には 800 件を超え 2 年後の 1997年には 940 件でピークを迎えた.その後増減を繰り返しながら全体としては減少したことを確認できる.こうした変化の中でボランティアという語に代わって使われるようになったのが「NPO」である.NPO とは特定非営利活動法人（Nonprofit Organization）の略称で,社会貢献活動を行う市民団体に法人格を与えるための法律,特定非営利活動促進法（通称 NPO 法）が 1998 年に成立し

た．この「NPO」を見出しに含む記事数は 1990 年代前半にはほぼなかったが，1990 年代後半から増加傾向を示す．NPO 法成立から 4 年後の 2002 年には「ボランティア」の記事数を追い越し，2004 年に約 950 件でピークを迎え，やはりその後は減少傾向に転じている．このように新聞記事で使われている「ボランティア」や「NPO」という語数は 1990 年代に大きく変化したが，この時期には何が起こっていたのだろうか．

　日本においては 1995 年がボランティア元年だといわれている．そのきっかけになったのは，この年の 1 月に起こった阪神淡路大震災であった．その災害支援として行われた，それまでとは異なった層と規模のボランティアが，日本のボランティアの姿を変えたのである．前述の NPO という語はわずかではあるが震災前から使われてはいた．しかし，1996 年から使用回数が急増しており，震災を契機に法制化の動きが一気に進んだことがうかがえる．この NPO 法が成立した 1998 年は，長野オリンピック冬季大会が開催された年でもある．

　仁平ら（2017）は，ボランティアに取って代わって NPO が表れたことで一番大きかったのは「経営としての市民活動という考え方が広がったこと」（p20）だと指摘している．それまでは家庭や国が担ってきた福祉や保育が民営化される中，ボランティア活動においても理念だけではなく，活動資金を集めてたり事業収入を得て，事業を安定して継続して展開するためには経営スキルを身につけなければならない，という流れになったのである．さらに，仁平ら（2017）は，こうした考え方がアメリカ合衆国の経営学から影響を受けていることを指摘し，オリンピック・ムーブメントが 1984 年のロサンゼルス大会を機に商業主義に転じたのも同じ文脈だと説明している．このように日本におけるボランティアをめぐる趨勢は，スポーツのボランティア，特にオリンピックに代表される国際スポーツ大会におけるボランティアの動向とかかわっているといえそうである．

2．スポーツ・ボランティア研究の動向

　次に，スポーツ・ボランティアをテーマとする研究の動向について確認しよう．大会ボランティアを含むスポーツ・ボランティアの研究は，やはり 1990 年代から体育・スポーツ科学分野の主に経営学や社会学の分野において行われ

てきた．ここでは 1991〜2015 年までに公開された"スポーツ・ボランティア"をテーマとする論文と文献をレビューした山下ら（2015）を手がかりに，スポーツ・ボランティアの定義について理解し，またスポーツ・ボランティア研究の全体像を把握する．

　これまで"スポーツ・ボランティア"の定義は何人かの研究者によって，またはいくつかの団体によって行われてきた．山下ら（2015）はそれらを概観し，スポーツ・ボランティアとはスポーツ現場におけるボランティアであり，それは「個人の自主的ないし自発的」（p42）な活動，そして「報酬を目的としない社会的」（p42）な活動であると説明している．

　もう少し詳しくみてみると，武隈（1997）はスポーツ・ボランティアを「個人の自律的な決定と選択に基づく，公益性，非営利性を前提としたスポーツに関わる社会的活動，およびその行為主体」（p59）と定めている．この定義からは，ボランティアは人々の活動であると同時に，そうした活動を行う人物を意味する場合もあることを確認できるだろう．さらに武隈（1997）は，この定義はすなわち「スポーツへのボランティア」として理解するのが自然だろうとし，これとは別に「スポーツ（の世界）からの（スポーツ以外の領域に対する）ボランティア」をスポーツ・ボランティア概念の一部として提示している．「スポーツからのボランティア」としては，たとえばプロフェッショナルのスポーツ選手が災害被災地の住民に炊き出しをしたり，オリンピアンがその知名度を活かしてチャリティ募金を行いその収益を被災地に届けたりする，などの活動をあげることができる．Ｊリーグが 2018 年から取り組みを始めている"シャレン"[注1]もこの「スポーツからのボランティア」のバリエーションに含めることができるだろう．

　こうした武隈による「スポーツからのボランティア」という概念について山下ら（2015）は，これが一般的なボランティア活動と比べた場合のスポーツ・ボランティアの特徴であると述べている．たとえば，「福祉ボランティア」は福祉領域でボランティアを必要としている人に対して行われるボランティア活動だが，これら「福祉ボランティア」を受ける人々が主体となってボランティアを行う姿はあまり想像できないだろう．しかし，上にあげた例のようにスポーツ領域においては，通常はボランティアの支援を受けるスポーツの活動主体がボランティア活動を行うことも十分あり得るし，実際にそうした事例は，東日

表8-1　スポーツ・ボランティアの種類と先行研究（山下ほか，2015）

分類	主体	役割内容	n	％
クラブ・団体ボランティア（日常的）活動の場＝クラブ・スポーツ団体	ボランティア指導者	監督・コーチ，アシスタント指導者	38	63.3
	運営ボランティア	クラブ役員・幹事，世話係，運搬・運転，広報・データ処理，競技団体役員等		
イベント・ボランティア（非日常的）活動の場＝地域スポーツ大会，国際・全国スポーツ大会	専門ボランティア	審判員，通訳，医療救護，大会役員，情報処理等	14	23.3
	一般ボランティア	給水・給食，案内・受付，記録・掲示，交通整理，運搬・運転，ホストファミリー等		
アスリート・ボランティア	プロスポーツ選手トップアスリート	福祉施設・スポーツクラブ訪問，イベント参加等	0	0

クラブ・団体ボランティアとイベント・ボランティアの複合的な研究1件(2%)，いずれにも当てはまらない研究7件(12%)．

本大震災後の被災地支援として数多く行われた．

　山下ら（2015）は，「スポーツからのボランティア」は必ずしもプロスポーツ選手やオリンピアンなど，トップレベルの競技者によるものだけではないとし，それ以外の例としてJリーグサポーターによるスタジアムの清掃や，サーファーによる海岸の美化活動などをあげている．しかし実際には，「スポーツからのボランティア」を取り上げた研究はほとんど行われていない．山下ら（2015）は，「スポーツへのボランティア」に加えて「スポーツからのボランティア」の意味や役割を解明することがスポーツ・ボランティア研究の意義のひとつだと述べており，今後のスポーツ・ボランティア研究の課題だといえるだろう．

　これらのことを踏まえると，これまでのスポーツ・ボランティア研究で取り上げられてきたスポーツ・ボランティアの種類は表8-1のように示される．この表には山下ら（2015）によって分類された論文・文献の件数も示されている．その割合をみると，全52件の論文の6割以上が「クラブ・団体」における「日常的」なボランティア活動について取り上げており，さらにそうした活動の主体は「ボランティア指導者」と「運営ボランティア」であることがわかる．

3．ボランティア指導者

　表 8-1 で確認したように，ボランティア指導者はスポーツ・ボランティア研究における主たるテーマのひとつであり，初期から取り組まれてきたテーマでもある．たとえば，松尾ら（1994）は，図 8-1 でみたように「ボランティア」を見出しに含む記事が 1995 年にピークを迎える前年に，地域スポーツにかかわるボランティア指導者のドロップアウトについて検討している．そこでは，指導への過度な没頭による指導者自身の生活支障が時空間や人間関係，金銭といったあらゆる局面において少なからず生じていること，指導への過度な没頭は指導者を取り巻く内外の要因が密接にかかわりながら指導を継続することによって生じていること，などが明らかになっている．その他，全国のスポーツ少年団の指導者と隊員の基本的属性や活動実態，障がい者スポーツ指導者の有資格者の指導をめぐる知識や不安，スペシャルオリンピックスのボランティアコーチが認識するボランティア指導による恩恵など，多様なボランティア指導者を対象に多様な事項について調査結果が報告されてきた．

　一方で，これまではあまり取り上げられてこなかったが，指導者がボランティアであるがゆえにスポーツ指導現場で生じている負の側面についても目を向ける必要があるだろう．第 5 章で取り上げたように，指導場面において暴力問題が起こる原因のひとつは，学校の運動部顧問や地域のスポーツ指導者が指導の専門的トレーニングを受けておらず，つまり科学的・合理的な指導法を身につけておらず，自分自身が受けてきたスポーツ指導法をまねるしか方法がないことだと考えられる．また，「ボランティアで指導してもらっている」お礼に当番制で指導者のお茶や弁当の準備をすることが保護者の負担になり，その負担を理由に子どもが地域スポーツクラブに加入するのを保護者が躊躇する，といった事例も報告されている．また，暴力的言動まではいかなくても，指導者の安全管理への配慮が不十分であったとしても，やはりボランティアで指導してもらっているという理由でその点を指摘するのがはばかられる，という場合もあるだろう．ボランティアの定義にある“自主性・自発性”や“無報酬”，あるいはボランティアであるがゆえの“非専門性”が，本来あるべき指導者の姿を変質させてしまっている可能性についても検討する必要がある．

4．ボランティア指導者と専門性

　ところで海老原（2002）は，航空機事故や水難事故などにおいて"ボランティア"として語られる事例の考察を経て，有資格者による特殊能力の発揮という点からボランティアを以下のように定義した．

　「ボランティアとは，有資格者がその特殊能力を定期的に発揮する職業的領域にあって，有事に際して定常的にはその能力を発揮しない有資格者が無給にてその能力を発揮すること」

　この定義をボランティアとスポーツ指導の関係に当てはめると，スポーツ指導が社会において職業として未成立のままではスポーツ・ボランティアも成り立たないことになるし，ボランティアとしてのスポーツ指導が多勢を占める限りスポーツ指導の専門職化もまた進まないことになる．海老原は「高度な専門的知識に支えられたスポーツ指導が職業的領域として確立することによって初めてスポーツ・ボランティアが存在する」と主張した．

　この主張からかれこれ20年が経つが，この間にスポーツ指導者を専門的技術や知識を持つ職業として成り立たせようとするいくつかの動きはあった．たとえば，2012年からはじまった第1期スポーツ基本計画では10年間の基本方針のひとつとして「スポーツ界の好循環の創出」が掲げられた．好循環の具体例のひとつとして「トップスポーツと地域におけるスポーツ」が想定されている．ここでの好循環とは，地域で発掘・育成されたアスリートが，将来，その地域の指導者になり新しい才能を発掘し育成する，という循環のことを意味する．ここにはトップアスリートのキャリア問題への対処策も埋め込まれており，地域スポーツとトップアスリート両者にとって両得かのようにみえるのだが，しかし肝心のアスリートが優れた指導者になるための具体策が欠けているために，期待されたほどの効果は残せていない．

　また，文部科学省は2023年度から休日の部活動の指導を学校から地域に移す改革案を示した（文部科学省，2020）．つまり休日の運動部活動の指導も地域の人材に委ねられることになる．そのために必要な「地域人材の確保」とそれに伴う「謝金」については改革案の中で言及されているが，地域人材の質の確保や人材育成の方法についての具体策は示されていない[注2]．スポーツ指導者の専門性をめぐる海老原の主張については，20年経った現在でも何の進展

もないままである.

5. アマチュアリズム/プロフェッショナリズム/ボランタリズム

ところで，以上みてきたボランティアをめぐる議論においてはボランティア/プロフェッショナルという図式を見出すことができる．スポーツ指導者が専門職（＝プロフェッショナル）化しない限りボランティア指導は存在しないという海老原（2002）の主張の前提には，当然ながらスポーツ指導がいわゆるボランティアとして行われているという現状認識がある．また，日本で1995年を境にボランティアがNPOという語によって語られるようになった背景では，ボランティア活動に経営論的な要素が強く入り込んでいた．つまりそこには，資金的にも人材的にも脆弱なボランティアとしての活動から，アメリカ式の経営論を導入したプロフェッショナルとしての活動へとシフトするという方向性の転換が含まれていたのである.

この転換は1980年代の中頃にアメリカ合衆国で起こったが，この時期はオリンピック・ムーブメントがアマチュアリズムから解放され，オリンピック大会の運営や大会に参加するアスリートの活動に資本主義の論理を取り込みはじめた時期でもある．それを象徴する出来事として，1984年のロサンゼルス大会からは年齢などの条件付きながら，テニスとサッカーでプロフェッショナルのアスリートの出場が正式に認められた.

アマチュアリズムとは，スポーツの実践やその指導はアマチュアとして行われるべきであるとする考え方である．これは見方を変えればアマチュア以外，つまりプロフェッショナルのアスリートをスポーツの場や競技会から排除することになった思想でもある．近代オリンピックが創設されてから長きにわたって，オリンピック大会に出場するアスリートはアマチュアでなければならないとするいわゆるアマチュア規定がオリンピック憲章に設けられていた．しかし，紆余曲折を経てアマチュア規定は1974年に削除され，これによってオリンピック・ムーブメントの運営やその参加者にプロフェッショナリズム，表現を変えれば資本主義の論理が持ち込まれはじめた．つまり，近代オリンピックとそれを構成する近代スポーツの歴史を巨視的にみるならば，アマチュアリズムからプロフェッショナリズムへと大きく方向転換してきたことになる[注3].

　しかし，この方向転換については，少なくとも次の2点を付け加えて理解する必要がある．1つは，アマチュアリズムが崩壊しプロフェッショナル志向になってからまだ50年ほどしか経っていないこと．そしてアマチュアリズムからプロフェッショナリズムへの方向転換は，主にトップレベルのアスリートと指導者を対象に，そしてスポーツ統括団体や国際競技大会のマネジメントの局面で起こっているということである．すでにみてきたように，ローカルあるいはレクリエーショナルなレベルのスポーツ指導であったり，国際競技大会における各種補助的活動は，依然としてアマチュアであることを求められ続けている．つまり，アマチュアリズムが崩壊して50年経った現在，スポーツの領域ではアマチュアとプロフェッショナルがまだらに混在している状況にある．

　こうしたアマチュアリズムの思想は，スポーツを「ささえる」人々やその活動の領域では"ボランタリズム"として置き換えが可能である．そのことは，2021年に東京で開催されたオリンピック・パラリンピック大会（東京2020）における大会ボランティアをめぐる動向においても確認することができるだろう．東京2020開催のためにつぎ込まれた経費は，直接・間接を合わせると3兆円を超えたとみられる．国際オリンピック委員会には巨額なテレビ放映権料やスポンサー料が流れ込み，海外から観客が訪日し競技場に足を運ぶことで経済波及効果が期待されるという資本主義化，プロフェッショナル化が進み，実際にプロフェッショナルのアスリートも出場した．

　その一方で，たとえば競技会場内外での観客の誘導や案内業務，さらには医師や看護師という専門的業務であってもボランティアによって運営された．8万人とされていた大会ボランティアの募集枠には20万人を超える応募があったが，10日以上の活動が求められたり，交通費自己負担，宿泊場所も各自で確保などの条件が厳しすぎるという大きな批判も起こった．するとこれに応えるかのように，組織委員会や東京都による大会・都市ボランティアの推進キャンペーンでは「やりがい」，「絆」といった情緒的なメッセージが強調され，「大会補助業務はどうにかボランティアでやってほしい」という"ボランタリズム"が姿を現したのである．

　このようにみると，アマチュアをよしとする"アマチュアリズム"と，ボランティアをよしとする"ボランタリズム"はとても親和性が高いことがわかるだろう．そして，アマチュアリズムに加えてボランタリズムとプロフェッショ

ナリズムとの混在も生じることになった．やはり新型コロナ感染拡大の混乱の中で，大会運営に必要な人手をボランティアだけでは確保できなくなり，その人手不足はアルバイトによって補われた．大会運営に必要なほぼ同じ作業を行うためにボランティアとアルバイトが混在する，という事態になったのである．上述のようにスポーツ界では高度なプロフェッショナリズムと昔ながらのアマチュアリズムが混在している状態にあり，その中でボランタリズムがどうあるべきか，検討していく必要があるだろう．

6.“ナショナルなもの”への陥穽を超えて

　最後に，今後のスポーツ・ボランティアの姿を模索する際に考えなければならない視点について検討する．それは“ナショナルなもの”，つまり政治や行政の主体としての国家と権力との距離感についてである．

　表8-1にある「イベント・ボランティア」については，“動員”との兼ね合いに注意を払う必要がある．特に，国際スポーツ大会であるほど国家の存在感は増しナショナリズムが立ち現れることになるので，その中で国民がボランティアに導かれる力学には慎重になる必要がある．

　他方，表8-1の「クラブ・団体ボランティア」はクラブが存在する地域において日常的に行われるボランティアだが，これに関しては“新しい公共”という概念との間で考える必要がある．“新しい公共”とは2009年に当時の鳩山首相が施政方針演説で打ち出した重要政策課題のひとつであり，端的にいってしまえば公共性の高い事業を行政だけが担うのではなく，そこに企業やNPO，国民もかかわりながら「支え合いと活気がある社会」（内閣府，2010：p2）をつくろうというビジョンである．このビジョンにおいては，地域における重要なアクターとして“NPO”は欠かせない存在としてある．NPOが新しい公共の一翼を担うのは歓迎すべきことかもしれないが，その分，行政が抱えていた責任を引き受けざるを得ないことも理解しておく必要があるだろう．

　第10章でも説明されているように，スポーツはナショナリズムとの親和性が高い領域のひとつである．その中でもスポーツ・ボランティアは，ナショナルなものとの距離が近い存在でもある．今後は，このような視点に立ったスポーツ・ボランティア研究も求められるだろう．

注　釈

注1) 「シャレン」とはJリーグがはじめた地域貢献活動であり，スポーツの領域を超えた地域の教育や貧困，福祉問題の解決にスポーツを活用する，というコンセプトを持つ．

注2) 「部活動指導員と同様の研修を行うことが望ましい」という一文はあるが，その研修によって部活動指導委員が専門的な指導者としての技術や知識を身につけているのかについて検証されているとはいえない．

注3) アマチュアリズムの崩壊から1984年ロサンゼルス大会における商業主義化への流れについては高峰（2020）を参照のこと．

引用文献

海老原修（2002）体育・スポーツにおけるボランティアの功罪．体育の科学，52（4）：260-265．

松尾哲矢ほか（1994）ボランティア・スポーツ指導者のドロップアウトに関する社会学的研究－指導への過度没頭と生活支障の関連及びその規定要因について－．体育学研究，36（3）：163-175．

文部科学省（2020）学校の働き方改革を踏まえた部活動改革（令和2年9月）．https://www.mext.go.jp/sports/b_menu/sports/mcatetop04/list/detail/1406073_00003.htm（参照日　2022年3月1日）

内閣府（2010）「新しい公共」宣言．https://www5.cao.go.jp/npc/pdf/declaration-nihongo.pdf（参照日　2022年3月1日）

仁平典宏（2011）「ボランティア」の誕生と終焉－＜贈与のパラドックス＞の知識社会学．名古屋大学出版会．

仁平典宏ほか（2017）座談会 ボランティアの歴史と現在－東京2020オリンピック・パラリンピックに向けて－．現代スポーツ評論，37：15-43，2017．

高峰修（2020）1984年ロサンゼルス大会－アマチュアリズムからビジネスへ－．夢と欲望のオリンピック－その多様な姿－，pp121-138，成文堂．

武隈晃（1997）「スポーツボランティア」概念の周辺．鹿児島大学教育学部研究紀要 人文・社会科学編，48：57-70．

山下博武ほか（2015）スポーツ・ボランティアに関する研究動向－スポーツ経営学からの批判的考察－．徳島大学人間科学研究，23：39-55．

推薦図書

池田浩士（2019）ボランティアとファシズム－自発性と社会貢献の近現代史－．人文書院．

金子史弥（2020）オリンピックとボランティア政策．日本スポーツ社会学会編集企画委員会編，2020東京オリンピック・パラリンピックを社会学する－日本のスポー

ツ文化は変わるのか－，pp151－176，創文企画.

［高峰　　修］

第9章

スポーツツーリズム：地域は熱狂的な
スポーツマニアを受け入れられるのか

　前回の東京オリンピックが開催された1964年に，永続的に居住する外国人を除いて，一時上陸客等を加えたわが国への外国人入国者数は35万人であった．その後，サッカーワールドカップが開催された2002年には，その数は500万人を超えた（日本政府観光局）．

　2003年1月に，当時の小泉純一郎総理が2010年に訪日外国人旅行者を1,000万人に伸ばし，観光事業をわが国の基幹産業にするという観光立国を目指した構想を施政方針演説で発表した．そして，2011年の東日本大震災で訪日外国人旅行者は一時期減少したものの，2013年には目標だった1,000万人を達成し，2019年には3,188万人に増加した．しかしながら，2020年，コロナ禍により，人の移動は制限され，2020年の日本への外国人入国者数は，約431万人で，前年比で約2,688万人減少した．また，日本人の出国者数は，約317万人となり，前年比約1,691万人の減少となった．2020年4月以降は，入国拒否対象地域の拡大等のさらなる水際対策の強化が行われ，新規入国者数は，前年比で99%以上減少した．その結果，2020年の東京オリンピック・パラリンピックによる海外からの旅行者増加を予想していた旅行業関係者の期待は完全に裏切られた．

　一方で，コロナ禍により，リモートワークやオンライン授業など，自宅に巣ごもりする生活スタイルが生じた．これまで移動に使われていた時間が新たに自由に使える時間となり，余暇にかける可処分時間が増加した．こうした生活の変化により CO_2 等温室効果ガスや人為起源のエアロゾル等の排出量は，産業革命以降前年比で最も大きく減少したものの，一時的な排出量の減少が地球温暖化の進行に与える影響は限定的であるとされ（海洋研究開発機構ほか，2021），生活スタイルの変化による自然環境への効用を期待したものの，それほどでもないことが示されている．

　今回，感染症の拡大を抑えるために「不要不急の外出」を控えるように要請された．当初は屋外にスポーツや運動をするために外出することは，「不要不急の外出」とされた．スポーツイベントは中止となり，運動をしないことによる「健康二次被害」の危険も論じられるようになった（健康二次被害防止コンソーシアム，2021）．ウォーキング実施者の推移を分析した海老原（2000）は，1980年代後半以降のウォーキングの増加について，「バブルの崩壊」による経済への不信感が，その対立項である自然的なるモノ，見返りの実感できる身体的なるモノ，つまりは自然の身体への回帰を促したのではないかとした．そして，自然の身体を得るためのウォーキングに対して，地域活性化や経済波及効果などの経済の原則が持ち込まれることを批判的に捉えた．つまり，ウォーキングやスポーツは，何かのためにするという手段ではなく，ウォーキングやスポーツは喜怒哀楽を実感して心身を使いはたすような，むだな消費活動と考える大切さに触れている．このスポーツをする，観戦する，読む，鑑賞するなどのスポーツの喜怒哀楽こそがスポーツの合目的性に正統性をあたえていると考えられる．

　このように，ウォーキングという人間の単純な動作を起点として，これはバタイユの言う「奢侈」がスポーツに内在されることよってその目的が正当化されることを理解したとしても，先に指摘した「不要不急の外出」が抑制された今回は，感染を恐れるあまり，スポーツ消費を抑制する力が働いていた．ましてや，スポーツを経済ほか他の手段と捉える人は，彼らのスポーツに求める目的とコロナ禍のリスクを比較して，感染症対策を上回る効用が感じられないために，スポーツ活動を中止することを叫び，スポーツからは離れていったと考えられる．

　コロナ禍後のスポーツ消費の需要を考えるとき，人々がスポーツ消費を所得の増大とともに消費量を増やす上級財とするか，所得が増大すると消費量を下げる下級財として扱うかで今後のスポーツ消費は左右される．また，スポーツ消費が上級財とされても，所得の増加率以上に消費量が増加する「奢侈財」となるか，所得の増加とともに増えはするが，増加率ほどではない「必需財」となるかによっても，人々のスポーツ消費に対する考え方が現れるだろう．もし，スポーツ消費が「上級財」であるなら，コロナ禍後にスポーツ消費を促すためには Go To スポーツキャンペーンのような実質所得をあげる政策が有効にな

る．しかし，コロナ禍が明け，スポーツ消費の手段化が進み，スポーツ特有の喜怒哀楽を「充溢し燃焼しきる消尽」として実感することが理解されない社会なってしまった場合，コロナ禍による社会や環境の変化によって，これまでスポーツ消費が担っていた目的達成のための手段がほかに用意されるようになり，スポーツは「下級財」として位置づけられ，所得がもどり増大しても，スポーツ消費の量は増えないことも考えられる．

　では，本章のテーマであるスポーツと結びついた「スポーツツーリズム」の将来はどうなるのであろうか．一般的に地域活性化を謳うスポーツツーリズムは，主催する地域の側にとっては，すでに手段化されており，地域活性化という目的が先立つと，スポーツの喜怒哀楽を味わいつくそうとスポーツに参加しようとする参加者の気持ちにこたえることが疎かになるのではないだろうか．すなわち，スポーツツーリズムに継続性を求めるならば，まずはスポーツに熱狂的にのめり込むような感情を肯定し，そしてそこに人々を向かわせる仕掛けを用意できるようになることが重要なことと考えられよう．

1．マス・ツーリズム，持続可能な観光，そしてスポーツツーリズム

　そもそも，"ツーリズム（tourism）"という新しい英語が生まれたのは 1811 年頃とされる．蒸気船や鉄道による交通革命を背景に，1841 年には飲酒にかわる健全な娯楽としてトマス・クックが造成した貸し切り列車の鉄道旅が誕生し，骨折り（travail）と語源を同じくする旅（travel）が，安全で快適に各地を回って戻ってくる周遊旅行（tour）になった．これにより，大衆が旅行をするようになりマス・ツーリズムが広まった．1920 年代のアメリカでは大衆消費社会が形成され，観光が欧米の中産階級に普及していった（井野瀬，2011）．

　わが国にも，江戸時代には伊勢神宮や熊野詣といった旅を楽しむ土台はあった．しかしながら，トマス・クックのような旅行を商業化する起業家は登場しなかった．1912 年に日本政府が日本交通公社（JTB）を設立するが，外国人の受け入れを目的にしたものであり，戦前の団体旅行を扱うエージェントは外国人旅行者の受け入れが中心業務であった（井野瀬，2011）．わが国では戦後1950 年代後半から高度経済成長を迎えて大衆消費社会に突入し，マス・ツーリズムが進展する．当初は差異化されて未知の発見をするツアーが造成された

ものの，徐々にツアーが大衆化されるとともに観光旅は画一化していき，訪問先の土地の有する独特の歴史や文化に根ざすことなく観光が大量に実践されていくようになる．その結果，1970年代にはマス・ツーリズムが観光地に引き起こす環境問題や社会問題が指摘され，"オルタナティブ・ツーリズム"が叫ばれるようになり，1975年に設立された世界観光機関（World Tourism Organization：UNWTO）が主導して，「持続可能な観光」政策が実践されるようになった．

　また，混雑，騒音，ごみ，犯罪，買春といった住民の生活環境の悪化とつながる「観光公害」，豊かな観光客と貧しい観光地の住民の間の支配‐従属問題，自然環境破壊，そして観光地の若者が観光のデモンストレーション効果によって観光客の消費行動や生活様式を模倣することで発生する地域固有の文化の変容や崩壊といった観光の社会的文化的問題も提起されるようになった（安村，2011a）．

　わが国では，1990年代に遠野，高柳，小布施，足助，長浜，出石，内子，由布院，竹富島などが，「持続可能な観光」による「観光まちづくり」の取り組みとして，注目を集めるようになった．観光まちづくりは，地域の文化や生態系を再認識しそれらを保全しつつ活用する，内発的で持続可能な地域・観光振興である（安村，2011b）．こうして持続可能な観光とともに，誕生してきた新しい観光にスペシャル・インタレスト・ツーリズムがある．スペシャル・インタレスト・ツーリズムは，観光関係者が自発的に生成した観光形態であり，持続可能な観光の特性を帯びている（安村，2011c）．スポーツツーリズムは，このマスから「個」の時代に求められるスペシャル・インタレスト・ツーリズムのひとつに考えられる．

２．信仰，科学者の好奇心，余暇階級の遊びと冒険，　　そして大衆が旅をする

　登山をスポーツとすれば歴史的にはスポーツツーリズムは，わが国の山岳信仰と結びついた登山もあてはまる．たとえば，信仰登山に富士山への登山があるが，富士山信仰を「富士講」という形で各町内や村ごとに「講」がつくられ，富士山に宿坊や登山道を整備して先達が講の加入者を連れて集団で登山する

というシステムがつくられた（小泉，2001）．江戸時代も後期になると，信仰登山も様変わりし，通過儀礼や物見遊山としての登山になっていった（小泉，2001）．

　明治になってからは，1874年に3人の外国人が六甲山に登った記録があり，その後に1905年には日本山岳会が，博物学者らによって設立される．そして，1910〜1920年にかけて生活に余裕のあるエリート学生らが尖鋭的な登山をはじめた．1911年には，オーストリアの陸軍武官のフォン・レルヒ少佐がスキー術を日本にもたらしたことで冬山登山がはじまった．冬山登山としてはじまるスキーは，1922年に大日本体育協会にスキー部が設置され，翌年には第1回全日本スキー選手権大会が北海道・小樽市郊で開催された．さらに，ヨーロッパ・アルプスからロック・クライミングの技術が日本にももたらされている．こうした登山やスキーの普及の背景には，登山やスキーに対する考え方の変化とともに，それぞれに用いる道具の進化や，交通機関の発達で国内の移動がしやすくなったという技術的な変化も影響している．戦後になるとスキーリフトが架設され，1960年代にはスキーがレジャーになってきた．一方の登山者は，戦後になって増加し，特に，1980年代にはレジャーとしての登山が広まり，2007年以降には第3次登山ブームが到来している．

　一方で，旅行といえば，わが国では，古くから温泉に行く**湯治旅行**が盛んに行われた．明治期に医学的な研究によって温泉の湯治効果が明らかになった．こうした医科学研究が，温泉の利用と運動・スポーツ・レクリエーションの処方の両者を結びつけることになった．この湯治と運動の効果が同時に期待できるような施設として構想された施設のひとつに，山形県村山市に建設された**クアハウス碁点**がある．温泉を引いたプールを備えるクアハウス碁点では，健康体力づくりプログラムが実施され150人もの参加者がいることが報告されている（海老原，1986）．海老原（1986）が指摘した35年前の当時は，医療システムと体育・スポーツ関係システムの間には相互理解や機能分担などの共同体制が身近なところでなされていない（海老原，1988）こともあり，その課題の解決に向けて江東区が取り組みはじめた健康センターは，地域社会における健康・体力づくりの新しい動きであった．一方で，多くの自治体の健康政策は，地域の住民のスポーツ振興による，住民の健康増進，それによる自治体の医療費の抑制という見方で完結しており，域外の人々がスポーツ活動を求めて当地

を訪れるようになるスポーツツーリズムにつながるのは 21 世紀に入ってからである．

　このように，スポーツ科学の運動生理学の知見がスポーツの振興を後押しし，健康を求める自治体住民以外の域外の人々が，地域経済活性化につながり，今度は，スポーツ経済学の研究者の興味を引くようになっていく．こうした信仰に基づいた旅から，科学者の好奇心を満たす旅，そして大衆によるレジャー活動の広がりによってスポーツツーリズムの誕生へとつながっていき，2001 年には世界観光機構と国際オリンピック委員会が共同でスポーツとツーリズム世界大会をスペインのバルセロナで開催し，スポーツは訪問地の経済的な持続可能な観光であるとされるようになった．

3．スポーツツーリズムの研究の広がり

　スポーツの「する」，「みる」，「支える」活動のために，旅をする人が増加し，スポーツ・ツーリズムの国際会議が 1986 年にイスラエルで開催された（野川，1992）．スポーツとツーリズムの両者の関連性に注目がなされるようになったのは 1990 年代中頃からである（伊藤ほか，2017）．スポーツツーリズムに特化した国際学術雑誌（Journal of Sport and Tourism）は 1993 年に発刊されているが，スポーツツーリズム関連の研究の系統的レビューを試みた伊藤ら（2017）によれば，日本でも 1991 年〜2016 年 5 月までに 52 件の研究が発表されており，特に市民参加型のスポーツイベント参加者の研究が多くを占めており，観戦イベント型の研究は少ないことを報告した．そのほか，有名なスポーツチームの記念館やスタジアムを訪れて，栄光や歴史といったスポーツをめぐる記号を消費する（村田，2012；原田，2003），スポーツに関心のあるツーリストがいることも忘れてはいけない．これらのイベント開催地やスタジアム見学ツアーといった文化遺産型の観光についての研究は，これまでみられていないことや，国外のスポーツツーリズムの研究が少ないことから（伊藤ほか，2017），今後これらの研究が期待される．

　わが国では，スポーツイベントの社会経済的効果の研究に関心が広がるのは 1990 年代である（山口ほか，1991；野川，1992）．スポーツイベントに来訪する地域外からの人々が消費する交通費，宿泊費，土産代などが経済的なインパ

クトとして研究者に注目されはじめた．ちょうどその頃，海老原（1996）は，「ま
ちおこしという冠を付ける地域社会におけるスポーツイベントが，まちお越し
である限りは，まち興しとはなるまい」と論じているが，昨今では，スポーツ
イベントを受け入れるまちが活性化したと判断するための指標についてスポー
ツツーリズム研究の研究対象にもなっている．

　2002 年の日韓サッカーワールドカップは，多くの海外観光客を迎え，その
ため研究対象にもなっている（康，2004）．康（2004）が，「いまだスポーツ観
光は，その重要性や成長性に比べて幅広い認識を持たれずにいるが，スポーツ
観光の未来は明るい」と指摘しているように，ワールドカップというメガスポー
ツイベントの開催でスポーツツーリズムと社会や経済とが連動しはじめたとみ
ることもできる．

　日本人が参加する海外のスポーツイベントの研究のわずかな事例には，ハ
ワイのホノルルマラソンの研究がある．ホノルルマラソンは，心臓病の医師が
医学的な観点から地元住民の健康促進を目的としたローカル大会として 1973
年にはじめられた．このホノルルマラソンは，毎年 12 月の第二日曜日に開催
されるが，ちょうどその時期はハワイの観光シーズンの閑散期にあたるため，
航空・観光業者にとっては重要なイベントである．日本人は，1976 年にはじ
めて参加している．その後は，1985 年に日本航空が協賛を開始したことでメ
ディアにも注目されて徐々に認知・理解が広がった．また，同時期に日本か
らのホノルルマラソン参加を目的とする旅行商品が各旅行会社から発売され，
一気に日本からの参加ランナーが増加し，1988 年には日本人が参加者の半分
を占めるようになり，1995 年には過去最高の 21,727 人が参加している（二木，
2018）．

　1988 年，1989 年，1990 年のホノルルマラソン参加者に対して調査を実施し
た野川（1992）は，ホノルルマラソンの参加者はマラソン競技型よりもマラソ
ン体験型が参加者の大半を占め，参加する楽しみを重視する傾向が強いこここ
と，大会開催の時期と種目の特性から 6 日間コース（4 泊 6 日）が標準的なスポー
ツ・ツアーとして定着する傾向があること，スポーツ・ツアーの同伴者は年齢
層と性別で明確な違いがあること，30 歳未満が主力参加者のため，大会開催
地における消費の主流は倹約型であること，再来志向の強さが行動に反映して
いないことから，海外スポーツイベントは繰り返し参加する大会にはなり難い

弱点があることを明らかにした．一方，約30年後の2014〜2016年のホノルルマラソンの参加者に対するアンケート調査を分析した二木（2018）の研究では，50歳代以上が参加者の41.4%となっており，リピーター率もおおむね30%を占めていることから，野川（1992）の調査と比較して，大会は回を重ねるごとに，海外旅行の一般化と参加者の年齢上昇がリピーター化を促したのではないかと推測している．このように，同じ対象であっても時系列なデータを追うことでホノルルマラソンの成功要因や，地域のニーズの充足の取り組み，さらにはプロモーション戦略にもヒントが得られることから，スポーツツーリズムにおいても，一度の調査で結論づけるのではなく，縦断的に研究することで参加者や運営者の変化を明らかにすることが重要である．

4．スポーツツーリズムと受け入れる地域の組織化

　スポーツツーリズムが，地域に根付くとはどういうことだろうか．わが国には四季があり，季節性がスポーツ活動にも影響を与えることから，年中，域外からの集客をめざすならば，四季に合わせた多様なスポーツ体験を用意する必要があり，スポーツツーリズムが地域に根付くためには多種多様な形態の旅行を揃える必要がある．そもそも，観光客を受け入れる地元の人々は，スポーツイベントによる経済効果などの地域活性化を目的としたとしても，スポーツの関心がなければ，スポーツを「する・みる・ささえる」ために訪れる人の求めることは理解できない．スポーツの喜怒哀楽を味わいつくそうと訪れる観光客が夢中になる仕掛けをつくるには，スポーツの競技力の高度化に科学技術の知見が活かされてきたように，スポーツ参与者に対する社会科学の視点でのアプローチが必要になる．海老原（1993）は，定期的で継続的なスポーツ参加者を増やすためには，親身な指導者の存在，労をいとわないマネージャー，なにかいいことが起こりそうだと参加者に思わせることが，科学が地域社会に受け入れられる最強の戦術と紹介するが，スポーツツーリズムが地域で持続性を持つためには，スポーツ参加者の気持ちと同時に地域の住民の考え方にも寄り添える活躍する人材の養成と確保が課題になる．観光庁が2011年6月に取りまとめた「スポーツツーリズム推進基本方針」に沿って設立された**日本スポーツツーリズム推進機構**は，各種セミナーを開催し，スポーツツーリズムにかかわる組

織や人材のネットワークを構築してきたが，ほかにも日本スポーツコミッションや民間のスポーツビジネス企業が，全国のスポーツによる地域振興の要請にこたえる形で，全国の地域スポーツコミッションの設立を支援している．

　受け入れ側の地域では，これまでスポーツイベントは地域のスポーツ競技団体が企画運営するため，地域のスポーツ競技団体が加盟する都道府県体育・スポーツ協会など地方自治体から支援を受けつつ開催してきた．一方の観光は，地域の観光関連企業が集まる観光協会が存在しており，個々人ではつながるものの組織間の連携がとれていたわけではなかった．さらには，スポーツ産業や観光産業とは関係のない一般の商業者や製造業者，そして農林漁業の関係者などが，スポーツイベントに巻き込まれる形でスポーツツーリズムの受け入れ地域が形成されてきた．このように，スポーツツーリズムは利害関係者が多いため，地元行政が介入し，関係者間の調整をすることも必要になる．スポーツキャンプやスポーツチームの合宿地とされた都道府県では，他県に比べてその必要性からいち早く連携がとられるようになったものの，全国的にみれば，スポーツ団体と観光団体をつなげ，さらに地域住民の関わり合いを上手につくりあげるための組織として地域スポーツコミッションの設立が急がれている．2020年10月現在で全国に159団体ある地域スポーツコミッションは，「地方公共団体，スポーツ団体，民間企業等が一体となり，スポーツによるまちづくり・地域活性化を推進していく組織の総称であって，以下の4要件を備えるもの」とスポーツ庁によって定義されている．そして4要件には，①地方公共団体，スポーツ団体（体育協会，総合型等），民間企業（観光協会，商工団体，大学，観光産業，スポーツ産業等）などが一体として活動を行っていること，②常設の組織であり，時限の組織でないこと，③スポーツツーリズムの推進やスポーツ合宿・キャンプの誘致など域外交流人口の拡大に向けたスポーツと地域資源を掛け合せたまちづくり・地域活性化のための活動を主要な活動のひとつとしていること，④単発の特定の大会・イベントの開催およびその付帯事業に特化せず，スポーツによる地域活性化に向けた幅広い活動を年間通じて行っていることがあげられている．スポーツ庁は，これらの条件を満たした地域スポーツコミッションの設立に対して予算的な支援をはじめている．

5．持続的なスポーツツーリズムの今後

　コロナ禍で一時中断しているとはいえ，政府の後押しもあるスポーツツーリズムは今後も注目されることが予想される．とはいえ，オンラインなどデジタル・トランスフォーメーションで人々は移動することなくさまざまな活動が可能になった社会では，旅行をしてまでスポーツを「する・みる・ささえる」欲望に変化はないのであろうか．スポーツは体育・スポーツ施設に限定されることなく，アーバンスポーツとして道路や広場にあふれ出し，さらにはアウトドアスポーツとして農山魚村にも空間を拡げてきた．これらはこれまで移動や生産など，他の社会的役割を担ってきた空間であるが，それらの空間にスポーツが侵食してきた．こうした空間利用の転換には，地元住民の普段の生活からは予想のできない空間の使用方法に思いつく「よそ者・馬鹿者・若者」と称されるイノベーターが地域に現れ，新たなスポーツ活動を創造して，さまざまな利害関係者を調整して，これまでになかった価値づけを行ってきた．多くのツーリストを受け入れる地域の人々は，スポーツの喜怒哀楽にあふれた空間として外からの訪問者からまなざしを受け，地域が急激に変化していくことへの葛藤が生じるだろう．地元の生活者が受け入れる持続的なスポーツツーリズムの今後を考えたとき，スポーツツーリストだけではなく，その仕掛け人，そして影響を受ける地元の生活者などに対する多面的，多重的な視点を持った研究の蓄積が必要になっている．

引用文献

海老原修（1986）地域社会の健康投資－温泉とスポーツ施設の組み合わせ－．体育の科学，36（3）：187-192．

海老原修（1988）地域社会における健康・体力づくりの新たな動き－健康増進センター・健康センターへの期待－．体育の科学，38（7）：501-506．

海老原修（1993）スポーツ科学の地域社会への挑戦．体育の科学，43（2）：94-100．

海老原修（1996）地域社会におけるスポーツ・イベントのからくり－まちおこしは，まち興し，それとも，まちお越し－．体育の科学，46（5）：374-381．

海老原修（2000）ウオーキングブームを解明する－人工と経済への疑義を起点として－．体育の科学，50（1）：33-37．

二木真（2018）ホノルルマラソンの実践から見出す持続的価値の重要性－日本におけるスポーツツーリズム成功への課題－．日本国際観光学会論文集，25：133-

140.

原田宗彦（2003）スポーツ・ツーリズムと都市経営. 原田宗彦編, スポーツ産業論入門 第3版. pp263-273, 杏林書院.

井野瀬久美恵（2011）歴史学における観光. 安村克己ほか編, よくわかる観光社会学, p123, ミネルヴァ書房.

伊藤央二ほか（2017）国内スポーツツーリズム研究の系統的レビュー. 体育学研究, 62（2）：773-787.

海洋研究開発機構ほか（2021）コロナ禍による CO_2 等排出量の減少が地球温暖化に与える影響は限定的. http://www.jamstec.go.jp/j/about/press_release/20210507/ （参照日　2022年3月1日）

健康二次被害防止コンソーシアム：https://kenko-nijihigai.com/（参照日　2022年3月1日）

小泉武栄（2001）登山の誕生－人はなぜ山に登るようになったのか－. p115, 中公新書.

康仁鎬（2004）2002韓日ワールドカップとスポーツ観光. 桃山学院大学総合研究所紀要, 29（3）：57-67.

村田周祐（2012）スポーツ・ツーリズム研究の現代的再構成. 体育学研究, 57（2）：471-482.

日本政府観光局：https://www.jnto.go.jp/jpn/statistics/marketingdata_outbound.pdf （参照日　2022年3月1日）

野川春夫（1992）スポーツ・ツーリズムに関する研究－ホノルルマラソンの縦断的研究－. 鹿屋体育大学学術研究紀要, 7：43-55.

スポーツ庁：日本全国に拡大中！地域スポーツコミッション. https://www.mext.go.jp/sports/content/20201209-spt_stiiki-300000925-01.pdf（参照日　2022年3月1日）

山口泰雄ほか（1991）地域活性化に及ぼすスポーツイベントの研究. 第42回日本体育学会大会号, p145.

安村克己（2011a）マス・ツーリズムの出現とその弊害. 安村克己ほか編, よくわかる観光社会学, pp22-23, ミネルヴァ書房.

安村克己（2011b）持続可能な観光の模索と実践. 安村克己ほか編, よくわかる観光社会学, p27, ミネルヴァ書房.

安村克己（2011c）新しい観光の登場. 安村克己ほか編, よくわかる観光社会学, p31, ミネルヴァ書房.

推薦図書

原田宗彦（2020）スポーツ地域マネジメント－持続可能なまちづくりに向けた課題と戦略－. 学芸出版社.

Higham JES et al. 著, 伊藤央二ほか訳（2020）スポーツツーリズム入門. 晃洋書房.

松橋崇史ほか（2019）スポーツまちづくりの教科書. 青弓社.

［高橋　義雄］

第2部　スポーツからみる境界のゆらぎ

第10章

ナショナリズム：
スポーツとネーションの多様な結びつきとその変化

1. 平成時代におけるスポーツの風景

　令和の時代を生きるわれわれにとって，中国で製造されたアメリカ企業のスマートフォンで，韓国のアイドルグループの動画を視聴し，イギリスの新聞記事を読むことは，ごくありふれた行動である．しかし時計の針を平成時代の初期に戻せば，日本製のテレビで，日本の取材クルーの作ったテレビ番組を視聴し，日本の新聞を読むことが当たり前であった．この時代には，日本人にとって身の周りのさまざまなものが「日本製」であり，海外は特別な存在だった．

　そのような時代においてスポーツは，海外を意識する数少ないコンテンツのひとつだった．オリンピック・パラリンピック（以下，オリパラ）や各種競技のワールドカップ（以下，W杯）などを通じて，人々は非日常的な経験として海外の姿を目にし，そこにスポーツとナショナリズムのかかわりを強く見出していた．たとえば，2002年に日本と韓国の共催で開催されたサッカーW杯では，多くの人々が日本代表チームの試合に熱狂すると同時に，ライバルである韓国代表チームの躍進に複雑な感情を覚えた．さらに，カメルーン代表チームのキャンプ地となった大分県中津江村（当時）は，カメルーン代表チームの到着遅れにまつわるドタバタに振り回されながら，国際交流の難しさとその魅力を全国に発信した．

　そのような平成時代のほぼ折り返しとなる2001年に執筆された論考として，海老原修による「ネーションの相対化にねじれる応援」（海老原，2001）がある．この論考は，岡崎宏樹による共同体論を援用しつつ，作田啓一のいう**拡大体験**と**溶解体験**という観点から，スポーツの応援の際に自らの身体をチームに没入させてしまう作用について考察した．拡大体験とは，たとえばある日本人が日本代表チームを応援するとき，自らの身体を超え，日本という組織を代表する

選手たちに自分自身を重ねてしまうような姿である．これに対して溶解体験とは，日本代表チームや韓国代表チームといった組織に対してではなく，日本代表対韓国代表の試合全体に対して没入してしまうような状態である．そして海老原（2001）は，「一方で拡大体験が自己の境界外に存在する他者を毀傷する危うさを秘めていること，（中略）他方で溶解体験が交流を通じて異種・他者と共有する可能性を内包していること」（p638）を知ることこそが，スポーツを原点から見直すことであると主張する．そして，当時サッカーイタリアリーグ・セリエ A の A.S. ローマに所属していた中田英寿選手が，日本代表チームの公式戦を途中で離脱してセリエ A の優勝決定戦に臨んだことを取り上げ，日本人ファンが「中田」を「日本人」にすり替えてしまい，日本代表の試合を軽んじた中田選手を批判するような拡大体験に警鐘を鳴らすと同時に，中田選手のようなネーションを絶対化しない態度にスポーツの未来の姿を見出した．

　この指摘から 20 年以上経った現在，日本人というネーションとスポーツの関係性は変わっただろうか．確かに海老原が期待したように，スポーツ選手たちがネーションを相対化するような行為は，より一般的に受け入れられるようになったと思われる．たとえば中田選手のエピソードに関しては，現在では海外リーグでプレーするサッカー選手が爆発的に増え，それらの選手は所属クラブの事情を最優先で考え，日本代表チームへの招集を優先しないことも多い．

　このように，令和の時代となってスポーツにおいてネーションの相対化は進行したようにみえるものの，だが決してネーションの存在感がなくなったわけではない．依然としてサッカーや野球，バレーボールやバスケットボールなどの日本代表チームの試合は，少なくとも国内リーグの試合よりも大きく盛り上がっている．また，オリパラや W 杯などの国際スポーツイベントは依然として大きな注目を集め，日本の人々は日本代表チームや日本人選手の活躍に一喜一憂している．

　本章では，こうしたスポーツとナショナリズムの結びつきの時代的な変化について，ネーションやナショナリズムという言葉の持つ多様な意味に注目して解説していきたい．

2．ナショナリズムとは何か

　ここまで「ネーション（nation）」や「ナショナリズム（nationalism）」という言葉を厳密に規定せずに用いてきたが，これらは非常に曖昧で，その意味するところを正確に理解することが難しい．

　ネーションという言葉は，一般的に「国民」，「民族」，「国家」などと訳される．だが，これらの3つの単語が指し示すものは明らかに異なる．まず，国民および民族と，国家は大きく異なる．前者は「人間の集団」を指し示すものであるのに対して，後者は「脱人格化された制度」を指し示すものである．比喩的にいえば，国家は，国民や民族という人々のための入れ物であり，中に住む人間が入れ替わっても存続していくものといえる．そして一般的にネーションは人間の集団とされることから，ネーションを国家と訳すことは適切ではなく，国家は state の訳語とされることが一般的である．

　また，ネーションを人間の集団と理解した上でも，その意味合いの曖昧さは消えない．その原因は「どの人までを同じネーションの一員とみなすか」という線引きがきわめて難しいからである．各国の nation に相当する言葉の意味合いを整理した塩川（2008）によれば，ネーションとは，日本語でいうところの民族と国民の両者の意味合いを含むものである．そしてこの民族と国民は，人間同士を結びつける要因によって区別される．

　民族とは，「血縁ないし祖先・言語・宗教・生活習慣・文化などに関して，『われわれは○○を共有する仲間だ』という意識」（塩川，2008：p3）を持つ人間集団である．民族という枠組みの中で人々を結びつけるのは，集団の中核に存在する血縁や文化，言語，宗教など，要するに「似たような人間同士である」という基準である．こうした要素は，エスニック（ethnic）な要素と呼ばれる．ただし，それらの要素が「現実」として共有されている必要はない．あくまで「エスニックな要素が共有されているだろう」という人々の間の「想像力」こそが重要な働きをする．

　もう一方の国民は，「ある国家の正統な構成員の総体」（塩川，2008：p7）である．こちらの集団の場合には，国家（や，それに準じる政治体）による「この人はこの政治体の正式なメンバーである」というお墨付きがあればよい．こうした政治的正統性・正当性は，シビック（civic）な要素と呼ばれる．要するに，

「その地域を治める政治体から正式なメンバーシップを認められている」という基準によって結びつけられているのが国民である．この際のポイントは，同じ国民とみなされるために，言語や宗教，人種などのエスニックな要素が共有されている必要性は必ずしもないということである．

　そしてネーションという言葉は，以上の民族と国民の両者を含む概念である．要するにネーションとは，エスニックな要素とシビックな要素を併せ持つ人間集団と言える．ただし，各国におけるネーションやそれに該当する単語の意味するところには，グラデーションがある．たとえば，アメリカにおける nation はほぼ完全に「国民」の意味となるので，national と表現した際には「民族的」ではなく「全国的」という意味になる．しかし同じ英語圏のイギリスで nation と表現した際には，スコットランドやウェールズなどの文化的同質性の高い集団を意味し，アメリカの場合に比べてエスニックな意味合いが強い．このようにネーションという語の持つ意味合いは多様であり，またそれは厳密に区分できるものではない．よってネーションの持つエスニックな要素とシビックな要素は対立するものではなく，どのようなネーションにも含まれる2つの側面と捉えるべきである．

　翻って日本の状況に話を戻すと，日本は単一民族国家であるといわれることがある．だが日本国内にもアイヌ民族や琉球民族，在日外国人といった民族集団が住んでいるし，逆に日本国外にも日本人の民族的特質を持つ人々が多く住んでいる．そして，日本以外にルーツを持つために日本語を話さず，日本人的な生活習慣を持たずとも，日本国籍を有している人も数多い．このように日本人というネーションにも，さまざまなエスニックな要素，シビックな要素を持つ人がおり，日本を単一民族国家とみなすことはそうしたマイノリティ集団の排除につながり得る．

3．スポーツとナショナリズムの多様な結びつき

　話をスポーツに戻そう．以上みてきたネーションという言葉の多様性を踏まえるならば，スポーツがナショナリズムと結びついているというときには，スポーツと**国家主義**，スポーツと**民族主義**，スポーツと**国民主義**という3種の結びつき方があるといえる．以下では，こうしたスポーツとナショナリズムの多

様な結びつきについてみていく．ただし，紙幅の都合上，以下では日本に関連する事例のみを概観する．

1）スポーツと国家主義

スポーツと国家主義が結びつくというときには，日本という国家のためにスポーツが利用されるという意味合いとなる．現在の日本人がお互いに仲間であるという自覚を持ちはじめたのは19世紀末頃といわれるが，それまでの人々は国家に身を捧げるような当事者意識を持っておらず，たとえば戦争がはじまっても徴兵から逃げ回るような存在であった（牧原, 1998）．政府からみれば，こうした状態は都合が悪かった．

こうした状況を打開するため，人々に共通の言葉や文化を教える場所として全国に学校が作られたが，その際に運動会というイベントが巧みに利用され，人々に日本国民としての意識や身体性を刷り込んだとされる（吉見, 1999）．さらに昭和の時代に入っても，第二次世界大戦の時期までにラジオ体操をはじめとしたさまざまな集団体操が考案され，人々に対して日本国民の一員としての意識を刷り込むことが奨励された（佐々木, 2016）．また戦後においても，解体された天皇の権威を再構成するために，国民体育大会に天皇・皇后が出席し，天皇杯・皇后杯が下賜されたことも，スポーツと国家主義の結びつきの事例といえる（権, 2006）．そして近年でも，各種世界大会やオリパラを日本で開催することによって，その熱狂の中で人々を日本という国家に自己同一化させようという意図があるならば，それは国家主義としてのナショナリズムといえる．

このように国家主義とは，「スポーツの政治的利用」などの言葉と親和的なナショナリズムといえる．こうした傾向が行きすぎると，スポーツを通じて人々が国家に従順な「臣民」として仕立て上げられていくようになる．

2）スポーツと民族主義

次に，スポーツと民族主義が結びつくという場合には，文化的同質性を持つ集団がスポーツを通じてアイデンティティを確認するといった場面が想定できる．たとえば日本では，武道を日本発祥の伝統文化と捉え，国際的な舞台での日本人選手の活躍に沸くとともに，学校教育のカリキュラムに武道が組み込ま

れていった（坂上，2015）．こうした事例は，民族主義としてのナショナリズムとスポーツの結びつきといえよう．また，日本国内に在住する民族的マイノリティとスポーツのかかわりでいえば，在日ブラジル人コミュニティの交流の場としてフットサル場が活用される事例（植田ほか，2013）などをあげることができる．

　さらに，このように民族主義としてナショナリズムを理解した場合，特定の民族の排除，すなわちレイシズム（racism）という意味合いを帯びることも多い．たとえば，2014年のJリーグの試合において，あるチームのサポーターの一部が観客席の入場口に「JAPANESE ONLY」という横断幕を掲示するという事件があった．この事件においては，日本人以外の民族的属性を持つ者の入場を許さないというメッセージが発信されたということで，スポーツにおけるレイシズムのひとつの事例となった（清，2016）．

　このように民族主義とは，「民族意識」などがキーワードになるナショナリズムである．言語や宗教，肌の色など，エスニックな差異は感覚的，視覚的に判断しやすい．そのため，エスニックな要素について絶対的な基準を設けることで，そうした要素を持たない集団を排除することにつながりやすい．近年，日本でも社会問題化しているヘイトスピーチも，こうした民族主義的なナショナリズムの一部であり，スポーツがそれに利用されてしまう場合もある．

3）スポーツと国民主義

　最後に，スポーツと国民主義が結びつくという場合には，同じ国家の正統・正当なメンバーの一員であるという理由によって，同じネーションの選手を応援してしまうような場面が想定される．たとえば，オリパラのような国際スポーツイベントの際に，思わず日本代表チームや日本人選手を応援してしまうようなナショナリズムがこれに相当する（石坂ほか，2015）．さらに，たとえばサッカー日本代表のエンブレムを商品に印刷して，「サッカー日本代表を応援しているならこの商品を買おう」という暗黙のメッセージを発信することは，こうした国民主義としてのナショナリズムをコマーシャルに利用しているといえる（有元，2012）．

　またこの国民主義の場合，民族主義とは異なり，エスニックな要素にかかわらない相互の愛着という意味合いを持つ．よってスポーツの場合には，海外に

ルーツを持つ選手を日本人が応援する，異なる民族の選手や帰化選手から構成
される日本代表チームを日本人が応援するといった行動もまた，スポーツと国
民主義の結びつきの例となる．

　このように国民主義とは，「全国的な広がり」のような意味合いのナショナ
リズムである．この際には多様な人々の連帯が強調され，それが商業的に利用
されることもある．

　以上のように，ナショナリズムを国家主義，民族主義，国民主義と訳し分け
ることで，スポーツとナショナリズムの結びつきの多様性が多少は「交通整理」
できるだろう．ただし，以上の区分は相互に排他的なものではない．たとえば，
上述の佐々木（2016）による集団体操の事例は，集団で体操をするという面白
さが全国的に広がり，その広がりに目を付けた国家が体操を人々の動員の手段
にしたという，国民主義と国家主義のハイブリッドのような事例といえる．

4．スポーツとナショナリズムのこれから

　冒頭のスポーツの応援にみられる拡大体験と溶解体験の議論に戻ろう．拡大
体験とは，そのネーションを代表するチームや個人をまるで自分のことのよう
に感じ，熱狂的に応援するような行動であったが，ここまでの議論を踏まえる
と，こうした行動はスポーツ観戦を通じた民族主義や国民主義のことだったと
言える．拡大体験の場合には，ネーションの外にいる「他者」との競争が前提
とされており，競争が行きすぎると対戦相手への激しい憎悪を生むことがある．
スポーツの応援にみられる拡大体験は，この点において重要な問題を含んでい
る．

　一方，スポーツの応援における溶解体験は，ナショナリズムというよりもコ
スモポリタニズムに近い．コスモポリタニズムとは，人間があるネーションに
所属することを自明視せず，世界中の人々との協調を志向する立場である．コ
スモポリタニズム的なスポーツの楽しみ方とは，ネーション同士の対抗・競争
の結果から楽しみを得るのではなく，選手たちの卓越した技術や偉大な達成か
ら楽しみを得るようなものである．

　筆者の感覚では，近年の国際スポーツイベントにおいて，溶解体験的な楽

しみ方も広まりつつあるように思える．たとえば，2018年の平昌オリンピックの際には，スピードスケート女子500mで金メダルを争った小平奈緒選手と韓国のイ・サンファ選手の友情に世界中から大きな賞賛が送られたし[注1]，スノーボードハーフパイプ男子決勝で銀メダルに終わった平野歩夢選手が試合後のインタビューで語ったのは，競争に負けたことへの悔しさではなく自分の演技を出し切れたことへの満足感だった．さらに，2021年の東京オリンピックスケートボード女子パークにて，決勝3回目の最終走者だった岡本碧優選手が逆転を賭けて高難易度の技に挑戦するも失敗に終わった後，他国の選手たちが駆け寄って岡本選手を称え，励ましたシーンは大きな話題となった[注2]．このように，とりわけ芸術系スポーツや表現系スポーツでは，ネーションの枠組みを超えて，一個人として対戦相手の表現やプレーに敬意を表するようなカルチャーが深く根付いているように思える．この点において，近年，スポーツにおけるネーションの相対化が進んでいると考えられる．

　また，サッカーや野球などの依然としてナショナルな枠組みが強いと思われるスポーツにおいても，ネーションの相対化は進みつつある．筆者は2003年に，大学の社会調査の授業の一環として，サッカーのサポーターたちに対してナショナリズムに関するインタビュー調査を実施したことがある（三浦ほか，2004）．当時，日本代表チームには三都主アレサンドロというブラジルから帰化した選手がいた．その選手を引き合いに出し，「では，日本代表チームの選手全員が三都主になったら（帰化選手ばかりで構成されるようになったら），あなたは日本代表チームを応援できますか」という質問をした．その際の人々の答えは「1人や2人くらいでは問題ないが，それ以上は抵抗がある」や「全員が三都主だったら日本代表じゃないよ」といったものが大半だった．このように当時は，民族主義的に日本人というネーションを確定する理解が一般的だった．

　しかし，令和の時代において，こうした状況は変わりつつあるといえる．たとえば，2019年に日本で開催されたラグビーW杯では，日本代表チームのジャージを着用してプレーした選手の中に，さまざまな人種，さまざまな国籍の選手がいた[注3]．こうした異色な日本代表チームに対して，たとえば朝日新聞朝刊（2019年10月22日）には，「最初は『日本代表っぽくない』とも感じたが，これもなかなかいい，いやこれは相当いいと思えてきた．国籍があろうがなか

ろうが，住む人，関わりのある人全てで作るのが，この社会なのだから」とい
う読者の意見が掲載された．このような意見が日本に住む人々の総意ではない
だろうが，それでもスポーツの試合をかつてのように民族主義的に観るのでは
なく，国民主義的に観る人が相対的には増えていると考えられる．また現在で
は，テニスの大坂なおみ選手やバスケットボールの八村塁選手など，海外にルー
ツを持つ選手が日本人選手を代表することがごく当たり前に受け入れられてい
る[注4)]．われわれのネーションに関する認識は，アップデートされつつあるの
だ．

　このように，近年では確かにスポーツの応援においてネーションは相対化さ
れつつある．しかし，スポーツにおいてネーションという枠組みはなくなって
いないし，これからもなくならないだろう．なぜなら，スポーツという文化
は，ネーション同士の対抗という形式こそを魅力の根源のひとつとしているか
らである．本来的にスポーツは個人と個人，チームとチームの競争であって，
そこにネーションという要素が介在する必然性はない．しかし現実的に世界中
で盛り上がっている国際スポーツイベントの多くでは，スポーツ選手たちが
ネーションを単位としてまとめあげられ，ネーション同士の対抗戦という形で
競争がセットされている．たとえば，オリンピック憲章には「オリンピック競
技大会は，個人種目または団体種目での選手間の競争であり，国家間の競争で
はない」，「IOC（国際オリンピック委員会）とOCOG（オリンピック競技大会
組織委員会）は国ごとの世界ランキングを作成してはならない」と明記されて
いるにもかかわらず，オリパラ大会期間中，世界中の新聞，テレビ，ウェブサ
イトは平然と国別のメダルテーブルを掲載している．また，一般的にテレビに
おけるスポーツ中継では中立的な放送を心がけるべきであるのに，公共放送の
NHKですら日本代表チームや日本人選手に肩入れした放送を行っているし，
そのことを多くの人々が当然と思っている．

　このように，これからもスポーツとネーションの結びつきはきっと解消され
ないだろうし，そのこと自体が必ずしも悪いことではない．われわれスポーツ
ファンがすべきは，こうしたスポーツとネーションの結びつき方がどのように
変化していくのかに注意を払うことである．この問題に関する注目されるべき
事例として，CONIFA（Confederation of Independent Football Associations）と
いう団体が主催するCONIFAワールドフットボールカップという大会がある．

サッカー競技を世界的に統括しているのは FIFA（Fédération Internationale de Football Association）であるが，CONIFA は FIFA に未加盟の国や地域を統括するための組織である．CONIFA には，ケベック，ソマリランド，チベット，そして琉球や在日朝鮮人といった単位の協会が所属している．これらの集団は，FIFA 主催の大会にはナショナル・チームを結成して参加することができない．しかし，CONIFA ワールドフットボールカップでは，これらの集団がひとつのナショナル・チームを結成し，大会に参加するのである．それでは，日本国内に住み，琉球や朝鮮の人々と文化的つながりを持たない人々は，これらのチームを心から応援することができるだろうか．令和時代のスポーツとナショナリズムの結びつきのあり方は，こうした問いをわれわれに突きつけている．

注　釈

注1）この際の2人の友情は韓国でも大きく報じられ，韓国の 2018 平昌記念財団から両者に韓日友情賞が送られた．読売新聞朝刊（2018 年 2 月 20 日）や朝日新聞朝刊（2019 年 4 月 8 日）などに，この出来事を報じる印象的な写真が掲載されている．

注2）こうした国籍を超えた友情は，スケートボードという新しいスポーツの持つ新たな価値として大きく報道された．朝日新聞朝刊（2021 年 8 月 5 日付）や読売新聞朝刊（2021 年 8 月 14 日付）などに，この出来事を報じる印象的な写真が掲載されている．

注3）ラグビーは他の多くの競技とは異なり，ナショナル・チームの選出に関して国籍主義ではなく協会主義という方針を採っている．そのため，日本国内のリーグに所属するチームで数年間プレーしていれば，国籍に関係なく日本代表チームに選出されることができる．

注4）とはいえ，こうした外国にルーツを持つ選手に対して民族差別的な言葉を投げかける者は，日本に限らず世界中に依然として存在する．2020 年には，アメリカにおける黒人差別問題について積極的な発言を行った大坂選手に対して，差別的な言葉を投げかける者もみられた（毎日新聞夕刊，2020 年 9 月 23 日）．

引用文献

有元健（2012）スポーツとナショナリズムの節合について．現代スポーツ評論，27：34-49.

海老原修（2001）ネーションの相対化にねじれる応援．体育の科学，51（8）：634-639.

石坂祐司ほか編著（2015）オリンピックが生み出す愛国心－スポーツ・ナショナリズムへの視点－．かもがわ出版．

権学俊（2006）国民体育大会の研究－ナショナリズムとスポーツ・イベント－．青木書店．

牧原憲夫（1998）客分と国民のあいだ－近代民衆の政治意識－．吉川弘文館．

三浦倫平ほか（2004）応援文化の形成過程－サッカー日本代表の応援文化に着目して－．東京大学文学部社会学研究室編，ナショナル・アイデンティティの社会的文脈－2003年度社会調査実習報告書－．pp40-87，東京大学大学院人文社会系研究科・文学部社会学研究室．

坂上康博（2015）日本の武道－ナショナリズムの軌跡－，土佐昌樹編著，東アジアのスポーツ・ナショナリズム－国家戦略と国際協調のはざまで－．pp75-110，ミネルヴァ書房．

佐々木浩雄（2016）体操の日本近代－戦時期の集団体操と＜身体の国民化＞－．青弓社．

清義明（2016）サッカーと愛国．イースト・プレス．

塩川伸明（2008）民族とネイション－ナショナリズムという難問－．岩波新書．

植田俊ほか（2013）セーフティネット化する移民のスポーツ空間－群馬県大泉町のブラジル・フットサル・センター（BFC）の事例－．体育学研究，58（2）：445-461．

吉見俊哉（1999）ネーションの儀礼としての運動会．吉見俊哉ほか編著，運動会と日本近代，pp7-54，青弓社．

推薦図書

石坂祐司ほか編著（2015）オリンピックが生み出す愛国心－スポーツ・ナショナリズムへの視点－．かもがわ出版．

権学俊（2021）スポーツとナショナリズムの歴史社会学－戦前＝戦後日本における天皇制・身体・国民統合－．ナカニシヤ出版．

清義明（2016）サッカーと愛国．イースト・プレス．

［笹生　心太］

column2

「組織力の日本」対「体力の韓国」は本当か？
−自然科学的データに対する社会科学的アプローチ への期待−

　新型コロナ感染症（COVID-19）の感染状況がスポーツイベントの開催方法に影響を及ぼし続けている 2021 年，サッカーの日韓戦が 10 年ぶりに開催された．結果は 3-0 で日本が勝利したが，公式記録の「ボール支配率」に興味深い結果が示されていた．日本の 46.2 ％に対して韓国は 53.8 ％でボール支配率が上回っていた．一般的に，ボール支配率が高いチームは「組織力」に特徴があると考えられているが，サッカーの日韓戦においては，古くから「組織力の日本」対「体力の韓国」という構図が固定されていた感覚とは少しズレがあるように思われた．筆者は，日本サッカー協会（JFA）のフィジカルフィットネスプロジェクトメンバーとして，日本人サッカー選手の体力向上を目指して，サッカー日本代表チームの体力テストや試合でのフィジカルパフォーマンスデータを分析してきた．そこで，これまで公開されている両国代表チームの体力に関するデータと新聞を中心としたメディア言説を紹介し，「組織力の日本」対「体力の韓国」の構図が変化しているのかを両国間の指導者および選手の交流などから考察してみたい．

　記録によると，両国の初対決は 1954 年 3 月 7 日神宮競技場において，世界サッカー選手権（現在の FIFA ワールドカップ）の極東予選 1 回戦で，結果は 1-5 で日本の大敗であった．当時の新聞記事には，「全夜来の雪が解けてグランド・コンディションは非常に悪く，全日本はパスが思うにまかせず，体力に優れた韓国チームが終始押しつづけ，（中略）五対一で大勝した」（朝日新聞，1954 年 3 月 8 日付朝刊），「韓国，体力で圧倒」（読売新聞 1954 年 3 月 8 日付朝刊），「日韓両国の体力の差は格段のもの」（読売新聞 1954 年 3 月 15 日付朝刊）と評がまとめられている．これらの記述から，すでに，「体力の韓国」が定着していたことがうかがえる．その後，1964 年の東京オリンピックに向けた選手強化のため，当時の日本蹴球協会（現日本サッカー協会，JFA）は，1960 年

に日本初の外国プロ・コーチとしてデトマール・クラマー氏による技術と戦術
の強化に加えて，体力の強化にも取り組みはじめる．1960年8月に刊行され
た日本蹴球協会機関誌「サッカー」No.7，「東京五輪に備えて」という特集号で
は，当時の竹腰重丸協会強化本部長が「選手強化計画の構想」の中で，現状の
分析からチーム強化の方向性および指導者と選手養成の具体的施策を検討して
行く考えを示し，体力について「耐久力は見劣りしないが，瞬発力でかなり劣
り，走るスピードの点でもなお一段の修練を要する」と当時のチームを分析し
ている．興味深いことに，JFAのアクションプラン2022のサッカー日本代表
の強化指針でも，「運動量（持久力）」を活かした組織的な闘いを目指す一方で，
1対1の戦いで負けない強さや太さ，逞しさ，激しさの源となる「パワー」の
向上が課題であることが示されている．つまり，半世紀以上も日本サッカーは
同じ課題を抱え続けていることになる．

　前回の東京オリンピックに向けたこのJFAの取り組みによって，4年後のメ
キシコオリンピックを翌年に控えた1967年10月に行われたアジア地区予選で
の韓国戦では，3-3の引き分けまで力が拮抗してきた．実は，この試合にお
いて，JFA科学研究部が，現存する中で最も古いと思われる日本代表チームの
ゲームフィジカルデータ（試合中の走行距離やボールのキープ時間）を計測し
ていた（図1）．現在では，ゲームフィジカルデータは，選手がGPSを装着し
たり，複数のカメラ映像を合成させた画像解析処理により計測されているが，
当時は，実際のサッカーピッチの300分の1の縮尺図にペンで選手の動きを1
人ずつ線で記し，その線をキルビメータ（地図の上をなぞって距離を測る器具）
によって，実際の走行距離に換算していた．当時の資料から日韓両国の代表チー
ムの数値を比較してみると，日本代表チームの前半の走行距離に対する後半の
低下率は韓国代表チームよりも有意に大きく，体力で劣っていたことが推測で
きる（安松，2016）．新聞紙面には，「数字が知っていた"日本苦戦"」という
タイトルで当時の科学研究部による日本初のゲームフィジカルデータ分析を詳
細に報じている（報知新聞1967年10月12日付）．一方，この試合前の新聞記
事にある「日本が組織力で揺さぶってゆけばおもしろい試合になろう」（読売
新聞1967年10月7日付）の記述の通り，組織でボールを保持している時間を
反映するボールキープ時間は日本の方が多い数値であった（図1）．この貴重
な日本最初のゲームフィジカルデータによって，「組織力の日本」対「体力の韓

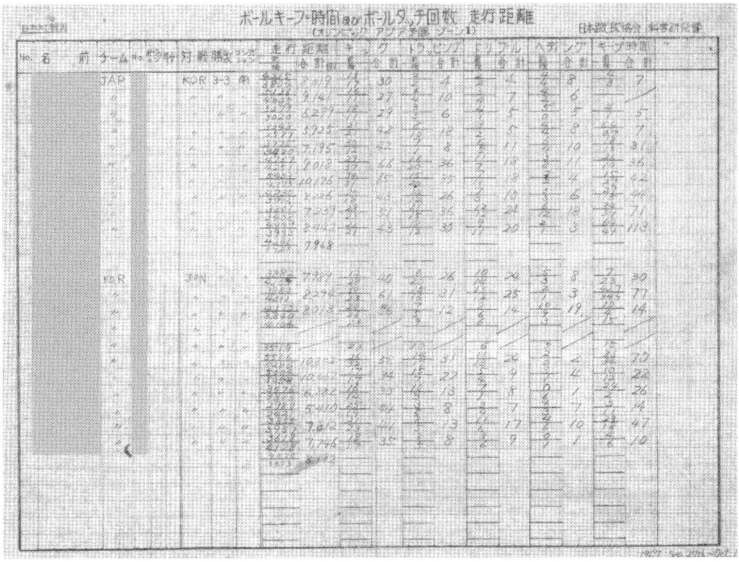

図1 メキシコオリンピックアジア地区予選での韓国戦のゲームフィジカルデータ
（元日本サッカー協会科学研究委員会委員長・戸苅晴彦氏より提供）

国」のイメージはより強化されていったようである.

　その後，韓国はオリンピックとワールドカップへ出場するアジア代表枠を確保し続け，一方日本は，約30年に及ぶ長い低迷機に入る．その間の日韓戦においても，韓国の「脚力とキープ力」（朝日新聞1983年3月7日付）や「韓国のスピードとキープ力，そしてフォローの速さ」（朝日新聞1985年10月27日付）により，日本は大きく負け越しており，組織力を反映する「キープ力」でも太刀打ちできなくなっていた．そこで，1992年JFAは，日本初の外国人監督として，ハンス・オフト氏を招聘する．日本が初タイトルを獲得した1992年8月に開催された東アジア4カ国対抗サッカー（現在のE-1サッカー選手権大会）では，「戦術が身につき，（中略）選手の個々の力量に左右された以前とは違ってきた」（朝日新聞1992年8月30日付）との評もあり，「組織力の日本」が復活してきたようである．迎えた1993年のアメリカ・ワールドカップアジア最終予選で，「組織力の勝利といっていい．個人のスピード感，パワーでは明らかに劣る」（朝日新聞1993年10月26日付）内容ではじめて韓国に勝利する．その4年後のフランス・ワールドカップ予選では「韓国は体力面の優位を

感じさせる2得点」（朝日新聞1997年9月29日付）により敗戦し，依然として「組織力の日本」対「体力の韓国」のイメージは固定されたままである．

　その後，日本と韓国が共催した2002FIFAワールドカップに向けた強化において，両国はそれぞれの長所をより強化する道を選んだ．オランダから招聘した韓国のヒディング監督は，「韓国代表の体力レベルは欧州レベルではない」という認識から徹底的に体力強化を図り，フランスから招聘した日本のトルシエ監督は，日本の体力的特徴を分析しつつ，「フラットスリー」「オートマティズム」という言葉を使いながら，組織力を強化したと考えて良いだろう．その効果は，韓国がベスト4，日本がベスト16とそれぞれ過去最高の成績を残すことで証明された．

　しかしながら，それぞれの特徴を強化して結果を出した2002年のワールドカップ以降，両国のサッカーのイメージは以前ほど大きく語られなくなったように感じる．実際に，**国際サッカー連盟（FIFA）**のウェブサイトで公開されている2010年以降のワールカップ本大会での，日韓両国のグループステージ3試合のゲームフィジカルデータからは，日本と韓国の体力的な違いは顕著にみられなくなっている．例として，**表1**に2014FIFAワールドカップブラジル大会の結果を示す．特に，現代サッカーでチームレベルを強く反映する項目の14km/時以上の高強度走行距離，その割合，24.5km/時以上のスプリントの回数，攻撃時（ポゼッション中）の走行距離は，両国ともに出場国中の上位に入る数値で，強度の高いサッカーを展開できていることが示されている．

　その理由として，日韓両国の多くのサッカー選手が欧州のチームに移籍することになり，世界基準の「体力レベル」と「技術・戦術（組織力）レベル」を明確に理解できるようになったことがあげられる．また，もうひとつ興味深い事実として，2010〜2014年まで韓国代表のフィジカルコーチを日本人である池田誠剛氏が務めていたことである．それまでの両国の歴史から，韓国サッカー界が日本サッカー界から体力的なサポートを受けるとは通常考えにくい．この辺りの背景を池田氏は「当時韓国には，体力を強化する，という課題はなかったが，強みである体力を試合で発揮するための調整方法のノウハウもなかった」と振り返る．当時の韓国代表監督が日本のJリーグに選手として所属していた時に日本人フィジカルコーチのこの体力マネージメント能力を高く評価してのオファーであった．このことは，10人前後の日本人フィジカルコーチが韓国

表1　2014FIFAワールドカップブラジル大会におけるゲーム
フィジカルパフォーマンス（国際サッカー連盟より作表）

順位	国名	チーム1試合の総走行距離	国名	チーム1試合の高強度走行割合	国名	チーム1試合のスプリント回数	国名	ポゼッション中の走行距離
1	rus	112433.7	aus	32745.3	aus	29.2	aus	444.0
2	aus	111939.7	rus	32282.3	chi	29.1	chi	409.3
3	usa	109701.7	chi	31016.0	rus	28.7	rus	395.7
4	alg	109528.0	alg	29822.3	alg	27.2	alg	392.7
5	ger	108826.3	ger	29260.7	fra	27.2	fra	391.7
6	bih	107658.3	gha	28898.0	gha	27.1	gha	386.3
7	kor	107221.0	usa	28606.0	jpn	27.0	jpn	383.7
8	gha	106662.0	ned	28299.3	ned	27.0	ned	373.0
9	chi	106329.7	fra	28200.0	bra	27.0	bra	368.0
10	wsp	104798.3	kor	28188.3	ger	26.9	ger	366.7
11	ned	104567.3	jpn	27666.0	col	26.4	col	365.3
12	crc	103726.3	bih	27216.7	kor	26.3	kor	360.3
13	bel	103705.3	sui	26993.7	por	26.1	por	359.0
14	sui	103611.3	bel	26922.3	usa	26.1	usa	357.0
15	irn	103609.3	por	26665.7	sui	26.0	sui	356.0
16	fra	103606.3	col	26611.0	bel	26.0	bel	355.3
17	ita	102264.7	crc	26458.7	eng	25.9	eng	355.0
18	jpn	102230.7	eng	26413.0	mex	25.6	mex	351.7
19	eng	102213.0	irn	26368.3	uru	25.6	uru	344.7
20	por	102065.0	esp	26261.3	cro	25.6	cro	341.7
21	cro	101531.3	bra	26139.3	crc	25.5	crc	340.7
22	uru	101474.7	cro	25978.3	nga	25.5	nga	338.0
23	col	100729.7	uru	25966.0	gre	25.5	gre	335.0
24	mex	100347.3	mex	25691.3	irn	25.5	irn	333.3
25	arg	99550.7	arg	25299.7	arg	25.4	arg	331.0
26	nga	98656.7	nga	25140.0	cmr	25.4	cmr	330.0
27	bra	96664.0	gre	24598.7	bih	25.3	bih	321.3
28	gre	96403.7	ita	24403.3	ecu	25.0	ecu	321.0
29	ecu	95554.7	ecu	23939.0	esp	25.0	esp	318.3
30	cmr	93734.0	cmr	23824.7	hon	24.4	hon	306.7
31	civ	93396.3	hon	22698.0	civ	24.3	civ	301.7
32	hon	92767.3	civ	22689.0	ita	23.9	ita	275.7

のプロリーグのフィジカルコーチとしてこれまで契約して来たことからも証明されている．つまり，ここ 10 年ほどで，韓国は体力の「組織化」を学んできたといえるのではないか．一方，日本は，欧州で活躍する日本人選手からのフィードバックや，国内の J リーグで数多くプレーする韓国人選手の活躍から，組織力の中で活きる「体力」の重要性を学んで来ているとも考えられる．この韓国サッカーの「体力の組織化」と日本サッカーの「組織力の体力化」という解釈を，文化人類学や歴史学，メディア論といった社会科学的なアプローチから証明することはできないだろうか．

引用文献

国際サッカー連盟：http://www.fifa.com/worldcup/archive/brazil2014/matches/（参照日　2022 年 3 月 1 日）

安松幹展（2016）サッカーにおけるゲームフィジカルデータの活用．統計，67（7）：8-13.

　　　　　　　　　　　　　　　　　　　　　　　　　　　　　［安松　幹展］

第11章

グローカリゼーション：
伝統的身体文化のスポーツ化と境界を越えた拡張

　読者のみなさんは自分の生まれ育った土地の文化について「誇り」を感じているだろうか？このような質問を投げかけられた時に多くの読者は「自分の生まれ育った土地の文化とは何であろう？」と疑問を抱くのではないだろうか．ところが，以下にみるように，沖縄においては「自分たちの文化」というものが明確であり，多くの人々がそれらの文化に対して「誇り」を感じているのである．

　琉球新報社が5年に1度実施している『沖縄県民意識調査』によると各年代ともに90％以上の人々が「沖縄の文化・芸能を誇りに思う（「とても誇りに思う」＋「まあ誇りに思う」）」と回答している（図11-1）．30歳代以上の各年齢層の回答では「誇りに思う」者の割合が95％以上となっていることに驚かされるが，では，沖縄県民はどのような「沖縄文化」を支持しているのであろうか？沖縄文化で好きなものをたずねた質問への回答では，本章で取り上げる沖縄の

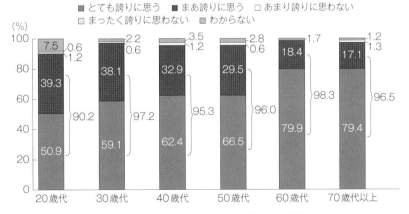

図11-1　沖縄の文化・芸能を誇りに思いますか？（琉球新報社，2016より作図）

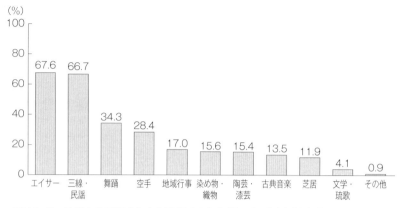

図11-2　沖縄文化で好きなものは何ですか？（3つまで）（琉球新報社，2016より作図）

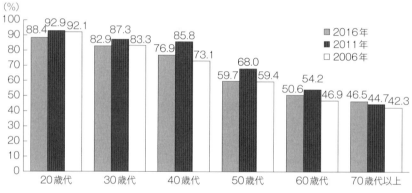

図11-3　「エイサーが好き」と回答した者の世代別割合（琉球新報社，2006：2011：
　　　　2016より作図）

盆踊り「エイサー」が「三線・民謡」を抜いて第1位となっている（図11-2）．
図11-3には2006年，2011年，2016年の調査における各年代のエイサー支持
者の割合を示したが，この民俗舞踊は年齢が若い者からの支持を多く集めてい
ることがみてとれる．
　エイサーは，旧暦の盆に沖縄県の各地で地域の青年会を中心にした踊り手に
よって踊られる民俗舞踊であり，現在の沖縄において，上にみたように圧倒的
な支持を集める「沖縄文化」である．いわば，沖縄の人々によって「自文化」を
代表するものとしてエイサーは捉えられているといえる．

　沖縄県以外に生まれ育った者にとって,「自文化」が明確であること自体が「不思議」であると感じられるだろう. そして, エイサーは古くから沖縄の人びとに深く愛されていた文化であったと思われるかもしれない. しかしながら, 今でこそ沖縄のエイサーは多くの県民に支持されるようになっているが, 近代国家日本に組み込まれた明治以降の沖縄では, 同化政策・皇民化教育の中で伝統的沖縄文化全般が「蛮俗」や「旧習」とみなされ, エイサーも各地で取りやめや縮小されるという事態になったのである[注1]. エイサーが現在のように沖縄を代表する文化となっていったのは, 実は第二次世界大戦後, アメリカの統治下に置かれていた時期であった.

　では, なぜエイサーはここまで沖縄の人々に支持されるようになったのか? 本章では「エイサーの『沖縄文化化』はなぜ生じたのか?」という問いを設定し, 戦後の沖縄で起こったエイサーコンクールという競演の場の成立を「スポーツ化」という視点から読み解き, さらにはそれが身体文化の「グローカリゼーション」として捉えられることを示したい.

１. 戦後の沖縄におけるエイサーの変化とスポーツ化

　沖縄の盆踊りであるエイサーは, 琉球王国時代から沖縄本島の各地で踊られてきた民俗舞踊である.「ニンブチャー（念仏者）」や「チョンダラー（京太郎）」と呼ばれる, 芸能を携えて沖縄に流れ着いた本土系の下層宗教者によって各地に伝えられたといわれており（池宮, 1990）, 多くの場合, 念仏系の曲を踊りのレパートリーに含み込んでいる. 戦前の踊りの様態は沖縄本島各地で異なっていたようであり, ①北部地域（現在の国頭村など）: 女性だけで踊られる手踊りを中心にしたエイサー, ②本部半島を中心にした地域: 男女で踊る手踊りのエイサー, ③中部地域（現在の沖縄市や与勝半島など）: 太鼓を中心にした男性主体のエイサーといった分布がみられた（小林, 1998）. しかしながら, 戦後になると太鼓を叩きながら踊る中部地域型のエイサーが各地で踊られるようになり, それまでエイサーを踊っていなかった沖縄本島南部などでもエイサーを導入して旧盆に踊る地域が出現するようになっていった（岡本, 1998）. いわば「太鼓踊り」への「標準化」が進み, 特定の型のエイサーが各地に普及していったと捉えられるのである.

　沖縄全体のエイサーの地勢図を変更させ，各地の旧盆の風景を一変させるようなインパクトを持ったイベントとして語られるのが，コザ市で 1956 年に開始された「エイサーコンクール」である．1950 年代に入ると，那覇や名護，石川などの戦後の人口密集地域で同様な「エイサーコンクール」，「エイサー大会」は催されていたが，本島各地のエイサーを集めて大規模に開催して成功したのがコザ市のコンクールであった．この競演形式のイベントでは，各地のエイサーが陸上競技場のような大きな会場で順番に演舞し，その演技に対して審査員が採点を行い順位付けがなされた．

　社会学者の N. エリアスは近代社会における「文明化」の進行によって，祭りなどの中で人々が経験していた「興奮の探究」が「非暴力的」な形式で具現化されたもの，それが近代スポーツであるととらえる（Elias et al., 1995）．たとえば，英国の民俗的な祭りの中でケガ人や死人が出ることを許容する形であったフットボールが，サッカーやラグビーのように「ルール」で「暴力」の行使が規制されていく現象を「文明化」の現れとみるのである．エリアスの理論にしたがうならば，近代スポーツが世界各地へ短期間に広まっていったのは各国の「文明化」された社会がスポーツという「非暴力的な興奮の場」を求めたからであるととらえられ，さらには，近代化以前からある祭りなどの文化がルールを持った競争になっていくプロセスも「文明化」の現れであるとみなされる．そのような視点でとらえるならば，一定のルールを設け，競争の場で順位付けを行う「エイサーコンクール」の出現は「文明化」の現れであり「スポーツ化」[注2] といってもよいものであろう．

　エリアスの理論を受けて，スポーツ社会学者の J. マグワイアは，「近代スポーツの形態がグローバルな規模で出現し，普及したことは，さらに広範囲にわたるグローバル化／文明化のプロセスと密接に結びついている」と主張する．マグワイア（1999）はスポーツ以前の文化が「スポーツ化」していくプロセスとグローバルに拡がっていくプロセスが連続するととらえ，そこにおいてはグローバルに地域間の相互依存性が高まっていくことを指摘している．

　近代スポーツは成文化された統一ルールを持つことがその最大の特徴といえるが，ルールを制定することは，暴力の抑制という機能も持つが，同時にそのルールに則ったプレイにかかわるプレイヤーどうしを結び付け，その「相互依存性」を担保する機能をも持つといえる．スポーツのルールは，一緒にプレー

をする仲間の範囲を超えて，世界の別の場所で暮らすまったく見ず知らずのプレイヤーどうしを結び付け，無数のプレイヤーのローカルな生活を規定していく力を持っているのだ．ある場所で開発されたスポーツの戦略・戦術などは，別の場所で練習に励むプレイヤーのトレーニングスタイルを急激に変える可能性を持つ．

　以上のような「スポーツ化」という補助線を引くと，一定のルールによって民俗舞踊が競い合われる競争の場の成立は，1 年のうちの一度きりの都市的祝祭の場の成立という意味を超えて，そこに参加する踊り手の生活，応援する観衆の生活へも影響を与える相互依存のシステムの成立であったとも考えられるであろう．民俗的行事のサイクルの中でつくられていく踊り手の身体／観衆のまなざしが，都市的競争のシステムの成立によって地域の境界を越えて互いに共振していく，そのような沖縄社会の大きな変化としてエイサーコンクールの成立は捉えるべきであると考える．

2．競争の場の成立

　コザ市のエイサーコンクールのスタートは 1956 年．基地の街といわれるコザ市が制定された直後に開催された．1950 年代に入り，アメリカによる恒久的基地建設政策が進められていく中で，基地建設にかかわる土木建設業者・労働者の集中，米兵相手の飲食店街の発展により，コザ市の前身である越来村では人口の増加や都市化が急激に進むこととなった．1951 年に 19,000 人余りであった人口は 1955 年には 35,000 人を越えるほどになっていた（コザ市，1974）．こうして世界の軍事情勢に連動した基地依存経済の中で短期間に農村から都市へと変化した越来村は，1956 年 7 月 1 日，18 日間のコザ村の期間を経てコザ市となる．コザ市主催の第 1 回「米流親善エイサーコンクール」が開催されるのはそれから 2 カ月も経たない 8 月 26 日であった．

　エイサーコンクールの第 1 回の開催を報じる新聞記事を読むと，このイベントがその後現在まで——途中で「競演形式」を放棄して「祭り形式」になりつつも——60 年以上にわたって継続して開催されるとは思えないような，短期間に即席で創られたものであったことが理解できる．

　「コザでもエイサー/コザ市当局，商工会，文化協会，青年会の四者は廿二日昼三時市会議室で『コザ市エイサー・コンクールと演芸大会』に就て打合わせ会を持ち，来る廿六日コザ小学校グラウンドで盛大に催すことにきめた．最近社会問題で市民が暗い表情をみせているので一つエイサーで明るい気持ちをとり戻し市建設に励もうというのがその主旨‥‥/なお当日三軍高官市内外各団体長，市内高齢者を多数招く．（以下略）」（沖縄タイムス 1956 年 8 月 23 日付）

　エイサーコンクールの開催について主催者の「コザ市当局，商工会，文化協会，青年会」の四者の打合せが行われたのがこの年の 8 月 22 日であり，その 4 日後に第 1 回目のコンクールが開かれている．このようなことが可能だった背景には，エイサーというものが伝統的な沖縄の盆の習俗として実施されていたということがあったといえる．この年の旧暦の盆は 8 月 18 日，19 日，20 日であり，コンクール開催の時期にはすでに各地の青年会は踊りを仕上げていた．すなわち，コザ市のエイサーコンクールとは，そのスタートの段階で地域の民俗文化を前提にして，それを束ね，比較するまなざしを持った都市的イベントであったといえる．

　第 1 回のコンクールの盛況について報じる新聞記事をみると，綿密な準備をする期間もなく即席でつくられたイベントであるにもかかわらず，この新たな都市型の祝祭が人々に歓迎されたということが読み取れる．

　「人出三万コザのエイサー比べ/コザ市役所，同商工会，同文化協会，共催の米流親善エイサー・コンクール大会は二十六日午前十一時からコザ小校校庭で賑かに催された．この日は日曜日とあって朝早くから隣接町村からも見物人がつめかけ人出約三万，山手の台地は日傘の群れでうずまっていた．来賓席にはバージャー首席民政官夫妻はじめ軍高官の顔もみえた．参加団体は‥‥それぞれ炎天下の下，伝統の踊を競い合った．（以下略）」（沖縄タイムス 1956 年 8 月 27 日付）

　見出しに「人出三万」とあるように，第 1 回のエイサーコンクールには多くの人々が押し寄せた．新聞記事には写真も掲載されており，そこには会場となっ

たコザ小学校の校庭の周りの小高い丘が観客で覆い尽くされている様子がみてとれる．その後，第2回も3万人，第3回は6万人と観客の数は増加していった．

　多くの者が競争に夢中になり，踊り手として，また，観客として巻き込まれていくと同時に，占領地政府，自治体，メディアなどが承認する公式な場としてエイサーコンクールが成立していたこともエイサーの戦後の展開には大きな意味を持つものであった．新聞記事にある通り，第1回目のコザ市のエイサーコンクールは「米琉親善」を掲げ，米国占領地政府の高官とその家族の列席のもとで開催されている．日本への同化を推進する戦前の同化政策においては「沖縄文化」は「蛮俗」・「旧習」と否定されるものであった．そこから一転し，米国占領地政府は占領を正当化するために「離日政策」（沖縄と日本との文化的差異を強調していく）をとり，伝統文化の称揚がなされたのである（小川，2012）．そのような占領地文化政策の中でエイサーは公式な場でも踊り／観ることができる「正統なる文化」として公認されていく．コンクールの場における権力側からの承認という点もエイサーの「沖縄文化化」のプロセスには重要であったと考えられる．

3．標準化しつつ多様性を生み出す競争

　このイベントが各地域の民俗を結び付けた都市的イベントとして成立したのにはメディアの影響力も大きかった．先述の通り，初回のコンクールの開催については事前に開催の告知，参加者の募集などが新聞紙面上で行われており，また，結果の公表も同様に新聞に掲載された．さらに，審査基準やルールも新聞紙面上で公開されており，「あらかじめ設定されたルールによる競争」という「スポーツ化」の前提条件を新聞メディアが支えていたとも考えられる．

　また，第8回からは琉球新報社が共催に加わり，新聞メディアは青年会という地域の代表(チーム)の競争について，それを盛り上げるための役割をも担うようになっていった．コンクール前の時期に参加団体を紹介する記事を連載し，その年の「見所」に観衆のまなざしを焦点化するような演出を行った．

　沖縄で「シマ」と呼ばれる村落共同体の青年会は，一定年齢に達するとその土地で生まれた誰もが所属することになる組織であり，競争の単位としてまさに地域を代表する存在であった．したがって，参加団体の所属する地域の者，

その縁の者などは大いにこの競争に熱狂していったのである（岡本，1998）．また，旧盆の習俗の場では観客であるシマの人々は踊る団体を1つしかみられないが，コンクールの場は，複数の団体の踊りを比較し，自分たちで優劣を見定め，それについて互いに語り合ったりするなどの「新しい」──スポーツ的──経験を観衆にもたらすことになった．

　ルールの中核となる審査基準にもコンクール以降のエイサーの展開を方向付ける上で重要となる特徴があった．新聞に掲載された第8回コンクールの開催について告知する記事には，審査は「①服装②隊形③態度技能④伴奏⑤構成⑥人員といった六項目を基準にして，総合点から減点方式で採点する」と記載され，各項目について「▽服装（品位，美化粧，簡素といった面からエイサーに適した服装かどうかをみる）▽隊形（整然，変化，美，編成といった面から採点するが，集団舞踊としてのエイサーの意義から踊り全体の調和と統一のとれた編成美が主要な審査の対象となる）▽態度技能（団体行動，精錬度，明朗，品位，威勢といった点からエイサーの技能が評価される）」といった説明が付されている．また，「エイサーは元来が規律正しいおどりで勇ましくほがらかなもの．こうしたエイサーの要素も評価する」といった「正統なエイサー」の有り様を示すような表現もなされている（琉球新報1963年9月7日付）．

　民俗芸能，民俗舞踊というと，一般的には，過去から営々と同じ型が踊り継がれているというイメージを持つが，エイサーコンクールの審査規定では青年会による創意工夫，すなわち新奇性の創出が奨励されていた．一方で「エイサーに適した服装かどうか」，「集団舞踊としてのエイサーの意義」，「エイサーは元来が規律正しいおどりで勇ましくほがらかなもの」という表現からは，一定の「あるべきエイサー」像が想定されており，「技能態度」という項目を設け青年の参加する姿勢なども評価しようとしていることを合わせて考えるならば，審査では，青年の踊りを教育的に方向付けしていこうという方針がとられていたということが読み取れる．近代以降，シマの青年会は地域の教育などの「近代化」を担う組織として再編された（土木，2001）が，エイサーコンクールも単なる娯楽としてではなく，青年層を教育する場として成立していたと考えられる．それは，エイサーコンクールの審査員が，市長，市議会議員，大学教授など「知的エリート」が務めていたことによっても裏付けられる．シマの習俗をテーマに，青年の身体を効率よく規律訓練していこうとする近代教育的な

まなざしがエイサーコンクールの審査規定には反映されていた.

　このような審査基準のもとで行われるコンクールの中では青年会によるさまざまな工夫が実践されつつ，一定の踊りのスタイルへの「標準化」が進むこととなった．多様性を生み出しながら標準化が進むという点がコンクールの時期のエイサーの特徴である.

　紙幅の関係で多くを紹介できないが，参加団体を紹介する新聞記事からは，競争の中でそれぞれの青年会が他の参加チームとの差別化を図るために「新奇性」を創り出そうとしている様子がみてとれる.

　たとえば，勝連町平敷屋西区の青年会は，以下のように紹介されている.

　「平敷屋西青年会のエイサーは素朴である」が，「伝統と素朴さを “ニシキの御旗 ” にしても若い青年たちのシャープな感覚はつい口ずさむ軽快なリズムの民謡に走りがち．‥‥新旧折衷型の新スタイルのエイサーが生まれつつ」あり，この年（1963 年）には「新スタイルを生かして民謡の “ でいご音頭 ” をおどりながら “（平）” の人文字を描く新企画が考えられ」たという．それは「“ 平和 ” と平敷屋の “ 平 ” を意味するもので外円の輪が平和の “ 輪 ” をあらわ」し，「エイサーで永遠の世界平和を祈ろう」としたというのである（琉球新報 1963 年 8 月 31 日付）.

　平敷屋西区のエイサーは伝統を重んじながら，その中で，新しい曲を取り入れながら工夫をこらし，この年（1963 年）にはエイサーを踊りながら「人文字を描く新企画」が取り入れられた．このような新しい要素の考案が促進されたのはコンクールという競争の場が創出されたからであろう.

　次に，新奇性を生み出すために青年会同士が互いに参照し合うようになっているということがわかる記事を紹介しよう.

　　「与那城村西原区／現代性生かし創作／各地の長所取り入れて／与那城村西原区（島袋真一会長）のエイサーは創造性に富んでいる．パーランクー（タイコ）の打ち方，動作はやや屋慶名，平敷屋のエイサーに似ているが各地のよいところだけを取り入れ，自分たちで創作したという．たとえば，パーランクーを打つにしても，サッと手をあげ大きく一回打ったあと，三回ほど前に手を動かし，全体の調和をとる．足の動きも前後左右に小きざみに動いて，舞踊的．（以下略）」（琉球新報 1964 年 8 月 15 日付）

　この紹介記事の「各地のよいところだけを取り入れ，自分たちで創作した」といった記述からは，ひとつの地域のエイサーが複数の地域の踊りの要素から構成されていることが理解できる．当然のことながら，コンクールで入賞を果たすような地域のエイサーは参照の対象として各地の青年会の熱い視線を受けることになる．記事中に紹介されている屋慶名と平敷屋はコンクール創設当初の上位入賞チームであった．このように，コンクールは，一方で青年による多様な創意工夫を促し，他方で，入賞するチームが「太鼓踊り形式」のエイサーであったことから，その型への「標準化」を進めていくこととなった．

4．文化のスポーツ化とグローカリゼーション

　コザ市のエイサーコンクールの成功以降，他の市町村でも同様な競演形式のイベントが催されるようになり，1960年代は「エイサーコンクールブーム」と呼べるような状況となった（岡本，1998）．ところが，1970年代には競演形式から順位付けを行わない「まつり」形式へとその開催形式が変化していくことになる．「地域ごとのエイサーにはそれぞれによい点があり，それに順位付けをすることは望ましくない」という社会的評価が広まっていったのである．コザ市のエイサーコンクールも22回を最後に23回目からは「全島エイサーまつり」と称して順位付けを行わなくなった．

　さて，ルールを設けて順位付けをする競演を行わなくなったという戦後の沖縄本島で生じた現象をエイサーの「スポーツ化の失敗」とわれわれは捉えるべきであろうか．確かに「優劣を決する」という競争は放棄されることになったが，シマにおける祖霊供養と都市的祭りの場の併存というエイサーの有り様は変わらずにその後へも引き継がれることになった．各地の青年会は旧盆にシマで踊るために1カ月以上も前から練習を行い，その時期に沖縄各地で催されるエイサー祭りや観光イベントへ招待され，多くの観衆の前でエイサーが披露される．そのような文脈の継続は，現在においても，青年たちに他の地域との競争意識を維持させ，衣装を変えたり新たな曲を創作したりすることを促しているのである．そのような点で，戦後のスポーツ化のプロセスによって作られた地域間のエイサーを比較して楽しむ感覚，また，踊りを相互参照する構造は維持されているといえるであろう．

写真 11-1　新宿駅前で踊る「琉球國祭り太鼓」
琉球國祭り太鼓を招待したことを契機にはじまった新宿エ
イサーまつりは2002年から毎年7月に開催されている.

　さらに，「祭り形式」へのエイサーイベントの移行は，青年会以外の踊り手
の創出を促し，相互参照の輪を拡げることにつながった．1980年代以降，小
学校を単位とした子どもたちや地域の婦人会の女性がエイサーを踊りはじめ
る．また，「創作エイサー」を名乗り，太鼓エイサーの形式でロックやポップ
スに合わせて踊る集団が活動を始めるのもこの時代である.

　文化人類学者の渡辺靖は著書（2015）の中で，創作エイサーの嚆矢となった
琉球國祭り太鼓の「創作エイサー」を「グローカリゼーション」文化の典型とし
て紹介している．琉球國祭り太鼓は1982年に創設され，その後，1990年代に
沖縄本島以外の地域にも支部を拡げ，現在，県内に10支部，県外に34支部，
海外に12支部を持っている．1990年代に日本各地，世界各地の祭りへ招待さ
れた琉球國祭り太鼓は，現地でエイサーのタネを蒔き，現在，それが花を咲か
せているという状況である（写真11-1）.

　「グローカリゼーション（glocalization）」とは「グローバリゼーション」と
「ローカリゼーション」を合わせた単語として作られた言葉であるが，提唱者
であるR.ロバートソン（Robertson, 1997）によれば「普遍主義の個別化」と「個
別主義の普遍化」の相互作用や循環が，この過程にはあると指摘する．すなわ
ち，グローカル化する文化は，世界を覆うように各地に拡がるベクトルを持
ち，拡がった土地で土着化し，それがまた世界へと拡がるベクトルをもつよう
になるのだ．エイサーの例でいえば「太鼓形式のエイサー」が沖縄県中部から
沖縄本島全体→日本全体→世界へと拡がるベクトルを持ち，各地で土着化した

エイサーの表現形式がそこから世界へ拡がる(もしくは沖縄に環流する)といっ
た現象が想定されよう．戦後のエイサーコンクールの事例を通してみえてくる
のは，ルールを設定して競争構造を創る＝「スポーツ化」は，文化の相互交流，
拡張⇄土着化の環流の速度を上げるように機能するということだ．

　ロバートソンはスポーツをグローカリゼーション文化の典型と捉えており，
スポーツのグローバルなシステムにおけるローカル間の相互依存性，相互参照
性に着目している(Giulianotti et al., 2007)．スポーツの内部の現象で捉える
ならば，ルールという普遍的な秩序にしたがった世界各地のプレイヤーが，そ
れぞれの努力の結果として生み出す，新しい戦略や新しい技などを考えてみる
と分かりやすい．それらはローカルな試合の場で実践されるが，それが勝利に
貢献しやすければ世界に広まり，誰もが共有する前提となる可能性を持つ．そ
して，それを乗り越える戦略，技が生み出されれば世界全体のプレイシーンは
さらに更新される．実際にはそのような挑戦が多元的に生じて，地球を覆うか
ローカルなもので潰えるかが常に競われているのだ．

　以上，本章では，一見するとスポーツとはまったく異なる文化として認識さ
れている民俗舞踊について「スポーツ化」という視点で捉え，競争構造におけ
る「標準化」と「多様性」の創出，「標準化された型」の普及などについて考え
てきた．スポーツをするわれわれは，自らの身体が描くプレイ中の動きについ
て，それが過去に世界のどこかで生み出された技術，戦略・戦術等に影響を受
けた動きであるかなどは意識しない．エイサーのスポーツ化からみえてくるの
は，スポーツを楽しむわれわれの身体は世界の過去・現在・未来のプレイヤー
と結びついて成立している「グローバルな身体」であるということであろう．

注　釈

注1)　沖縄においては「方言札」に代表されるように，近代化の中で同化政策が激し
　　　く実行され，近世から持ち越された民衆の文化の否定は過酷であった．エイ
　　　サーなどの民俗芸能は「近代化に反する」とされ禁じられる地域が多かった(勝
　　　連村，1968)．比嘉らは『沖縄』(1963)の中で大正末期の「方言論争」を取り
　　　上げ，方言を擁護する柳宗悦と沖縄県民を侮蔑的に見下す淵上知事のやり取
　　　りを紹介した後，「沖縄に対するこうした差別的な扱い，固有の伝統文化にた
　　　いする蔑視や抑圧は，言語にかぎらず，日常生活のあらゆる風習にわたって，
　　　政策として行われたのだった．生活改善運動と称して，県の学務部が学校や

青年会を指導し，琉球的風俗の絶滅を期したのである」と記している．
注2）エリアスはスポーツを「少なくとも，ふたつの側の間の競技に中心が置かれる
　　　組織化された集団の行動」であり，「何らかの種類の肉体的行使を必要とする」
　　　と規定している（Elias et al., 1995）．このような観点からするならば，民俗舞
　　　踊の競演も「スポーツ化」のひとつとして捉えることができるだろう．

引用文献

Elias N et al. 著，大平章訳（1995）スポーツと文明化．法政大学出版．
Giulianotti R et al.（2007）Globalization and Sport, Blackwell.
比嘉春潮（1963）沖縄．岩波書店．
池宮正治（1990）沖縄の遊行芸－チョンダラーとニンブチャー－．ひるぎ社．
勝連村（1968）勝連村誌．
小林幸男（1998）エイサーの分類．沖縄全島エイサー祭り実行委員会編，エイサー
　　　360度－歴史と現在－．
コザ市（1974）コザ市史．
Maguire J 著，東方美奈子（1999）スポーツ化とグローバル化－プロセス社会学のパー
　　　スペクティブ－．スポーツ社会学研究，7：13－22．
小川忠（2012）戦後米国の沖縄文化戦略－琉球大学とミシガン・ミッション－．岩波
　　　書店．
岡本純也（1998）戦後沖縄社会におけるエイサーの展開．沖縄全島エイサー祭り実行
　　　委員会編，エイサー360度－歴史と現在－，那覇出版，1998．
Robertson R 著，阿部美哉訳（1997）グローバリゼーション－地球文化の社会理論－．
　　　東京大学出版会．
琉球新報社：沖縄県民意識調査．2006年，2011年，2016年．
玉木園子（2001）沖縄の青年会－夜学会から沖縄県青年会まで－．史料編集室紀要，
　　　26：79－100．
渡辺靖（2015）＜文化＞を捉え直す－カルチュラル・セキュリティの発想－．岩波書
　　　店．

推薦図書

海老原修ほか（2012）スポーツにみるグローバルとローカル．体育の科学，62巻．

［岡本　純也］

第12章

移民・グローバリゼーション・ローカリゼーション：
スポーツをめぐる越境現象からみえる制度・アイデンティティ・地域社会

> 「ミーは吉村大志郎ナルゾ」
> ヤンマー・ディーゼル・サッカー・チームの"外人(ママ)助っ人"ネルソン吉村選手(23)の日本帰化がこのほど認められた．晴れて日本人となったわけで，今後は「吉村大志郎」と名乗る．同選手は(昭和)42年6月，ブラジル・ヤンマーから研修生として来日，さらに「すぐれた工業技術を身につけるため」日本人になった．（以下，略）．(毎日新聞，1970年12月25日付朝刊)

1.「スポーツ移民」の問題構成

1967年6月，ブラジルの自社工場からの「社内転勤」で（ということにされて），日本サッカーリーグ（以下，JSL）にやってきた初の外国籍選手は，ブラジルで「冷蔵庫の修理工」をしていた日系2世の青年だった（加部，2003）．1965年のJSL初参加以来下位に低迷していた所属クラブのヤンマーディーゼルを，釜本邦茂とともにコンビを組んで常勝チームへと引き上げたその青年の名は，ネルソン吉村．JSLで通算189試合に出場し，本場仕込みのテクニックでリーグを席巻した．1970年に日本へ帰化して「大志郎」となってからは日本代表として国際Aマッチ46試合にも出場し，名実ともに日本初の外国人「助っ人」の称号を得た選手であった．彼の活躍によって，自チームのみならず他チームの強化戦略はその後大きく変わっていくことになる．ヤンマーにジョージ小林が，フジタ工業にはセルジオ越後が，そして読売にはジョージ与那城が相次いで加入した．彼らが日本人選手との「違い」を見せれば見せるほど，彼らの助っ人としての価値と地位は不動のものとなり，チーム強化策としての外国人選手補強はJSLで一般化していったのである．

こうした，JSLにおける外国人選手の流入すなわち「サッカー移民」の登場は，

それまでローカルに完結していた日本サッカーが従来の「日本」という枠から引き剥がされ、世界規模に拡大させられたサッカー界の中へと徐々に編入されていく過程（サッカーのグローバリゼーション）のはじまりを告げる狼煙であった。現在では、選手の移籍の流れは日本国内から国外へと拡張し、多くの日本人選手が海外でもプレーするようになった。その結果、海外チームの育成カテゴリー出身でそのまま海外で活躍する選手も珍しくなくなり、日本のサッカー競技力の向上に資するポジティブな変化として捉えられている。

　こうした変化は現在、サッカー界に限らずさまざまな種目で同じように進行している。だが、果たしてわれわれは競技力向上という観点でのみこの現象を評価してよいだろうか。確かに、メディアを通じて知る日本人選手の海外での活躍の様子や、国内リーグで間近で目にできる世界のトッププレーヤーの妙技に喜びや興奮を感じるスポーツファンはきっと多いはずだ。しかし、吉村大志郎をはじめとする多くの選手としてのスポーツ移民やその家族がスポーツ以外にどのような経験をし、引退後はどう暮らしたのかはこれまでほとんど知られることがなかった。こうした、華麗なプレーの裏でスポーツ社会学者たちが目の当たりにし、丹念な調査を通じて解明を試みてきたスポーツのグローバリゼーションの現実もまた、現代スポーツをこよなく愛する人びとの心を揺さぶることだろう。

　以下では、スポーツ社会学者が捉えてきた「人びとの局所的（ローカル）な生活世界が、はるか遠く離れた場所の出来事やそこで暮らす人々の営みによってより深く条件づけられるようになっているという事実」（町村、2019：p324）の中でも特に、国境を越えて移動するスポーツ移民の問題を取り上げ、世界規模で展開することが「あたりまえ」となりつつあるスポーツを批判的に捉える視座を探っていきたい。

2．スポーツ移民現象の分類論

　スポーツの歴史を紐解けば、国境を越えた選手の移動だけをみるならば実は、グローバリゼーションという言葉が登場する遥か以前からみられる現象であった。たとえば、第二次世界大戦前後のサッカー・スペイン代表にはスペイン領東インド出身者やアルゼンチン出身者が多く含まれていたし[注1]、大韓帝国を

統治していた時代のサッカー日本代表には，朝鮮半島出身がメンバーとして選ばれていた（大島，1996）．しかし，これらの移動は当時の社会的政治的背景に付随する現象であり，現在のスポーツ選手の移動とは文脈が大きく異なるものであった．では，現代におけるスポーツ移民現象に固有の現代的特徴とは何か．こうした初発の問いに導かれる形で，巨大なグローバルシステムとして成立してからのスポーツにおける選手の移動動機を探ったのが千葉ら（1999）であった．彼らは，選手個人の移動理由を推測して，それが複数組み合わされて構成される上位カテゴリーとしての「国境を越えた移動（≒移籍）」を設定した．それが，受動的・留学・文化的・下降・上昇・政治的・開拓・金銭・国際的・帰還移籍の 10 カテゴリーであり，この各々に**越境**移動選手を当てはめて理解した．また，移動と帰化を区別して，帰化には受動的・操作的・文化的・政治的・金銭的の 5 カテゴリーを設定でき，そのうち日本に特徴的なのが受動的・操作的帰化であるとされた．この現象を惹起させているのが，日本社会に戦前から残存している同化主義的志向であり，それが競技レベルの高度化とスポーツの商業化と連動することで「因習的な『帰化装置』」（千葉ほか，1999：p50）として選手たちが非主体的かつ無意識的に移動や帰化するよう機能している，と彼らは捉えたのである．

　しかし，日本においては「受動的・操作的」以外の移動・帰化も同時に起こっていた．もし移動や帰化が「明らかに外国人に対する職業**差別**」（千葉ほか，1999：p50）となる可能性があるとすれば，それは選手たちが移動や帰化をどのように経験し受け止めたかによって，移動先での（職業としてのスポーツを含めた）社会生活が通時的に展開するなかで問題化するものといえるだろう．加えて海老原（2006）は，選手の移動・帰化現象をまとめて「越境」と捉えその理由を想定したが，それは共時的に把握される動機が示されるにとどまっていた．さまざまな動機に導かれた他社会への越境がどのように経験されていったのかを通時的に描いていくことで，移動や帰化の問題をより深く理解できる余地が残されたといえるだろう．

3．スポーツ移民研究の現代的課題

　この越境経験の通時的記述という課題に対して，スポーツ移民研究はこれまでどのような成果を上げてきたのだろうか．これまでスポーツ移民研究に携わってきた研究者の論考が集められた『Sport and Migration: Borders, Boundaries and Crossing』（Maguire et al., 2011）には，この研究領域の現代的課題が提示されている．それは，選手の越境経験や移動先の社会との関係を問うための有効な視角としての「橋頭堡（Bridgehead）としてのスポーツ移民」，「スポーツ移民のアイデンティティ」「スポーツ移民の経験と社会への影響」の3つである[注2]．

1）橋頭堡（bridgehead）としてのスポーツ移民

　「橋頭堡」とはあまり聞きなれない言葉だが，事に着手する足がかり，よりどころ，拠点を意味する．スポーツ移民という現象の基点には，選手をリクルートするスカウト，試合をマッチメイクするプロモーター，タレントを作り出すシステムなどがある．スポーツ選手の移動はそれらの「仲介者」の存在を前提としている．

　その現実をチャンピオンスポーツとしてのボクシングで例証し，その存立機制を解明したのが石岡（2010）である．ボクシングの試合開催はプロモーター（主催者），マッチメーカー（出場選手の選定と交渉），マネージャー（ボクサーの支配人）の3者で取り決められており，ボクサーは彼らの決定に従って派遣される．その場合，すべてのボクサーがチャンピオン獲得のための試合に必ずしも望めるわけではない．時に，他国の有望ボクサーの成長の「踏み台」にされる．つまり，負け役を果たすための試合に出場するために越境するボクサーがいるということである．この事実は，チャンピオンスポーツの存立条件として「敗者」の生産が不文律化されていることを意味する．言い換えれば，こうしたボクサーの存在によってボクシングはチャンピオンスポーツとしての存続可能性の足がかりを得ている（「敗者」をよりどころにしている）のである[注3]．

　一方，ベースボールではアメリカのメジャーリーグ（以下，MLB）を頂点とし，その傘下にアメリカ国外のリーグが選手養成場および「貯水池」としてのファームを置くという階層構造が形成されている．選手の越境は階層間の人材獲得・

排出という形で繰り返されているのである．試合放送網やマーチャンダイズといった資本の拡大も深く関わって成立しているこの構造を石原（2013）は「ベースボール・レジーム」と呼んで捉えている．このレジーム成立の結果，新たな現象として「野球不毛の地」からも選手移動が起こり世界規模で選手の量的拡大が見られるようになった．加えて，リーグの拡大がこれまでアマチュアとしてキャリアを終えていたレベルの選手までをもプロ野球選手として包摂しはじめ，レジーム周縁での質的低下が起こっている．この現実を石原は，プロになりたい若者が月収数百ドルで季節限定リーグに参戦すること（＝低報酬の不安定雇用）を「自己実現」の達成として認識させる構造になっていると指摘する．「プロになる」ハードルの低下に反比例して若者の「夢」は肥大化させられていると警鐘を鳴らしているのである[注4]．

「橋頭堡」としてのスポーツ移民への着目の意義とは，競技の垣根を越えてさらに多くの選手を巻き込みながら肥大化を続けている現代スポーツを存立可能にしているシステムの解明へとつながる点だといえよう．

2）スポーツ移民のアイデンティティ問題

異国に移り住むことになった理由の如何や期間の長短を問わず，自国との「差」を感じたり触れたりすることを経験しない移民はほとんどいないだろう．プロスポーツ選手としての経験が「バケーション」（石原，2013：p127）のようなポジティブなことばかりでは決してない．近年，日本においても差別的経験の苦悩の告白や，SNSを通じて選手に向けられる人種差別的な誹謗中傷が告発されるようになり，越境にはネガティブな経験が伴うことが明らかとなっている．こうした経験が当該選手たちに「自分自身に対する疑問の目」を向けさせ，自分自身がいったい何者であるのか（≒アイデンティティ）を問うことを強いている現実を，スポーツ社会学者たちは問題視してきた．それはただ単に，スポーツ選手が経験する差別の有り様やアイデンティティのゆらぎの解明にではなく，差別やアイデンティティのゆらぎを生み出すスポーツ固有の論理の解明に目を向けてきた．

たとえば，有元（2003）は，サッカーは同じチームを応援する人々の間に集合的な心性（＝ローカルなアイデンティティ）を生むこと，その際最も重要になるのがチームの「スタイル」であることを指摘している．たとえば，サッカー・

リーグアンに所属するチーム「マルセイユ」では，ホームタウンが地中海岸に位置しそこがコスモポリタン性を特徴する地であることから，フランス人選手よりも外国人選手がチームのシンボルとなりファンから好まれたり，イタリア・セリエAに所属するチーム「ナポリ」では，かつて所属していた象徴的選手のひとりであるディエゴ・マラドーナ選手のプレーに代表される「敵を欺く」スタイルにファンは自己同一化したりしてきたという．ここには，商業的に優位なイタリア北部に対する，南部者の「社会的弱者」意識の投影がみられるとも指摘している[注5]．

　ここで重要なのは，有元がスポーツを通じて構築される集合的な心性には特定の人種的・民族的カテゴリーもまた内包されている点に注意を促していることである．あるサッカーチームのファンが敵チームを侮蔑するために用いるチャントには，ある差別的用語が含まれており，それが「侮蔑」として成立するにはその差別的用語の意味が相手にも共有されていることが前提となる．よって，侮蔑チャントが使用され続けることが持つ意味とは，ファン（敵味方の両方）の間には人種差別的な認識が共有されていること，それが合唱されることで認識は再生産されていること，そしてそれを通じてはじめてチームのファンになれることである[注6]．ここでファンが自己を同一視させているチームの「スタイル」は必ずしも「現実化」されているプレーの忠実な描写ではなく，自分自身がチームのファンであるという自意識にもとづいて蓄積された物語や記憶，チームの歴史的背景や選手・監督が国境を超えて移動してきたその歴史・記憶のイメージと深く結びつけられて「美学化」されたものである（小笠原，2017）．選手が直面し苦悩する差別やアイデンティティのゆらぎは，こうしたスポーツ固有の論理と不可分に存立していることを解明することが，近年のスポーツ移民のアイデンティティ問題のテーマになっている[注7]．

3) スポーツ移民の経験と社会への影響

　スポーツ移民という現象の持つ意味は，必ずしもスポーツを職業として越境する選手本人にのみとどまるものではない．選手の移動に伴われる家族は移住先での新たな生活の構築を考えねばならないし，選手を送り出したコミュニティに家族を残して緊密な関係を継続的に持つ場合や，季節労働的に受け入れ社会との間で双方向的移動を選手が繰り返す場合なども現実には常態化してい

る．こうしたトランスナショナルな状況の展開について，ドミニカからアメリカにわたる野球選手を対象として，彼らの移住経験を通じて浮かび上がるドミニカの人びとの生活世界を解明したのが窪田（2016）である．

　アメリカに移民を送り出す経験の蓄積に基づくドミニカの「移住の文化」，バリオ（県や市に次ぐ最小の行政単位）に共有されている格差拡大を回避する水平的な規範意識や母親中心的な拡大家族を基礎とする垂直的な扶養義務のネットワークの存在，そして MLB 全球団がドミニカに構築したアカデミーを中心とするリクルート・システムが密接に結びついたことで，野球移民は上（野球界）からも下（地域社会）からもトランスナショナルに規定される形で生産され続けている．加えてそこには，リクルート・システムによって変化している選手たちの野球への動機や，宗教行事と関連して実践されている野球で得た富のバリオへの還元・分配にみられる信仰心といったような「個人の精神性」も重要な役割を果たしている．こうしたスポーツ移民の新たな現実的側面は，バリオ住民たちがペロータ（野球）や移民をどのように価値づけしているのか，それをバリオ内の親族関係や人間関係のあり方，伝統的な価値観や規範意識とそれに基づく住民たちの実践を踏まえて分析することによって解明可能となったものであり，スポーツ選手の「移民」としての姿を描いてきたといえるだろう．

　一方で，スポーツと移民の接点・関係はスポーツ選手としての移民以外でも問題となるものである．スポーツ以外のさまざまな目的で移動した人々が，受け入れ先での生活の中でスポーツを経験することで当該社会での自分たちの生活を構築したり変化させたりする側面があるからである．

　Coakley（2011）は，カナダにおける移民の受け入れ先での生活とスポーツの関係に関するこれまで研究成果を整理して，移民が移住先の社会から要求される同化の度合いと，自分たちの伝統文化の維持の度合いとのバランスによって，スポーツ実践を通じて同化や差異化がさまざまな形をとって現れることを示した．フランス語話者と英語話者との文化的差異，先住民／非先住民や白人／黒人などの歴史的背景の差異，アジア系移民とヨーロッパ系移民との宗教的差異など，当該社会において身体的特徴や文化的特徴に与えられる意味と，そうした意味が移民の行為・行動や形成する社会組織，受け入れ先の社会の人々との関係に与えるスポーツ実践の影響の解明が，北米のスポーツ社会学者たちの探求課題だったのである．

　また筆者らも，北米における研究から示唆を得つつ移民たちがコミュニティレベルで行う生活課題への対処として，スポーツの場をセーフティネット化する日系ブラジル人たちの実践に着目して，彼らの生活再編力を探ろうとしてきた．日本における「調整弁」的労働力としての構造的位置づけと，所帯をかまえ家族を養育するために生活を次第に安定化させていかねばならない側面と，いつか実現することを強く願う「母国への帰還」のための準備（文化的・言語的）への焦りという相矛盾する複数の生活課題を調停し，現時の生活をよりよいものへと再編していこうとする意思がフットサルコートの生活化として結実していた（植田ほか，2013）．

　こうした事例研究から明らかなのは，スポーツ移民という現象および移民のスポーツ実践は単に選手の移動やスポーツのプレーの側面にとどまらず，受け入れ先や送り出し元の社会との関係の中で実現し意味を持つものであることである．移動する選手や実践者の背景にある「社会」を視野に収めることが，スポーツ移民のより深い理解を可能にするといえるだろう．

4．視点としての「スポーツ移民」からみる日本のスポーツ

　ここまで，年々見慣れた現象になりつつある，国境をまたにかけて越境を繰り返すスポーツ移民を捉える現代的視角について，その一端を紐解いてきた．示すことができた研究はごくわずかであったが，移民現象はそれを生み出すスポーツ界のメカニズム，または受け入れ先・送り出し元の社会の構造と切っても切れない関係にあることを少なくとも教えてくれるものばかりであった．ドミニカの野球やフィリピンのボクシング，ブラジルのサッカー・フットサルのように，競技・種目ごとの違いにも目を向けていく必要があるだろう．

　日本においてはこれまで，スポーツ選手の移動や一般労働者として移住するケースが他国と比べて相対的に少なかったこともあってか先行する成果が少ない研究領域のひとつであった．今回紹介した研究以外でわれわれが参照可能なケーススタディの多くは欧米で行われた調査によるものである．しかし，冒頭で紹介した吉村大志郎のようなケースや国際結婚で生まれた子息が日本でプレーするというようなケース，またはスポーツを通じて日本国内に形成した複数のネットワーク拠点間を移動し続ける労働者のケース（**写真 12-1**）[注8] など

写真12-1   在日ペルー人たちが構築するスポーツ・ネットワーク

は今後増えることが予想されることから，今後日本におけるスポーツ移民の調査事例の積み重ねが期待される．

　また，現在では日本から外国へと「助っ人」として移動する選手が一般化してきただけではなく，石原が示したような，多様な目的・競技レベルの日本人選手が海外のリーグでプレーするようになっていること，またそれを後押しするシステムが日本でも構築されつつあることは注目に値する．その端的な例はアルビレックス新潟の事例であろう（大沼ほか，2019）．新潟県内の高等学校や専門学校と連携しつつ，シンガポール・サッカーリーグに参戦するチームを創設し，プロ選手になる独自のフローを構築しており，「プロ」経験を積むことを目的とする若者を誘引する装置として機能している．そしてこの事例は，単にスポーツ選手の移動形式の新局面を明らかにするのみならず，地域開発やメガ・スポーツイベントの文脈とも接続する領域横断的な問題を惹起している．その意味で，「スポーツ移民」現象の把握は，より広い日本のスポーツ界の構造やその前提にある地域社会へと必然的に視野を広げさせるものでもある．「スポーツ移民」のその先をも見据えながら全体を把捉可能にする独自の視座や調査方法の構築が急務の課題であるといえよう．

注　釈

注1）その中でも特に，フィリピン出身でカタルーニャ，フィリピン，スペインという1地域2国の代表を経験し，FCバルセロナでリオネル・メッシに次ぐクラブ歴代2位の369ゴールの記録を持つパウリーノ・アルカンタラや，アルゼンチン出身で1950年代のレアル・マドリードの黄金期を支えたディ・ステファノは代表的な選手である．ちなみにステファノは，1947〜1961年にかけてア

ルゼンチン，コロンビア，スペイン代表として活躍している（Ball, 2002）．

注2) この整理は，Maguire ら（2011）の章設定にならったものである．実際には「ス
ポーツ移民の経験」と「スポーツと社会への移民の影響」は分けて設定されて
いるが，本稿では「経験」は受け入れ先と送り出しもとの両方の社会を基底と
して蓄積されると考えてひとつにまとめ，「スポーツへの影響」に関する部分
については移民の登場とスポーツ界の現代化は相互依存的に進行してきたこ
とから，「橋頭堡としてのスポーツ移民」の項で略述するにとどめた．各テー
マの詳細については原典を参照．

注3) 急いで付言するが，石岡の研究の全体は「スポーツ移民問題」という狭い射程
にとどまるものではない．ボクサーの越境という現象は，ボクシング界の構
造原理とボクサーたちの身体性の複雑公差が生起させる「空間」を構成する一
部に過ぎないことを知るだろう．詳しくは石岡（2012）を参照．

注4) この構造が日本でも顕現していることが近年捉えられている．詳しくは石原
（2015）を参照．

注5) 同様の指摘は，長らく同じ研究グループで活動してきた小笠原（2017）による
セルティックファン研究でも指摘されており，合わせて参照願いたい．

注6) 有元はこのようなカルチュラル・スタディーズ的視角は日本のナショナルア
イデンティティ形成分析にも有効であると述べている．対照的に，日本と韓
国の地域社会への丹念な人類学的フィールドワークをもとにナショナリティ
形成を論じている金（2009）による実証研究がある．スポーツとナショナリズ
ムの問題については本書第10章を参照．

注7) このようなケースは日本でも稀ではない．2014年3月8日，埼玉スタジアム
で行われたJリーグディビジョン1第2節の浦和レッズ対サガン鳥栖戦で，人
種差別的な横断幕が一部のファンによって掲示された出来事が想起される（日
本経済新聞，2014年3月13日付）．

注8) 日本各地で働くペルー人たちの中には，同じサッカーチームのファンである
ことを共通項としてサークルを形成し全国規模でネットワークを形成してい
る人々もいる．彼らは年に数回，持ち回りで全サークルが一堂に会するイベ
ントを開いている．**写真12-1左**は，2012年に愛知県名古屋市で開催された
イベント時のもの，**写真12-2右**は2013年に群馬県大泉町で開催されたイベ
ント時のものである．サッカーやフットサルの対抗戦やホストサークル主催
のバーベキューが催されるとともに，各地の雇用状況をはじめとする生活情
報が交換されている．このようなネットワークを活用して，実際のサークル
の拠点間で就職先を求めて移動を繰り返すペルー人もいるのである．いうな
れば，国内拠点間においてもトランスナショナルな状況の展開はみられる．

引用文献

有元健（2003）サッカーと集合的アイデンティティの構築について―カルチュラル・スタディーズの視点から―．スポーツ社会学研究，11：33-45．

Ball P 著，近藤隆文訳（2002）バルサとレアル－スペイン・サッカー物語－．日本放送出版協会．

千葉直樹ほか（1999）トップ・アスリートにおける操作的越境からのシークレット・メッセージ．スポーツ社会学研究，7：44-54．

Coakley JJ 著，前田和司ほか共編訳（2011）現代スポーツの社会学－課題と共生への道のり－．南窓社．

海老原修（2006）越境．日本体育学会監修，最新 スポーツ科学事典，p256，平凡社．

石原豊一（2013）ベースボール労働移民－メジャーリーグから「野球不毛の地」まで－．河出ブックス．

石原豊一（2015）もうひとつのプロ野球－若者を誘引する「プロスポーツ」という装置－．白水社．

石岡丈昇（2010）チャンピオンスポーツの光と影－常態としての「敗者の生産」－．体育の科学，60（5）：323－327．

石岡丈昇（2012）ローカルボクサーと貧困世界－マニラのボクシングジムにみる身体文化－．世界思想社．

加部究（2003）サッカー移民－王国から来た伝道師たち－．双葉社．

金明美（2009）サッカーからみる日韓のナショナリティとローカリティ－地域スポーツ実践の場への文化人類学的アプローチ－．御茶の水書房．

窪田暁（2016）「野球移民」を生みだす人びと－ドミニカ共和国とアメリカにまたがる扶養義務のネットワーク－．清水弘文堂書房．

町村敬志（2019）国家とグローバリゼーション．長谷川公一ほか編著，新版 社会学，pp309－338，有斐閣．

Maguire J et al.（2012）Sport and Migration: Borders, Boundaries and Crossing. Routledge.

毎日新聞（1970）ミーは吉村大志郎ナルゾ．1970 年 12 月 25 日付 朝刊．

日本経済新聞（2014）差別的横断幕問題で J1 浦和に初の無観客試合処分．．https://www.nikkei.com/article/DGXNASDG1303F_T10C14A3000000/（参照日　2022 年 3 月 1 日）

小笠原博毅（2017）セルティック・ファンダム－グラスゴーにおけるサッカー文化と人種－．せりか書房．

大沼義彦ほか（2019）サッカーのある風景－場と開発，人と移動の社会学－．晃洋書房．

大島裕史（1996）日韓キックオフ伝説－宿命の対決に秘められた「恨」と「情」－．実業之日本社．

植田俊ほか（2013）セーフティネット化する移民のスポーツ空間－群馬県大泉町のブ

ラジル・フットサル・センター(BFC)の事例-．体育学研究，58(2)：445-461．

推薦図書

Guttmann A 著．清水哲男訳（1981）スポーツと現代アメリカ．TBS ブリタニカ．
多木浩二（1995）スポーツを考える-身体・資本・ナショナリズム-．筑摩書房．

［植田　俊］

column3

ブレイカーはどこへいくのか

　2021 年 5 月現在，コロナウイルス感染拡大の影響で，まだ観客収容人数はおろか無観客にするかどうかさえも決まっていない東京オリンピックやパラリンピックは，本当に開かれるのかと思うほど，東京はお祭り騒ぎとは程遠く静かである．

　東京オリンピック 2020 には，空手，スケートボード，スポーツクライミング，サーフィンの 4 つの新たな競技が加わった．そして 2020 年 12 月 7 日，2024 年のパリオリンピックからは空手と野球・ソフトボールが外れ，新たにブレイキン（ブレイクダンス）が競技として加わることが正式に発表された．「若者へのアピールにつながるもの，あるいは男女平等の実現に役立つものを優先する」という条件のもと，新たに若者に人気のあるスポーツを取り入れたいという観点からブレイキンが選ばれたという．ブレイキンは 2018 年の第 3 回ユースオリンピックブエノスアイレス大会から正式に競技として追加されており，現在広い世代に多くのブレイカー（ブレイキンの競技者）がいる．

　ブレイキンの発祥は，1970 年代のニューヨーク・ブロンクス地区でのギャングの対立抗争の場から生まれた，ヒップホップダンスが最初といわれている．その時代背景は，1983 年にアルバム「Thriller」からシングルカットされた，マイケル・ジャクソンの「Beat It」の MV で端的に表現されている．コーヒーショップから煙草をくわえて無言で出ていく黒人青年 2 人のシーンから始まり，徐々に集結していく黒人やヒスパニックなどの移民系若者達の群れ，巨大な倉庫の中でナイフを振りかざし繰り広げられる若者たちの抗争．「Beat It」自体，アーサー・ローレンツ脚本，レナード・バーンスタイン作曲のミュージカル「WEST SIDE STORY」（1957 年初演．ロバート・ワイズ，ジェローム・ロビンズ監督により 1961 年映画化）をモチーフにしているということであるから，長い間，この時代の若者の行き場のないエネルギーのはけ口が，ヤング

ギャングの抗争として発現していたのだろう．こうした当時の鬱屈した若いエネルギーが，ブロンクス地区のブロックパーティー（街区の住民の集会）を経て，HipHop（DJ，Breaking，Graffiti）を生んだ．現在ではトラックにのせてラップをする MC（Mic controller）を含めた 4 つが HipHop の 4 要素とされている．

1980 年代に入ると，HipHop は芸術，音楽，ダンスのそれぞれの分野において世界に発信されていった．

グラフィティはスプレーやペンキなどを使って壁などに描かれた図柄を指し，エアロゾールアートとも呼ばれている．初期のキース・ヘリングやジャン＝ミシェル・バスキアなどがその代表的アーティストであった．現在では謎のアーティスト，バンクシーがその代表といったところだろうか．音楽ではレコード盤のスクラッチやサンプリング，ビートボックスなどにラップ（歌詞）をのせたものが，ヒップホップミュージック，ラップミュージックとして世界中に浸透した．代表的ラッパーには MC.ハマー，エミネム，カニエ・ウエストなど，多くのアーティストが存在する．ヒップホップダンス（ストリートダンス）はブレイキン，ロッキング（激しい動きから体をロックするような動き），クランピング（胸を突き出す，足を踏みつける，腕を振り下ろす動き），ホッピング（体の一部を弾かせるような動き）など，さまざまなストリートダンスの総称であり，それらの細かい定義は難しい．すべてのダンスには，胸のコントラクションやアイソレーションなどのアフロ・ダンスの特徴が含まれている場合が多い．

ヒップホップダンスとしての特徴は，さまざまな動きや技を競うことはもちろんであるが，ダンサー一人ひとりが独自の表現をしていることである．ある者はダンスの途中でくわえ煙草に火をつけ，煙草の煙をリズムに合わせてふかしながら，肩や頭で倒立したり回転したりしてバトルの相手を挑発する．ある者はかぶっているキャップを投げたり，肩の上で転がしたり，口にくわえて放り投げ，頭でキャッチしてコミカルにおどけて見せる．まさにダンスで自分を表現しながら，相手に自分の力や個性を誇示している．それは，ヒップホップダンスがブロンクスの街角のギャングの抗争という歴史から始まった，己の力の誇示表現であるからに他ならない．

　ブレイキンの動きの構成は大きく分けると 4 つの要素から成り立っている．フロアの動きに入る前までの動きの TOPROCK，床に手をついた状態での足さばきやステップの動きの FOOTWORK，ウィンドミルやバックスピンなどの回転系の動きの POWER MOVE，そしてそれぞれの流れの中で一連の動きを固めて止める FREEZE の 4 つである．それぞれの要素から演技を構成することになるが，その**採点基準**がいまだ曖昧であるのが現状である．

　ブレイキンはスポーツダンスとして，オリンピック種目の競技スポーツとなった．競技となったからには**ルール**に則って演技され，その演技は採点基準に沿って審査されることなる．前述の 2018 年のユース大会では，Body（Technic：20 ％，Variety：13.3 ％），Soul（Performance：20 ％，Variety：13.3 ％），Mind（Creativity：20 ％，Personality：13.3 ％）の 3 つの審査基準で 5 人の審査員が相対的に評価する The Trivium Value System で行われた．しかし，オリンピック種目になったことで，より客観性を持った絶対評価の採点基準が審議される必要が出てきた．**日本ダンススポーツ連盟**ブレイクダンス部では，2019 年度の全日本ブレイキン選手権から絶対評価を取り入れたジャッジシステムの評価基準，Technique（技術：6 項目），Expression（表現：5 項目），Constitution（構成／完成度：5 項目），Battle（レスポンス・戦術性：2 項目）の 4 つを各 10 点満点で審査しているという．現在世界レベルのブレイカーを数多く抱える日本ブレイキン界としては，ブレイキンの**競技化**に沿ってより明白なジャッジを示し，パリオリンピックに備えたいというところであろう．

　ブレイキンに携わる人すべてが，オリンピックの競技に選ばれたことを歓迎しているかといえばそうでもない．なぜなら，ブレイキンは HipHop から生まれたカルチャーであるということが，多くのブレイカーのポリシーであるからだ．命を落とすような戦いを避けてダンスでお互いの力や個性を表現し合い，その場にいる観衆が認めたほうが勝ちという，至極曖昧な判定のものとして生まれたのがブレイキンである．

　海老原（2017）はウサギとカメや下町のガキどもの徒競走は，競技レースになるために近代思想の中でコースやルール等が整えられ，「一望監視装置」としての効率のよい判定の仕組みが出来上がっていったという．そして，その競

技の練習や本番を繰り返すことにより，競技者の身体は規律化されていったとも述べている．本来の徒競走は，勝敗や優劣を決めることよりも，その競り合いやかけ比べこそが面白かったのだと．

　今，オリンピック競技という輝かしい箔をつけることによって，ブレイキンはその根底的にある面白さの醍醐味を失いつつあるのかもしれない．でも，一方でブレイカーたちは1990年代から30年にわたって世界大会を開き，世界一のブレイカーを決めてきた．第三者から見たら，すでにブレイキンは自らを枠付けしはじめているようにも見えていたのが事実である．

　文化や芸術で勝敗を決めたり優劣をつけたりすることは難しいが，コンクールや審査会は様々な文化・芸術の分野でも存在している．反体制的な表現であっても，ロックンロールのように時間の中で音楽のひとつとして認められ，ジャンルとして確立もする．現にグラフィティは前衛芸術のひとつとしてジャンル化され，ラップも音楽の一ジャンルとなっている．

　ブレイカーは今後，規律化した身体の中に整然と収まっていくのだろうか．はたまた，バトルの中で，自己の存在を噛みしめる自由を味わい続けられるのだろうか．

　ブロンクスの若者たちが，自分たちのオリジナリティとプライドと，有り余るエネルギーをぶつけ合った時代に遡ることはもうできない．

引用文献

海老原修（2017）トップアスリートに表象するスポーツの喜び―規律化した身体からの解放― 体育の科学　Vol.67 No.9　586-589　杏林書院

日本オリンピック協会：ユースオリンピック競技大会．https://www.joc.or.jp/games/youth_olympic/（参照日　2022年3月1日）

world Dance Sports federation：https://www.worlddancesport.org/（参照日　2022年3月1日）

JDSF BREAKING：https://breaking.jdsf.jp/about/（参照日　2022年3月1日）

［足立　美和］

第 13 章

ドーピング：
ドーピング問題の現状とリスクマネジメント

　近年，遺伝子検査ビジネスが蔓延して，将来自分がどのような病気のリスクを持ち合わせているかが手軽にわかる時代になった．スポーツの世界でも遺伝子治療の臨床応用研究が行われ，これらの不正利用にあたる**遺伝子ドーピング**が危惧されている．**世界アンチ・ドーピング機構**（World Anti-Doping Agency：WADA）は，2003 年に遺伝子ドーピングの禁止を宣言した．この当時の遺伝子治療は「遺伝的に欠損した遺伝子の保管を目的に，当該遺伝子をウイルスベクターで体内に導入するトランスジーンが主流」で，この禁止方法を規制するために遺伝子ドーピングが定義された．その後，分子生物学の発展により，ゲノム配列を部位特異的に改変するゲノム編集や RNA 干渉などの臨床応用研究が進み，こうした不正利用を禁止するために WADA は遺伝子を細工した細胞や DNA を身体に入れる行為を「遺伝子ドーピング」として禁じ，2018 年には遺伝子を自在に改変できる「ゲノム編集」を禁止事項に加えた（戸崎，2020）．

　スポーツの世界は，こうしたさまざまな禁止方法や禁止物質とどのように戦っていけばよいのであろうか．

1．ドーピングの歴史と定義

1）ドーピングの歴史

　ドーピングの語源は，アフリカ南部の原住民が戦いに出る前に飲んだ「dop」という祭礼の強いお酒という英語に由来する．薬物の使用は人類の進化とともに，生活に深くかかわり，ケガの治療だけではなく，狩猟や疲労回復にも使用されてきた．古くからのドーピングは士気を高めるために行われていたので，興奮薬が最も多く使用されていた．

　スポーツの世界でドーピングの記録が残るのは 19 世紀後半からであり，オ

リンピックではじめて薬物使用による死亡例が報告されたのは，1960年ロー
マオリンピック大会に自転車競技に出場したデンマークのKnud Enemark
Jensen選手であった．その後，1988年ソウルオリンピック大会陸上100mの
ベン・ジョンソン選手の蛋白同化剤使用など，これまでに多くのドーピングが
摘発されてきた．

2）アンチ・ドーピング活動の歴史

　ドーピングに対して，検査が行われるようになったのは1952年ヘルシンキ
オリンピック大会からで，この大会ではマラソン選手の飲料に薬物が混入され
ていないかのチェックが行われた．また，1959年にはフランスの体育協会に
ドーピング委員会が設立され，その後イタリア，オーストリアでも委員会が設
立され，ヨーロッパでのドーピング規制が行われるようになっていく．

　1960年ローマオリンピック大会での自転車競技選手の死亡が確認されてか
ら，オリンピックでの薬物禁止が進められ，1964年東京オリンピック大会で
国際スポーツ科学会議において特別ドーピング会議が開かれ，ドーピングの定
義が採択される．国際オリンピック委員会は1967年に医事委員会を改変して，
翌年のグルノーブル冬季オリンピック大会とメキシコ夏季オリンピック大会か
ら正式にドーピング検査を実施した．

　その後もドーピングは違反者と検査方法のいたちごっこが続き，ついに
1999年にWADAが，その2年後には日本アンチ・ドーピング機構（Japan Anti-
Doping Agency：JADA）が設立された．さらに，2007年にはユネスコが「スポー
ツにおけるドーピング防止に関する国際規約」を発効し，日本はこれを受諾し
た．その後，同年に文部科学省が「スポーツにおけるドーピング防止に関する
ガイドライン」の策定・施行を行い，2011年に出されたスポーツ基本法の施策
のひとつとしてドーピング防止の推進が記載され，2013年には高等学校学習
指導要領の保健体育の中でアンチ・ドーピングが指導内容として明記された．
さらに2017年には日本スポーツ振興センターに「ドーピング通報窓口」[注1]が
開設され，2018年には日本で初となるアンチ・ドーピングの推進に関する法
律「スポーツにおけるドーピングの防止活動の推進に関する法律」が施行され
た（表13-1）．

表13-1　ドーピングおよびアンチ・ドーピング活動の歴史

1865年	オランダアムステルダムの運河水泳競技でドーピングが行われた記録が残されている
1880年代	自転車競技レースで，薬物使用が報告される
1889年	英語の辞書にはじめて"Dope"という言葉が載る
1896年	ボルドー・パリ間600km自転車レースにおいてトリメチルを服用したイギリス人選手が死亡
1910年	試合の相手にさまざまな薬物を使用して相手の競技能力を低下させる「パラ・ドーピング」が行われるようになる
1945～1960年	ヨーロッパで自転車やサッカー選手の興奮薬使用による死亡例が相次ぐ
1952年	オスロオリンピック大会(冬季)の選手控室で薬のアンプルや注射器発見される ヘルシンキオリンピック大会(夏季)で，マラソン選手の飲料のチェックが行われる
1955年	ヨーロッパ自転車競技大会で頻繁にドーピング検査が行われる
1959年	フランスの体育協会にドーピング委員会が設立される
1960年	ローマオリンピック大会で自転車競技の選手が興奮薬使用でレース中に死亡する
1964年	東京オリンピックの国際スポーツ科学会議において，ドーピングの定義が採択される
1968年	グルノーブル冬季オリンピック大会とメキシコ夏季オリンピック大会から正式にドーピング検査実施を実施する
1976年	禁止表に蛋白同化薬が追加される
1988年	ソウルオリンピック陸上男子100mのベン・ジョンソンが蛋白同化薬で金メダルを剥奪される
1990年以降	自転車競技，サッカー，ボクシングなどのプロ・スポーツの世界ではコカインやストリキニンが使用されるようになる
1999年	世界ドーピング防止機構(WADA)が設立される
2001年	日本アンチ・ドーピング機構(JADA)が設立される
2003年	世界ドーピング防止規定(WADA code)が採択される
2004年	アテネオリンピック男子ハンマー投げのアドリアン・アヌシュが尿検体すり替えと検査拒否で金メダルを剥奪される
2007年	国際連合教育科学文化機関(UNESCO)が「スポーツにおけるドーピングの防止に関する国際規約」を発効する
2007年	文部科学省「スポーツにおけるドーピング防止に関するガイドライン」を策定・施行する
2011年	スポーツ基本法が施行される（スポーツ基本法の基本的施策の1つとして，ドーピング防止活動の推進が記載されている）
2013年	高等学校学習指導要領の保健体育において，「オリンピックムーブメントとドーピング」が指導内容として明記され，全ての高校生を対象にアンチ・ドーピングの理念について教育を行う
2017年	独立行政法人日本スポーツ振興センターよりドーピング通報窓口専用サイト」が開設される
2018年	日本で初のアンチ・ドーピングの推進に関する法律「スポーツにおけるドーピングの防止活動の推進に関する法律」が施行される

3）ドーピングとは

ドーピングとは，競技能力を高めるために薬物などを使用することであり，スポーツにおける禁止行為である．また，ドーピングは，スポーツ精神に根本的に反するものである．

具体的には，世界ドーピング防止規定（WADA code）で定められているドーピング防止規則違反の1つまたは2つ以上が発生することをいう[注2]．

ドーピング防止規則違反となるのは，ドーピング検査で禁止物質が検出された場合だけではなく，ドーピング検査を拒否したり，禁止物質を保有・取引したりすることも違反となる．また，選手に対して禁止物質を勧めたり飲ませたりした場合は共犯者とみなされ，選手本人だけではなく共犯者も違反となり，さらにこうした違反を企てることもドーピングに含まれる．

2．アンチ・ドーピング

JADAでは，①検査活動およびインテリジェンス活動の推進，②教育啓発活動の推進，③調査研究活動の推進，④スポーツの基盤整備活動の推進，⑤国際貢献活動の展開の5つのミッションを遂行している．国際基準については「ルールと規則違反」の中にアンチ・ドーピングの規定があり，すべての規定をJADAのHPでダウンロードすることが可能である．世界アンチ・ドーピング規程に付随する「国際基準」は，世界アンチ・ドーピング・プログラムの一環として策定されている義務的なものである．「国際基準」は少なくとも1年に1回更新される国際基準のため，2021年版は，英語原本がWADAより10月頃，日本語翻訳がJADAにて12月に公開された．その具体的な内容は次の通りである．

1）2021年国際基準（World anti-Anti-Doping Code 2021）
・2021年検査およびドーピング調査に関する国際基準
・2021年治療使用特例に関する国際基準
・2021年プライバシーおよび個人情報の保護に関する国際基準
・2021年結果管理に関する国際基準
・2021年教育に関する国際基準

中でも教育に関する国際基準「International Standard for Education（ISE）」[注3]は 2021 年より新規に策定されたもので，教育に関する国際基準の全体的な指針の目的は，世界規程に示されているスポーツの精神の保護を支持し，クリーンスポーツ環境の醸成を支援することである．教育は，世界規程で強調されている予防戦略のひとつとして，クリーンスポーツの価値に沿った行動を奨励し，競技者及びその他の人によるドーピングの予防に寄与することを目的とする．

この ISE は，これまで「教育」に関する統一の定義がなく，アスリートやサポートスタッフが受ける教育の質や経験に差が生まれていたことを指摘し，「検査の前に教育」と「国際競技大会への出場のため国を出国する前に教育」を受けることの原則が明記された（山本，2020）．

2）ドーピング禁止の理由

世界アンチ・ドーピング規程および本規程を支持する世界アンチ・ドーピング・プログラムの目的は，①ドーピングのないスポーツに参加するという競技者の基本的権利を保護し，もって世界中の競技者の健康，公平および平等を促進する，②ドーピングの検出，抑止及び予防に関して，国際および国内レベルにおいて，調和と協調がとれた，実効性のあるアンチ・ドーピング・プログラムを確保することにある[注4]．

しかし，こうした規定に対してスポーツ倫理学の世界ではドーピング禁止の正当性についてさまざまな議論が行われている．

①不正：ドーピング禁止の理由の正当性はドーピング行為を禁止する規則があり，その規則を破ることが不正であることが前提である．だが，ドーピングは禁止されなくてはいけないという判断の直接的な理由を不正であるという点に見出すことは困難である．

②スポーツの歪曲化：ドーピングはスポーツの本質に反するが故に禁止されるとすると，なぜスポーツがドーピングを含むものとして社会的に構築されないのかの理由を示すに至っていない．

③非自然性：ドーピングは自然に反するから禁止されるとすると，何が不自然なのか不明瞭であること．改良されたスポーツ器具などは認められる一方で，テストステロンなど自然界に存在する物質が禁止されているなど一貫性がない．

④有害性（社会悪・身体への影響）：ドーピングが禁止されているからこそ，ドーピングが悪であり社会的に有害であるということになるが，禁止理由の正当性の根拠にはならない．

　また，身体への悪影響という立場からは成人の自己決定について，個人の利益を制限し，本人が望み周囲に迷惑をかけないのであればその行為を行うことができる権利を侵害する行為である（竹村，2017）．

　ドーピング禁止という前提の範囲内でのドーピング禁止理由（不正，有害性），ドーピング禁止という規則そのものの正当性（スポーツの歪曲化，非自然性）について考えていくと，スポーツを行う人間の権利やスポーツのあり方について検討していく必要があることがわかる．

3．ドーピング問題の実際

1）組織ぐるみのドーピング

　旧東ドイツのドーピング問題が報じられたのは20世紀後半のことであった．ドーピング問題は国家崩壊前の1986年頃から西側に亡命した選手やコーチの暴露で明らかになった．具体的なドーピング問題は，13歳からの国家的ドーピングの強制やドーピングの副作用による異常出産，100人にも及ぶとされるドーピングによる死亡であるが，こうした旧東ドイツにおけるドーピング問題は，国家主義による国家の強制が社会主義体制下における選手に対するドーピングとして行われたことにある（藤井，1998；竹村，2009）．また，留意しなければならないのは，薬物の使用が国のスポーツ政策の一環として行われたことで，そこにはコーチ，スポーツ医，政府の大臣など，さまざまな人が関与していたことである（Waddington et al., 2014）．

　ロシアのドーピング問題が報じられたのは2014年12月のことであった．ドイツのテレビ番組でロシアの女性陸上選手がドーピングを告発したのがきっかけとなり，WADA独立調査委員会によりドーピング行為の実態が調査された．2016年にはロシアの組織的なドーピングの実態が明らかになり，2016年リオオリンピック大会ではドーピングに関与していないことが証明されたアスリートの参加を認めたが，パラリンピックへの出場は認められなかった．2017年にIOCはロシア・オリンピック委員会の参加停止を決定し，2018年平昌オリ

ンピック大会からロシア選手団の除外を行ったが，ドーピングに関与してない選手は個人資格の Olympic Athlete from Russia（OAR）として参加した．2018年に WADA が設定したロシアアンチドーピング機構（Russian Anti-Doping Agency：RUSADA）の資格回復条件が提示され，IOC は RUSADA の資格停止を解除した．その後，2019 年には IPC が資格回復を行ったが，2019 年 9 月に再びデータの改ざんの痕跡がみられ，2019 年 12 月に WADA は再び RUSADA の資格を停止した．2020 年ロシアアンチドーピング機構がスポーツ仲裁裁判所（Court of Arbitration for Sport：CAS）に不服申し立てを行ったが，CAS は WADA の処分について，2020 年 12 月 17 日，代表チームとしてのロシア選手団を 2022 年 12 月 16 日までの 2 年間，主要国際大会から除外する裁定を発表した．これは活動停止期間を当初の 4 年間から 2 年間に短縮する裁定であった．その結果，選手らは 2020 年東京オリンピック・パラリンピック大会については，ロシア・オリンピック委員会（Russian Olympic Committee：ROC）代表の扱いとなった（室伏，2020）．ロシアの国家ぐるみのドーピングや国際サッカー連盟の汚職・不正行為，違法賭博，性的・人種的な差別や暴力行為など，「スポーツの正当性と『インテグリティ』（高潔性・健全性）が問われ，スポーツの未来が危機に晒されている」（山本，2016）．

　こうした旧東ドイツやロシアのドーピング問題は，国の強化のため，国家がスポーツに介入し，スポーツで社会統合を行い，スポーツを外交手段のひとつとしたことがドーピング行為につながっていると考えられる．

　また，スポーツにおける運動能力向上を目的とする薬物使用が継続的に行われていた事例として，2003 年にアメリカ・アンチ・ドーピング機構（United States Anti-Doping Agency：USADA）とサンマテオ郡麻薬特別捜査班が行った調査で，栄養補助食品会社である Bay Area Laboratory Co-operative（BALCO）が多くの選手にステロイドを使用していたことが明らかとなった．そこでは，マリオン・ジョーンズ，ジャスティン・ガラトン，ドウェイン・チェンバース，ビル・ロマノウスキー，バリー・ボンズなど，有名選手の薬物使用が摘発された（Waddington et al., 2014）．

　こうしたスポーツ選手のドーピング行為は，巨大な金銭的動機づけがスポーツ界内部に存在することを意味する．チームスポーツであれば，チームの収益が勝敗によって大きく変わる．そうなれば，「成功するためには」という過度

のプレッシャーが選手個人だけではなくチーム全体にかかってくる．また，意図的でなくとも，スポンサーのために結果を出さなければというプレッシャーや世界トップ3に入れなければ，半減する報酬に選手らは相当なプレッシャーを感じており，特定のスポンサーがドーピング意識を高める危険性も指摘されている（Rowbottom, 2014）．

2）ドーピング違反

オリンピックにおけるドーピング違反者は，夏季大会では北京・ロンドンで80件を超える陽性者が，冬季大会でもソチでは38件の陽性者が報告されている．また，現在では過去の大会の再検査を行うこともあり，今後陽性者が増加していく可能性がある．

表13-2は国別のドーピング違反件数を示したものである．2015年のAnti-Doping Rule Violations（ADRVs）Reportによると1位はロシアであった．前述した通りロシアの組織的なドーピングが明らかになり主要国際大会に出場していないため，2016年・2017年にはトップ3から外れたが，2018年には再びワースト1位となっている．また，ロシアと同様にドーピング件数が多いのはイタリア，フランス，インド，アメリカである．

3）近年における日本のドーピング違反者の特徴

日本はこれまで「うっかりドーピング」の違反者を出さないためにという声が多く聞かれたが，近年では明らかに違法である薬物を使用し，長期間における資格停止の制裁内容が下される事例が報告されている．その際,日本アンチ・ドーピング規律パネル決定には，「B検体についての分析を要求せず」や「結果及びそこに至る手続き過程に関して争わなかった」などと表記されている．こうした国内のアンチ・ドーピング規律パネル決定（JADA：2007～2019年度）違反者の中で2年以上の違反者が最も多いのは，ボディビル（19件），パワーリフティング（5件），ウエイトリフティング・レスリング・陸上（2件）のように大きな筋肉を必要とする選手たちで，主に体格やパフォーマンスを向上させる目的で使用されたり，使用した薬物を体内から排出させたりするための薬物である．

2019年8月にアメリカでもっともドーピング違反が多いウエイトリフティ

表13-2 ワーストドーピング件数(国別) (WADA, 2015～2018より作表)

順位	2015(件)	2016(件)	2017(件)	2018(件)
1位	ロシア(176)	イタリア(147)	イタリア(171)	ロシア(144)
2位	イタリア(129)	フランス(86)	フランス(128)	イタリア(132)
3位	インド(117)	アメリカ(76)	アメリカ(103)	フランス(114)
4位	フランス(84)	オーストラリア(75)	ブラジル(84)	インド(107)
5位	ベルギー(67)	ベルギー(73)	ロシア(82)	ウクライナ(78)
6位	南アフリカ(59)	インド(69)	中国(62)	アメリカ(73)
7位	トルコ(59)	ロシア(69)	インド(57)	ベルギー(65)
8位	韓国(51)	ブラジル(55)	ベルギー(54)	中国(63)
9位	アメリカ(50)	イラン(55)	スペイン(52)	ブラジル(54)
10位	イラン(48)	南アフリカ(50)	南アフリカ(43)	カザフスタン(51)
日本	51位(8)	49位(6)	27位(7)	51位(8)

ング協会の Phil Andrews 氏にインタビューを行う機会を得た．その際に彼が述べた言葉は衝撃的であった．「2016 年のオリンピックメダリストで，2012年から 2016 年の間にドーピング検査に引っかからなかったのは 3 人だけだよ．ひとりは日本人，そして韓国人とコロンビア人」，つまりそれだけウエイトリフティングの世界ではドーピングは蔓延しているという．アメリカのウエイトリフティング協会の責任者として，どのような理由で選手がドーピングを行うと考えられるのかを問うと，「コーチ，ドクター，親，他の選手からの影響」をあげ，「大会で成績を残したい」，「国際大会でメダルを獲得したい」，「国際的な大会で順位を維持したい」などが選手の心情であり，ドーピングを減らすための教育に力を入れていると述べた．

　こうした競技種目の特性は日本にも確信犯的なドーピング違反者をもたらしている．つまり，「うっかりドーピング」の違反者を出さないための教育だけではなく，なぜドーピングをしてはいけないのか，ドーピングにはどのようなリスクが伴うかなど，早期であるジュニア期からの教育や選手の心理的サポートなどが必要であると考えられる．

4．ドーピングのリスクマネジメント

1）従順と服従の関係性

　ドーピング問題について海老原（2000）は，過去に日本人選手がドーピング違反により資格停止処分を受けたことについて，ドイツのコーチからドーピングになる薬を投与されていた可能性を考慮して次のように指摘した．「スポーツ選手の『従順さ』はこれまでにスポーツ選手が『生成』してきた雰囲気であるように思えてならない」（海老原，2000）．つまり，海老原は日本のスポーツ選手が指導者の指示に従順に従うことが当然で，コーチから指示されればサプリメントの成分を確かめずに無批判に摂取する可能性を批判していた．しかし，こうした，「従順と服従」の関係性が日本のスポーツ界の中にも存在しているならば，これは従順さを再生産してきた日本の弱点とも考えられる．

　この投稿の後に日本スポーツ仲裁機構（Japan Sports Arbitration Agency）が2003年に設立され，2020年までに70件を超える訴えがあげられて仲裁判決が下されているが，ドーピング問題に関しては，日本に根強く残っている指導者と選手，組織と選手の立場という微妙な関係性が影響を与える可能性が危惧される．これまで日本は「うっかりドーピング」が心配され，故意にドーピングを行う選手や指導者は報告されていなかったが，近年は明らかな禁止薬物の使用が摘発されている．日本ではアンチ・ドーピングに『集団的合意』を行っているスポーツ組織がスポーツにおけるドーピングを排除してきたとされてきたが，その効力はいかなるものであろうか．諸外国の例でいえば，そうした組織がドーピングを企てた場合，選手は守られるのであろうか，否である．

　また，日本のドーピング件数が少ないのは，これまで日本のスポーツ精神として示されてきたスポーツにおける倫理原則の美徳及び価値についての歴史が影響を及ぼしているという指摘や，「公的組織の規範力は日本人にとって強力で，『お上に逆らわない』という性向」があるからという指摘がある．しかしこれに対して「外的規範が弱まりつつある現在の日本においては，アンチ・ドーピングの精神も徐々にハザード化する可能性がある」ことが危惧される（依田，2017）．

　やはり，指導者と選手，組織と選手の関係性でいうと支配と従属の関係性が薄れてきているとはいえ，確実に存在すると推測できる．それは，選手がスポー

ツの組織に所属してスポーツ活動を行う必要があり，選手は常に監督やコーチに気に入られ評価してもらわないと試合に出場することもできず，組織の監督やコーチの決定は絶対的な力を持つ．そのため，指導者が指示するサプリメントや薬，ドーピングに起因する方法などを拒否することは選手にとって死活問題となるからである．

また，2017年に発覚したカヌー選手のドーピング問題は，2018年1月にライバルである鈴木選手の自白により，相手を陥れるために飲み物に禁止薬物を混入させたことが明らかとなった．成績を残せない選手が追い込まれて，ライバルに対してこうした行為に及んだことは，これからのスポーツ協会で行われる選手育成の中でもひとつの教訓とされなくてはならない．

そうしてあらためて考えると確かに幼い頃から指導者のいうことを受け入れて強くなってきた選手が多く，自ら考える力，判断する力を育てる必要がある．ドーピング問題は選手が教育を受けることにより，回避できる可能性が高い．ヨーロッパやアメリカではジュニアのアンチ・ドーピング教育に力を入れているが，日本でもこうした取り組みを早い時期から行う必要があると考えられる．

2）選手として指導者として

国民体育大会（国体）を主催する日本スポーツ協会は，2003年の静岡国体からドーピング検査を実施している．これにより，国際レベルの競技選手でなくてもドーピング検査を受ける可能性が高くなった．また，大学生の大会でもドーピング検査が行われるようになり，「知らなかった」，「教育を受ける機会がなかった」ではすまされない．そのため，普段から市販の薬や病院での医療行為，サプリメントの摂取などがドーピング違反にあたらないかをしっかりと調べて対応する必要がある．

JADAはアンチ・ドーピングの知識を持った薬剤師をスポーツファーマシスト[注5]として認定している．その数は2020年には全国で1万人を超えた．こうした，スポーツファーマシストを検索できるHPで，自分の近くにいるスポーツファーマシストを探し，相談ができる体制を用意しておくことも重要である．また，Global DRO[注6]は，アメリカ，カナダ，イギリスおよび日本の4カ国で運営されているグローバルな薬の検索システムである．薬の製品名や成分名から，その薬が禁止表に記載された成分を含んでいないかを確認することができ

る.

　スポーツは誰のために何のために行われるのであろうか．これから幼い子ど
もにスポーツをはじめさせようとする親たちは，少なくとも薬まみれのスポー
ツ組織に子どもを近づけることを望まないであろう．スポーツを通じて子ども
たちが学ぶことはたくさんある．その中のひとつとしてドーピングを防ぐため
のリスクマネジメントとして，アンチ・ドーピング教育が幼い頃から学べる社
会を私たち大人が作っていかなくてはならない．スポーツ界に関わる全ての大
人たちは，ドーピングの世界から，子どもたちと選手たちを守っていく責務が
あるのではないだろうか．

注釈：調べてみよう

注1）ドーピング通報窓口専用サイト．https://www.report-doping.jpnsport.go.jp/
　　　form/（参照日　2022年3月1日）
注2）検索：日本アンチ・ドーピング機構⇒ルールと規則違反⇒アンチ・ドーピン
　　　グの規定⇒世界アンチ・ドーピング規程（pp15 - 20）
注3）検索：日本アンチ・ドーピング機構⇒ルールと規則違反⇒アンチ・ドーピン
　　　グの規定⇒2021年アンチ・ドーピング規程・国際基準⇒教育に関する国際基
　　　準（pp4 - 5）
注4）検索：日本アンチ・ドーピング機構⇒ルールと規則違反⇒アンチ・ドーピン
　　　グの規定⇒世界アンチ・ドーピング規程（pp10 - 11）
注5）スポーツファーマシスト検索．https://www3.playtruejapan.org/sports-
　　　pharmacist/search.php（参照日　2022年3月1日）
注6）Global DRO検索．https://www.globaldro.com/JP/search（参照日　2022年3
　　　月1日）

引用文献

海老原修（2000）アンチ・ドーピングの意味作用－従順と服従を讃えず－．体育の科
　　　学，50（5）：389-392．
藤井政則（1998）スポーツの崩壊－旧東ドイツスポーツの悲劇－．不昧堂出版．
JADA：国内のアンチ・ドーピング規則違反決定．https://www.playtruejapan.org/
　　　code/violation/decision.html（参照日　2022年3月1日）
室伏由香（2020）スポーツの価値を護るアンチ・ドーピングにむけた取り組みと対策．
　　　臨床スポーツ医学，37：1358-1363．
日本アンチ・ドーピング機構（2021）World anti-Anti-Doping Code. pp15-20．
日本スポーツ仲裁機構：http://www.jsaa.jp/（参照日　2022年3月1日）

Rowbottom M 著，岩井木綿子訳（2014）なぜ，スポーツ選手は不正に手を染めるの
　　か－アスリート不正列伝－．エクスナレッジ．

竹村瑞穂（2009）「他者による身体所有」としてのドーピング問題－旧東ドイツにお
　　けるドーピング問題の事例から－．体育・スポーツ哲学研究，31：95-107．

竹村瑞穂（2017）ドーピングの倫理学，pp64-77，友添秀則編著，よくわかるスポー
　　ツ倫理学，ミネルヴァ書房．

戸崎晃明（2020）スポーツにおける遺伝子ドーピング．鈴木秀典ほか編，スポーツ医
　　薬－アンチ・ドーピング徹底解説－服薬指導とその根拠．pp107-110，中山書店．

山本真由美（2016）スポーツの「真実」への問い－ロシアの「国家ぐるみのドーピング」
　　から考える，スポーツの未来－．現代スポーツ評論，34：148-159．

山本真由美（2020）改訂版2021年世界アンチ・ドーピング規程－クリーンでフェア
　　なスポーツ環境はどのように発展するか－．臨床スポーツ医学，1364-1369．

依田充代（2017）ドーピング意識に関する日本とイタリアの体育学専攻大学生の比較．
　　スポーツ産業学研究，27：163-175．

WADA：2015-2018 Anti-Doping Rule Violations（ADRVs）Report. https://www.wada-
　　ama.org/en（参照日　2022年3月1日）

Waddington I et al. 著，大平章ほか訳（2014）スポーツと薬物の社会学－現状とその
　　歴史的背景－．彩流社．

推薦図書

Rowbottom M 著，岩井木綿子訳（2014）なぜ，スポーツ選手は不正に手を染めるの
　　か－アスリート不正列伝－．エクスナレッジ．

Waddington I et al. 著，大平章ほか訳（2014）スポーツと薬物の社会学－現状とその
　　歴史的背景－，彩流社．

[依田　充代]

第14章

ジェンダー
：スポーツにおける男女二元論の撹乱

　人を男女二分割する男女二元論（性別二元論）．スポーツは「ジェンダー最後の砦」として，これまで広く認識されてきた．否，中学校以上の学校体育の中で男女別修が今でも少なからず実践されていることなどから，スポーツにおける男女二元論は日本社会の中でいまだ強く認識されている．しかし，その一方，現在では，「ジェンダー」についての学際的な研究が進む中で，性別についての捉え方である，「ジェンダー」と「セックス」についての理解が進展し続けており，それらの概念は固定化していない（紙幅の都合上，「セクシュアリティ」を含めた議論は別稿に譲る）．その結果として，スポーツにおいても，「ジェンダー」と「セックス」の理解に揺らぎがみられ，たとえば，スポーツの頂上ともいえるオリンピックや各競技の世界選手権大会では，肉体的性別（男性）と社会的・文化的性別（女性）が異なるトランスジェンダー女性の選手や，ひとりの身体の中に男性器と女性器を有する等といった性分化疾患の選手が，一定の基準を満たせば，女性選手として競技会に出場することが認められている．
　冒頭に「スポーツはジェンダー最後の砦」と述べた．「最後の砦」として男女二元論を維持することが望ましいという考え方もあるだろう．また，スポーツも男女二元論から脱却する方が，より豊かなスポーツ文化の醸成に寄与するのではないか，というような立ち位置に立つ考え方もあるだろう．本稿では，スポーツとジェンダーの複雑な絡み合いについて考えていきたい．具体的にはジェンダーの視点からスポーツを捉え，ジェンダー・スタディーズの発展がスポーツにどのような影響を与えてきたかを検証する．それと同時に，その反対に，スポーツがジェンダー・スタディーズの進展に寄与してきたことはないかについて考察する．そのために，筆者がこれまで大学等で実践してきた授業の中で得られた学生からのコメントなどから発想を得つつ，私達がスポーツの場でジェンダーについてどのような経験をしてきたのかを紹介する．

　また，現在では，「Xジェンダー」や「アセクシュアル（エイセクシュアル）」
など多数の性が知られているが，本稿においては，ジェンダー理解の複雑化を
避けるために，敢えて，人を「男女」という括りで論を進め，「女性」と「男性」
というジェンダーを比較する．なお，現在，ますます顕在化しつつある，多数
の性の中から，強くスポーツと結びつくものについては，本稿の後半部分で一
部取り上げることとする．

1.「ジェンダー」の語義と日本における導入・発展

　この章のタイトルで用いている「ジェンダー（gender）」について，ここまで
で特別な説明はしなかった．本節では，「ジェンダー」について，その誕生に遡っ
て理解を促したい．近年では，特に日本語での説明なしに「ジェンダー」とい
う用語は頻繁に使用されているが，あなたの用いる「ジェンダー」は，筆者の
用いる「ジェンダー」と同じ意味を有しているのだろうか．
　「ジェンダー」は，もともとドイツ語やフランス語などで名詞の性を表す文
法用語である．
　「名詞の性」と聞いてもどういう意味かわからない人もいることであろう．
なぜなら，日本語の名詞に性はないからだ．たとえば，「月」という名詞だが，
フランス語では「女性名詞」となるが，ドイツ語では「男性名詞」である．一方，
「太陽」は，フランス語では「男性名詞」だが，ドイツ語では「女性名詞」である．
さらに，ドイツ語には「中性名詞」もある．このようにみてきてわかるように，
この文法上の「ジェンダー」は，生物学上の，つまり，雌雄の性別とは関係がない．
この文法上の「ジェンダー」が，主に欧米の社会学領域で1960年頃に，「セッ
クス」の対語として使われはじめた．生物学的な性別である「セックス」に対し，
社会的・文化的な性別として「ジェンダー」が再定義されたのである．この再
定義された「ジェンダー」が，1970年代後半頃にまずは女性学の領域で日本に
導入され，研究者達の間で議論されるようになり，その流れの中で「男性学」
が生まれた．「ジェンダー・スタディーズ」は，この「女性学・男性学」という
括りを超えた学問であり，「ジェンダー」という用語は，メディア等を媒介し
て徐々に多くの人々の間で知られるようになった．『広辞苑』には第4版（1991
年）から掲載された．なお，日本における「ジェンダー」草創期の様子は，ジェ

ンダー研究者の舘（2012）が「ジェンダー概念の検討」においてさまざまな角
度から論じているので参照していただきたい.

2.「gender」と「sex」

　日本に先んじて研究の進んだ欧米においては，1990年前後に「ジェンダー」
理解においてJ. バトラー（Butler, 1999）らによってドラスティックな変化が
生じた. それまで「ジェンダー」は「セックス」がもととなる概念として捉えら
れていた. つまり，土台として生物学的な「雌・雄」という違いがあり，それ
をもとに，たとえば，「女らしさ・男らしさ」といった社会的・文化的な違い
が生じるのである，と考えられていた. リンダ・ニコルソンは，この考え方に
ついて，コートラックとコートの関係性を比喩として論じた. つまり，あたか
も固定的で揺るがないものとしてのコートラック（セックス）があり，そこに
色々な形態のコート（ジェンダー）がかけられているのである. コートラック
があってこそコートはかけられるのであり，セックスが基盤として考えられて
いるのだ，と論じたのだ. しかし，ジェンダー・スタディーズが深まる中で，
このテーゼを覆す理論が「発見」されたのだ. 結論を先に示してしまえば,「セッ
クス」と「ジェンダー」の逆転である.「セックス」が土台にあるのではない.「ジェ
ンダー」があるからこそ，「セックス」とされるところの生物学的な男女の二元
論が所与のものとされ，誰も疑うことのない生まれ持っての男女の違いとして
長らく認識されていたのである. さらなるジェンダー・スタディーズの進展
の中で，現代では，広義の「ジェンダー」が「セックス」を包摂し，「セックス」
は広義の「ジェンダー」の一部であるのだというように議論は進んでいる. こ

図14-1　ジェンダーとセックスの関係図

こで注意が必要となるのは，「ジェンダー」を広義のものと狭義のものと分けて理解することである（図14-1）.

　「セックス」と対概念である狭義の「ジェンダー」は，「性役割」や「社会的な地位」といったもので社会的・文化的な性別といわれるものである．他方，広義の「ジェンダー」は，「セックス」も，狭義の「ジェンダー」をも包み込む概念である．この広義の「ジェンダー」は，非常に大きな力を有した概念であり固定したものではなく進化を続けており，筆者の現在の解釈では，能動的に「セックス」と狭義の「ジェンダー」に働きかけている．つまり，現在のところ，この広義の「ジェンダー」概念の力作用により，「セックス」も狭義の「ジェンダー」も，「男女」といった二分類を強いられているのだ.

　生物学的な性別，つまり「セックス」の一例として，**性染色体**を確認しよう．ほとんどの学校では，「女性」は「XX」，「男性」は「XY」とのみ学習する．しかし，人々の中に見られる性染色体の在り方は，XXY，XXX，XO 等ともっと多様であり，それぞれの出生率も 500 人に 1 人であったり，2,500 人に 1 人であったりする．この数字をどのように解釈するかは，読者に任せるとして，筆者がこの割合を知った時には，意外と多くの出生にみられるのだな，と率直に感じたことを思い出す．このように性染色体は多様であり，かつ，「XX」，「XY」以外の組み合わせに一定数があてはまる現実があるにもかかわらず，いまだに女子は「XX」，男子は「XY」という二項対立的な捉え方を学んできているのは，広義の「ジェンダー」の「人を男女の 2 つに分ける」という力作用によるものと考えられなくはないだろうか.

　また，狭義のジェンダーについても，「女らしさ」と「男らしさ」，「女は弱い」そして「男は強い」と二項対立的な意味合いを持たせていることが多くみられる．これは，「ジェンダー」黎明期にみられた，土台であるところの「セックス」に基づいて「ジェンダー」が考えられたための結果であると考えられる．そして，「ジェンダー」初学者には，依然として，「セックス」と狭義の「ジェンダー」が対をなして教授されている．この組み合わせはとてもわかりやすいため使用され続けているようにみえる．しかし，この理解をベースにしてしまうならば，その後に必要となる発展的な理解であるところの，その対概念である「セックス」も，実は，広義の「ジェンダー」であるのだ，ということを理解させ辛くしている.

　広義の「ジェンダー」は，いまだに日進月歩的な進化を遂げ続け，自己完結的な概念ではなく，前述の通り，他の概念にも力作用を及ぼす，かなり能動的な概念であると筆者は考えている．この解釈に行き着いてはじめて，スポーツにみられる男女別を再考する立ち位置に立つことができるのではないだろうか．

　スポーツ研究領域において，この「セックス」と，特に広義の「ジェンダー」の関係性の理解は非常に重要である．現在では"eスポーツ"といった身体活動をほとんど用いないスポーツも登場しているが，それでもほとんどのスポーツがいまだ生身の身体を用いて行われるわけであり，生物学的性別であるところの「セックス」の違いによる男女二元論に絡み囚われている．次節では，「セックス」を包摂した広義の「ジェンダー」の視点から，私達の身体を俯瞰してみよう．

3．nature or nurture−「氏」か「育ち」か−

　あなたが，今，生まれつきであり自然なものであると感じている身体は，本当に生まれつきであるといえるだろうか？親から受け継いだ遺伝情報そのままに成長した，と言い切れるだろうか．「nature or nurture」つまり，「氏か育ちか」について考えてみてみよう．あなたの身体は，手のひらの形，あるいは瞳の色など親から受け継いだ遺伝情報により，「一定程度」の制約を受けている．では，身体のすべてが親の遺伝情報により決まっているか考えてみたい．

　一例として，体重を考えてみよう．ジェンダーレスな（ジェンダーにとらわれない）洋服などが日本においても発売されつつあるが，それはほんの一部の洋服に過ぎず，今でも男性の洋服は比較的大きめに，女性の洋服は比較的小さめに縫製されている．そのため，遺伝情報を受けながら男女が成長しても，「氏」による増加以上に体重が増えた場合，男性にはサイズの大きな洋服が揃っている一方で，女性にはサイズの大きな洋服は少なくデザインの幅も小さい．そのため，女性は洋服に合わせて，ダイエットなどで体重を軽くするように努力する様子がしばしばみられる．考えてみて欲しい．大量生産のできない時代には，身体に合わせて洋服が作られていたのに，現在では，洋服に合わせて身体が人為的に加工されているのだ．1999年に開催された「身体の夢−ファッションor見えないコルセット−」展で，19世紀末までのコルセットが紹介され，衣

服と身体の関係においてこの点について鋭く指摘された（京都国立近代美術館ほか，1999）．そして，現在では，男性にも摂食障害患者が増えていることからもわかるように，男性（一部の男性は女性同様に往年にもコルセットを使用していたが）も「見えないコルセット」の餌食になりはじめていることは，メディア等でもてはやされている若年男性達の細身のスタイルをみることから容易に理解できるだろう．

　スポーツする際に重要であるこの「身体」は，遺伝情報により決められたもの以外に，「育ち」，つまり成育環境によって左右されている．スポーツ分野でも，海老原（2001）が上野を参考としながら，「生物学的性別に基づいて社会的・文化的性別が作られているという虚構は，代理出産や人口子宮によって暴かれ，『性差は育ちの結果である』ことが確認される．」と2001年にすでに言及していた．前節の広義の「ジェンダー」の理解に通じる論点と考えられ，さらに海老原は，「性差を超えてスポーツを捉える言説の枠組みがまだ存在していないし，根本的にはそのような状態はまだ到来していないと判断する．」（海老原，2001）と述べている．

　さて，海老原が指摘する「性差を超えてスポーツを捉える言説の枠組み」は東京でオリンピック・パラリンピックが開催された2021年に到来していたのだろうか．相変わらず男女別，というよりは「女性」，「男性」というジェンダー別に実施される競技がほとんどである．しかし，2021年の東京オリンピック・パラリンピックでは，正式種目としてとりあげられなかったが，"eスポーツ"の隆盛により，スポーツの定義から見直しが図られる兆しを感じることはでき，海老原が2001年にいうところの「性差を超えてスポーツを捉える言説の枠組み」にかなりゆっくりなペースであるが，近づいているとみることもできよう．また，後述するが，筆者が専門としている「太極拳」などの東洋的なスポーツが体育の種目として，すでに少なからぬ大学で位置づいている現状も，スポーツの定義を見直す一助となるであろう．

　とはいえ，ほとんどの西洋発祥スポーツにおいて，有利とされる，高い身長，筋肉質な肉体は，持って生まれた所与のテストステロン値によって決められる部分（「氏」）もあるが，女性は太ってはいけない，筋肉をつけすぎてはいけない等といった環境（「育ち」）によりスポーツに適した身体づくりを女性が手放してしまっている，という状況にある．異性の双子の赤ちゃんでも，生まれた

その瞬間から，親をはじめとした周囲の者達から，男の赤ちゃんには「男らしく」（ここには，「スポーツが上手」であることも含まれる），女の赤ちゃんは「女らしく」（ここには，「スポーツが上手」であることは滅多に含まれない）あることが求められるのである．ジェンダーの視点からスポーツを考察する際に，スポーツする私達の身体は，natureだけではなく，nurtureの恩恵も大きく被っており，従来通りのスポーツ場面で見られるさまざまな男女差（ジェンダー・バイアス）は，手つかずの自然のままの男女の差である，とはいえないことの理解が必要である．

4．スポーツ界で虐げられる「男性」とは

「ジェンダー」は，「フェミニズム」という思想やその思想に基づく運動から生まれた概念である．「ジェンダー」や「フェミニズム」という用語を見聞きすると，それは「女性の問題であり，女性の地位を向上させる運動」といったイメージを持つ者も少なからずいるだろう．しかし，現代的な「フェミニズム」とは，さまざまな議論があるが，筆者の解釈では「女性に限らず自分のジェンダーに起因する差別や生き辛さをなくそうとする運動」である．それゆえ，「男性」あるいは「その他の性」というジェンダーに起因する差別や生き辛さをなくそうとする者も「フェミニスト」であり，また，それらの人々を応援する者達も「フェミニスト」である．つまり，男性のフェミニストも当然存在するのである．特に，身体を丸ごと用いるスポーツの領域では，「運動やスポーツが苦手だったことでイジられた」（そして，残念なことに，「運動やスポーツが嫌いになった」）といったように，「男性」というジェンダーに分類される者は，通常，スポーツが得意であることを期待され，その期待に沿うことができないと，「男性」である自分を肯定的に捉えることが難しくなることも少なくない．さらには，スポーツの上手・下手にかかわらず，小学校や，中学校，高等学校の男女共学校で体育の時間に，女子は男子が教室を出た後の教室を更衣室として利用できたり，そもそも更衣室が設けられたりしているのに対し，男子は，廊下で更衣させられたり，水泳の授業の時間などではプールサイドで更衣させられたりと，男子の身体が女子の身体に比べ軽視されている．さらには，この状態が男性身体の軽視であることに気づいていない教育者が圧倒的に多いことは，由々しき

問題である．「ジェンダー」にかかわる問題が女性だけのものではなく，主に男性学が明らかにしてきたように「男性」というジェンダーには，それなりの問題があることを明らかにする際に，スポーツにかかわる事象を持ち出すことは，広く人々に受け入れられやすく，また，平易に理解を促すことにきわめて有用である．

5．男女共修・男女共習の体育

　あなたが過ごした中学校や高等学校での体育の時間は，どのような形態だっただろうか？男女は一緒に授業を受けていただろうか？学習内容は男女同一であっただろうか？1989年の学習指導要領改訂から，形式的には「武道」と「ダンス」について，生徒はその性別にかかわらず，自己の望んだ種目を履修できるようになっている．さらに，2008年改訂学習指導要領では，中学校の体育は男女ともに，「武道」と「ダンス」を含めすべての領域が必修となった．しかし，大学生から実際の経験を集約してみると，現実の授業でいまだに性別により種目を指定される学校が少なくない．この節では，体育の「男女共修」と「男女共習」について考えてみたい．「男女共修」とは，「男女が同じカリキュラムを履修すること」（佐野，2018）ができることを指す．そこでは，授業の形態は問わず，男女が性別により別グループとなり，一般的には同性の教師から授業を受けていても構わない．一方の，「男女共習」は，男女混合での実施であり，「男女が同じ時間に同じ場所で，基本的に同じ教師から同じ学習内容を履修すること」（佐野，2018）を指す．

　繰り返しになるが，わが国の学校体育において学習指導要領上の形式的な男女共修はすでに整備されている．しかし，男女共習についてみると，いまだ多くの中学校・高等学校で種目の一部についてのみであり，または，一学年を全て通じて男女が別々のグループとなり，別々の教師から授業を受けている．学校で学ぶ教科の中で，体育以上に男女二元論が強く働くものはないのではなかろうか．学校体育は，日常の授業だけではない．運動会・体育祭などの学校行事も含まれる．そこでは，競技は男女別に行われることが多く，種目も騎馬戦などの激しい種目は男子では実施されるが，女子は実施されず，代わりに棒回し等の安全な種目が実施される．近年では，騎馬戦による重篤な事故を回避す

るために，男子の騎馬戦も不実施とする学校も増えているが，女子に危険な種目は男子にも同様に危険である，という発想は長らくみられなかった歴史がある．そこには，男女の「身体」は異なるものである，という捉え方がみられる．つまり生徒らは，「女子の身体」を有する者と，「男子の身体」を有する者という2つに分類されるのである．この体育の授業や運動会・体育祭でみられる男女二元論は，その時間内だけでなく，学校におけるその他の教科でのグループ分けや整列の際に男子が前で女子が後ろといった学校生活にも波及する．

　近年では，この身体についての男女二元論に問い直しの流れが見られるようになってきた．それは，**性同一性障害**を含めトランスジェンダーの生徒の存在に社会的な脚光が当てられるようになったことが大きな要因と考えられる．文部科学省でも，2010年に「児童生徒が抱える問題に対しての教育相談の徹底について」を発出した（文部科学省，2010）．ここでは，性同一性障害の児童や生徒への配慮を学校側に要請した．2015年には「性同一性障害に係る児童生徒に対するきめ細かな対応の実施等について」が通知され（文部科学省，2015），性同一性障害の児童や生徒への具体的な対応についての事例が紹介された．この事例としては，「呼称の工夫」といったようなソフト面での支援と「トイレの利用」といったようなハード面での支援が示された．大変興味深いことに，この事例の中では，体育にかかわるものがいくつも取り上げられている．たとえば，更衣室として「保健室・多目的トイレ等の利用を認める．」，授業として「体育又は保健体育において別メニューを設定する．」や，水泳については「上半身が隠れる水着の着用を認める（戸籍上男性）．補習として別日に実施，又はレポート提出で代替する．」があげられる．この節のタイトルは，「男女共修・男女共習の体育」であり，体育における男女の二分論についてみてきたが，セクシュアル・マイノリティ（セクマイ）の児童や生徒の顕在化により，子ども達を「男性」「女性」という2つのジェンダーで括ることの暴力性が垣間みられるのではなかろうか．次節では，さらに踏み込んで，現在多くみられるオリンピックやパラリンピックに代表される競技スポーツ界における男女二元論がいかに暴力的なものであるのか考えていきたい．たとえば，デュティ・チャンドやキャスター・セメンヤに代表される DSDs（性分化疾患）の女性や，ローレル・ハバードのようなトランスジェンダー女性（MtF）に注目し，彼女たちが女性競技者として女性競技に出場することの苦悩についてみていくこととする．

6．DSDs（性分化疾患）とトランスジェンダー女性（MtF）の女性競技 への出場について

　まず，DSDs（性分化疾患）とトランスジェンダーについて説明する．両者
ともに非常に多様であるセクシュアルマイノリティの代表的な呼称とされる
「LGBTQIA」に含まれるもので，DSDs は「I」つまり「インターセックス」と
カテゴライズされており，トランスジェンダーは「T」である（ELEMINIST,
2021）．

　DSDs（性分化疾患）は，かつて「両性具有」，「半陰陽」などと称されていた
が，それらは侮蔑的な意味合いも含んでいた．また「インターセックス」とい
う表現も使われているが，現在では「DSD（s）」や医学用語である「性分化疾患」
と呼ばれるようになった．性に関する体の状態（性腺や性器など）が，一般的
な「女性」や「男性」ではなく多様なものであり，一説では日本において新生児
の約 2,000 人に 1 人が DSDs であるとされている（JobRainbow, 2020）．そして，
乳児の外性器が「典型的」な形状でなく出生した時，多くの場合，医師と保護
者の合意によって，本人の同意を得ずに手術をしてきた歴史があるが，現在は
子ども本人の意に沿わない形での手術は国連で禁止されている．一方，内性器
が「典型的」でない場合などは，成長が進んでから当事者が DSDs であること
を知ることになることもある．さらに近年，スポーツの世界では DSDs の女性
選手の存在に注目が集まっている．ある競技の国際大会では，DSD 女性選手
の割合が高いとする研究もある．DSDs のひとつのタイプとしてアンドロゲン
過剰症があり，男性ホルモンであるテストステロンの分泌が「平均的」な女性よ
り多く，「男性化」を引き起こす．競技によっては「女性」選手としての参加要
件としてテストステロン値の上限を設定するなどの動きがある．体内のテスト
ステロン値が上限を超えている場合，彼女たちは「自然」のままの体では競技
に参加できず，混沌とした状況にある．

　他方，トランスジェンダーは，「肉体的な性別」と「心の性別」が交差した関
係にある人々のことを指す．本節では，特に，スポーツ界において議論の的と
なっているトランスジェンダー女性（MtF = Male to Female）について説明す
る．彼女たちは，性自認が「女性」であるため，男女二元論にある競技スポー
ツにおいては女性競技への参加を望む．競技スポーツ界では，ほとんどの競技

において，「公平」，「平等」といった旗印のもとで（「女性」と「男性」は体力レベルが異なり，両者混合の試合は女性にとって不利であり，「公正」ではなく，「不平等」であるといった理由等で），「男女」は別のカテゴリーとして試合が実施される．現在では，特に，大きな大会において，女性選手が外見や筋肉のつき方などから「女性」であることが「疑われる」場合に限りその選手はホルモンテストが行われ，男性ホルモンの代表ともいえるテストステロン値が一定以下でない場合，「女性ではない」と刻印され女性競技への参加が禁止される．

　DSDs の女性とトランスジェンダー女性はともに，競技相手となる他の女性競技者達から一緒に戦うことは公正ではないと指摘されることがある．それらの声を受ける形で，2021 年 9 月現在においては，たとえば，国際オリンピック委員会では，ひとつの基準として大会出場の過去 1 年間にわたり血清中の総テストステロン値が 10nmol/L 以下という状態を保持することを出場条件としている．注目したいのは，トランスジェンダー女性に性別適合手術を求めていない点である．つまり，外見が男性のままでもホルモン量が基準値を下回れば，「女性」として参加できるのである．前述のように，この現状について，生まれも育ちも「女性」である一部の選手や一部の観客からは，トランスジェンダー女性選手の身体の状態には「男性」の部分が残っているために，「不公平である」といった声があげられている．はたして，「女性」という性別は誰によって決められるのか，何を根拠として決められるのか，混沌とした状況にある．

おわりに

　トップレベルでの競技における「女性」というジェンダーの定義は，一体どのようなものであるのだろうか？前節の終わりと重なるが，誰によって目の前の選手が「女性」であると定義され得るのか？また，同様に，誰によって「男性」は定義づけられるのであろうか？前節において，女性アスリートの問題について検討してきたが，奇妙なことにトランスジェンダー男性については，大会出場にあたっての守るべき基準がない．このことが示唆するのは，スポーツにおいては（あるいは，おいても），男性は女性より抜きんでている，という暗黙の了解が人々の間にある，ということだろう．近代スポーツは，「男性」の身体を基準に作られたため，「男性」の身体を有する者の方がそうでない者よ

りも有利である．そのため，トランスジェンダー男性は，生物学的には「女性」としての身体をもってスポーツに取り組んできたため，いわば，「二流の男性」であるとされ，トランスジェンダー女性にみられるような厳しい基準はなく，男性スポーツに参加できるということであろう．

　近年，人々の身体に多様性のあることが理解されつつある．そのような中でも，身体をほぼ丸ごと用いる主なスポーツは，相変わらず「男女」という二項対立的に存在している．他方，本文中でも取り上げた "e スポーツ" という，体内のホルモン値レベルといったものにはほぼ影響されないであろうスポーツも活況を呈しているという現実がある．スポーツにみられる身体性そのものが揺らぎはじめており，これまで強固であった「身体」とスポーツの結びつきにも変化がみられていくであろう．

　ジェンダー・スタディーズにおける男女二元論についての考察に，スポーツ界にみられる男女二元論の攪乱を話題提起することは有意義なものとなり得る．冒頭に述べた「スポーツはジェンダー最後の砦」といったように男女二元論が最も強固とみられるスポーツから，男女二元論を読み解く鍵を提供できる可能性があるというアイロニーに満ちた現状がある．現在のスポーツの在り方が，ジェンダー・スタディーズの発展において一定の役割を果たす道標になるという点については，より注目されてよいのではないか．2001 年に海老原は，「スポーツみたいな運動を女性が考案したらどうなっていただろうか，と想像することは決して無駄ではない．つまり，（筆者補足：そもそもが男性の身体を軸に作られた）近代スポーツの範疇でジェンダーのかかわりを言及するかぎり自ずと限界を露呈することとなる．」と指摘しているが，ここで海老原は，広義の「ジェンダー」について述べていると受け止めたい．そこで，近代スポーツの範疇から離れたスポーツ種目の一例として，筆者が約 25 年間大学等で指導してきた「太極拳」を取り上げる．オリンピックのほとんどの種目のモットーである「より速く，より高く，より強く」といったベクトルに対し，「太極拳」では，「よりゆっくりと，より重心を下げて，より力を抜いて」（佐野，2016）といったベクトルに向かうことが多い．そこでみられるところのジェンダー・バイアス（男女差）は，近代スポーツでみられるものよりも小さい．さらに，精神と身体の結びつきについては近代スポーツよりも重きを置かれ，年齢を重ね，鍛錬をするごとに素晴らしいパフォーマンスが可能となる．年齢同様に，

ジェンダーについてみても，太極拳の一部の流派では筋力のある方が望ましいものもあるが，その他の多くの流派においては，男性身体が必ずしも有利というわけではなく，ジェンダーというよりは，その個人が有する個々人の「身体」と「精神」の結びつきにより優劣が図られる側面を有している．スポーツが「ジェンダー」に絡め取られているのか，その逆に，「ジェンダー」がスポーツに絡め取られているのか，さらなる論考が必要となる．

引用文献

海老原修（2001）二元論にとどまるスポーツとジェンダーの限界．体育の科学，51（9）：732-736.

ELEMINIST（2021）LGBT に代わる新たな呼称「LGBTQIA」とは セクシャルマイノリティの多様化を知る．https://eleminist.com/article/912（参照日 2022 年 2 月 27 日）

JobRainbow（2020）インターセックスとは？DSD（性分化疾患）との違い．https://jobrainbow.jp/magazine/intersexdsd（参照日 2022 年 2 月 27 日）

京都国立近代美術館ほか編（1999）身体の夢－ファッション or 見えないコルセット－．京都服飾文化研究財団．

文部科学省（2010）児童生徒が抱える問題に対しての教育相談の徹底について．https://www.mext.go.jp/a_menu/shotou/jinken/sankosiryo/1348938.htm（参照日 2022 年 2 月 27 日）

文部科学省（2015）性同一性障害に係る児童生徒に対するきめ細かな対応の実施等について．https://mext.go.jp/b_menu/houdou/27/04/1357468.htm（参照日 2022 年 2 月 27 日）

佐野信子（2016）大学体育授業における東洋的スポーツの意義について－「太極拳」をてがかりに－．まなびあい，9：179-183.

佐野信子（2018）男女共修・男女共習．飯田貴子ほか編著，よくわかるスポーツとジェンダー．pp38-39，ミネルヴァ書房．

館かおる（2012）ジェンダー概念の検討．ジェンダー研究，1：81-95.

推薦図書

Butler J 著，竹村和子訳（1999）ジェンダートラブル－フェミニズムとアイデンティティの攪乱－．青土社．

飯田貴子ほか（2004）スポーツ・ジェンダー学への招待．明石書店．

木村涼子ほか（2013）よくわかるジェンダー・スタディーズ－人文社会科学から自然科学まで－．ミネルヴァ書房．

森山至貴（2017）LGBT を読みとく－クィア・スタディーズ入門－．筑摩書房．

［佐野　信子］

第15章

スポーツを通じて考える共生社会：マルクス・レームの大ジャンプが浮き彫りにしたもの

1．マルクス・レーム選手の大ジャンプが問いかけるもの

　2014年7月にドイツのウルムで開催された，ドイツ陸上選手権でのことである．男子走り幅跳びに出場したマルクス・レーム選手が8m24を跳んで優勝し，大きな話題となった．理由は2つ．1つは，マルクス・レーム選手が2年前のロンドン"パラリンピック"にも出場した義足のパラリンピアンであり，この大会は"オリンピック"選手も出場する国内最高峰の大会であること．もう1つは，8m24という記録が，2012年ロンドン"オリンピック"なら銅メダルとなる記録だったことだ．

　さらに，驚きは続く．翌年，2015年10月にカタールのドーハで開催されたIPC（International Paralympic Committee，国際パラリンピック委員会）陸上競技世界選手権に出場したマルクス・レーム選手は，自身の持つ世界記録を更新し，8m40という記録で優勝した．この記録は，2012年ロンドンオリンピック大会の優勝記録を上回っていた．そして，翌年に開催されることになる2016年リオオリンピック大会の優勝記録は8m38だった．もちろん，記録にはさまざまな要素が絡んでいるが，義足のパラリンピアンであるマルクス・レーム選手がオリンピックに出場していたら，と，思わずにはいられない人も多いだろう．

　世界を驚かせたマルクス・レーム選手の大ジャンプから14年前，海老原（2001）は，「溺れそうな泳者，意識不明となったランナー，転倒するのではないかと心配させるジャンパー，そして視覚障害者や聴覚障害者のオリンピック出場は，なにを呈示しているのであろうか」と疑問を投げかけた．「溺れそうな泳者」とは，「初めて泳いだ長さだったので溺れるかと思った」と語った2000年シドニーオリンピック大会男子競泳100mに出場した赤道ギニア代表

のエリック・ムサンバ選手のことであり，一方，「視覚障害者のオリンピック出場」は，同じシドニーオリンピック大会で，視覚障害ながら全米予選を勝ち抜き陸上女子 1,500m に出場したアメリカ代表のマリア・ラニアン選手のことを指している．

　マルクス・レーム選手の大ジャンプ，そして，海老原（2001）の問いかけは，所与の条件だと思っていたオリンピックとパラリンピックの境界線，そして，健常者と障害者の境界線が，実は，きわめて曖昧であることをわれわれに気づかせてくれる．

　ところで，前述のドイツ陸上選手権は欧州選手権の予選を兼ねていたが，欧州選手権に出場したのは，2 位の選手だった．また，オリンピック出場を目指したマルクス・レーム選手に対して，国際陸上競技連盟が示した条件は，「義足が有利ではないことを（自身で）証明せよ」であった．ケルン体育大学などが調査したが「助走時は義足が不利で踏み切り時は有利だが，全体的に有利か不利かはわからない」という結果であり，マルクス・レーム選手は，リオオリンピックへの出場を断念した（日本経済新聞，2019 年 9 月 12 日付）．

　「自身で証明せよ」とは，つまり，境界線を設定する立場にあるはずの国際陸上競技連盟自身でさえも，その境界線が何なのかについて，明確な根拠に基づいた説明ができないということの裏返しであろう．

2．パラリンピックの歩み

　ところで，歴史的には，オリンピックとパラリンピックは，それぞれ異なる起源を持つ．同年に同じ開催地で開催することについて，IOC と IPC が組織として公式に合意したのは 2000 年であり，比較的最近のことなのである．オリンピックの起源については他稿に譲るとして，ここではパラリンピックの歴史を簡単に振り返ってみたい．

　パラリンピックの原点とされるのは，1948 年にロンドン郊外のストーク・マンデビル病院で開催された車いす患者によるアーチェリー大会である．この病院は，第二次世界大戦で負傷した軍人の治療と社会復帰を目的として設立された病院であった．

　その後，徐々に国際化が進み，1960 年には第 1 回パラリンピック大会が開

催されている．第 1 回パラリンピック大会は，同年にオリンピックが開催されたローマで開催されているが，これは，当時の主催組織である国際ストーク・マンデビル大会委員会が意向を表明したものであり，オリンピック側との合意に基づくものではなかった．しかしながら，徐々に連携が進み，1988 年に開催されたソウルパラリンピックは，オリンピック組織委員会がオリンピックとパラリンピックを連動させたはじめての大会とされている．

　そして，2000 年シドニー大会の大会中に，IOC と IPC の会長の話し合いが持たれ,「オリンピック開催国は,オリンピック終了後,引き続いてパラリンピックを開催しなければならない」との基本合意に達したのである．

　このように，負傷した軍人のリハビリとして病院で生まれたパラリンピックは，オリンピックとはまったく異なる道を歩んできた．それが，2000 年以降に「オリンピック・パラリンピック」として，パラリンピックがオリンピックと相並ぶ世界的なスポーツイベントに位置づいたことによって，急速に「スポーツ化」「競技化」の道を辿ることになった．結果として，マルクス・レーム選手に代表される突出した記録が生まれるようになり，両者の境界線を意識させることになったのである．（表 15-1）

3．パラリンピックの「競技化」

　オリンピックとパラリンピックの境界線がここにきて意識されるようになった背景には，パラリンピックの急速な「競技化」がある．

　それでは，実際にパラリンピックの競技記録がどう変遷しているのかをみてみよう．パラリンピックでは，障害の種類や程度によって「クラス分け」が行われ，それぞれのクラスごとに競技が開催される．したがって，同一種目内で複数の金メダルが授与されることになる．

　表 15-2～4 には，比較的シンプルな競技種目である陸上競技の 100m と走り幅跳び，競泳の 50m 自由形の記録を整理した．なお，2016 年リオパラリンピック大会を起点として，同じクラス名称で 3 大会以上，記録を遡ることができるクラスを対象とした．

　たとえば，2016 年リオパラリンピック大会の陸上競技 100m 男子で最も記録が良いクラスは,「T13」の 10 秒 64 であり，2000 年シドニーパラリンピッ

表15-1　パラリンピックの歩み(日本パラリンピック委員会HPより作表)

年	出来事
1944	イギリスのチャーチル首相らが，第二次世界大戦で負傷した兵士の治療と社会復帰を目的に，ロンドン郊外にあったストーク・マンデビル病院内に脊髄損傷科を開設.
1948	初代科長のルードウィッヒ・グットマン卿は，スポーツを治療に取り入れる方法を用いたが，7月29日，ロンドンオリンピックにあわせてストーク・マンデビル病院内で16名の車いす患者によるアーチェリー大会を開催した．これがパラリンピックの原点とされる.
1952	オランダの参加を得て国際競技会へと発展し，これが第1回国際ストーク・マンデビル大会となった(130名が参加).
1960	イギリス，オランダ，ベルギー，イタリア，フランスの5カ国により国際ストーク・マンデビル大会委員会(ISMGC)が設立され，グットマン卿がその初代会長に就任．ISMGCは，オリンピック開催年に実施する大会は，オリンピック開催国でオリンピック終了後に実施する意向を表明した．同年，オリンピックの開催されたローマで国際ストーク・マンデビル大会が開催された(23カ国，400名が参加).
1964	この大会は，IPC設立後に第1回パラリンピックとして位置づけられた．1964年東京オリンピック直後に国際身体障がい者スポーツ大会が開催された．※大会は2部制で開催され，第1部は国際ストーク・マンデビル大会，第2部は車椅子使用者だけではなくすべての身体障害者による国内大会であった．※「パラリンピック」という名称は，「オリンピック開催年にオリンピック開催国で行われる国際ストーク・マンデビル大会」＝「Paraplegia（対まひ者）」の「Olympic」＝「Paralympic」という発想で，東京大会の際に日本で名付けられた愛称.
1976	モントリオールオリンピック開催年に行われたトロント大会は，はじめて国際ストーク・マンデビル競技連盟と国際身体障害者スポーツ機構の共催で行われ，脊髄損傷者に加え視覚障害者と切断の選手が出場した.
1980	視覚障害者の国際的なスポーツ団体である国際視覚障害者スポーツ協会(IBSA)が設立された.
1985	IOCは，国際調整委員会(ICC)がオリンピック年に開催する国際身体障がい者スポーツ大会を「Paralympics(パラリンピックス)」と名乗ることに同意．※従来のパラリンピックという言葉は，対麻痺者のオリンピックという意味であったことから，身体障害者の国際大会になじまなかったため，ギリシア語の接頭語であるパラ＝Para(沿う，並行)＋Olympic(オリンピック)と解釈することになった.
1988	ICC主催により「ソウルパラリンピック」が開催され，61カ国から3,057名の選手が出場．この大会は，オリンピック組織委員会がオリンピックとパラリンピックを連動させたはじめての大会であった.
1989	9月22日，国際パラリンピック委員会(IPC)創設.
2000	第11回シドニーパラリンピック開催．大会期間中，ファン・アントニオ・サマランチIOC会長と，ロバート・D・ステッドワードIPC会長によってIOCとIPCとの協力関係に関する話し合いが持たれ，「オリンピック開催国は，オリンピック終了後，引き続いてパラリンピックを開催しなければならない」との基本的な合意に達した.

ク大会の11秒36と比較すると0秒72早くなっている．T11〜T13は「視覚障害」のクラスである．さらに，T11は「全盲から視力0.0025未満」，T12は「視

表15-2　陸上競技100mの記録(上段:男子，下段:女子)

区分	クラス	1996アトランタ	2000シドニー	2004アテネ	2008北京	2012ロンドン	2016リオ
視覚障害	T11	0:11.38	0:11.69	0:11.41	0:11.03	0:11.17	0:10.99
	T12	0:11.01	0:11.27	0:10.75	0:10.89	0:10.81	0:10.97
	T13		0:11.36	0:10.98	0:10.62	0:10.46	0:10.64
脳原性まひ	T35	0:13.22	0:13.46	0:13.05	0:12.29	0:12.62	0:12.31
	T36	0:12.03	0:12.58	0:12.49	0:12.25	0:12.08	0:12.07
	T37	0:11.90	0:11.99	0:12.23	0:11.83	0:11.51	0:11.45
	T38		0:11.56	0:11.37	0:10.96	0:10.79	0:10.74
切断・機能障害(立位)	T42	0:13.55	0:12.61	0:12.51	0:12.32	0:12.40	0:12.26
	T44*1	0:11.36	0:11.09	0:11.08	0:11.17	0:10.90	0:10.81
切断・機能障害(車椅子)	T52	0:15.22	0:17.82	0:17.21	0:17.47	0:17.02	0:17.17
	T53	0:14.45	0:15.59	0:15.04	0:14.79	0:14.75	0:14.44
	T54		0:14.46	0:14.19	0:13.81	0:13.79	0:13.90
区分	クラス	1996アトランタ	2000シドニー	2004アテネ	2008北京	2012ロンドン	2016リオ
視覚障害	T11	0:13.02		0:12.55	0:12.31	0:12.01	0:11.96
	T12		0:12.46	0:12.32	0:12.38	0:12.05	0:11.40
	T13			0:12.56	0:12.28	0:12.00	0:11.79
脳原性まひ	T36		0:15.73	0:13.88	0:13.82	0:14.44	0:14.46
	T37*2	0:14.79	0:13.88	0:14.39	0:14.14	0:14.08	0:13.13
	T38		0:13.94		0:13.43	0:13.45	0:12.62
切断・機能障害(立位)	T42				0:16.32	0:15.87	0:14.97
	T44		0:13.97		0:13.72	0:13.26	0:13.02
切断・機能障害(車椅子)	T52	0:16.62	0:23.16		0:19.97	0:19.69	0:19.42
	T53	0:16.70	0:17.29	0:17.24	0:16.29	0:16.42	0:16.28
	T54		0:16.59	0:16.33	0:16.15	0:15.82	0:16.00

*1アテネはT34-44，*2アトランタはT36-37

力0.0025から0.032までのもの，または，視野直径が10度未満のもの」，T13は「視力は0.04から0.1までのもの，または視野直径40度未満のもの」なので，T13は，クラス間の相対的な比較においては，軽度な障害のクラスとなる．ちなみに，オリンピックの優勝記録は，2000年シドニー大会9秒87に対して，2016年リオ大会は9秒81であった．

　冒頭のマルクス・レーム選手は，2012年ロンドンパラリンピック大会，2016年リオパラリンピック大会の走り幅跳び(男子)の金メダリストである．

表15-3　陸上競技走り幅跳びの記録(上段:男子,下段:女子)

区分	クラス	1996アトランタ	2000シドニー	2004アテネ	2008北京	2012ロンドン	2016リオ
視覚障害	F(T)11	6.74	6.11	6.40	6.61	6.46	6.52
脳原性まひ	F(T)37*1	5.74	5.73				6.77
	F(T)38*2			6.06	6.44	6.31	6.64
切断・機能障害	F(T)42	5.20	5.75	6.23			6.70
	F(T)44*3	5.80	6.19	6.68	6.50	7.35	8.21
区分	クラス	1996アトランタ	2000シドニー	2004アテネ	2008北京	2012ロンドン	2016リオ
視覚障害	F(T)12*4		5.22	5.66	6.28	6.60	6.11
切断・機能障害	F(T)42			3.67	3.73		4.93
	F(T)44*5				4.82	4.38	5.83

*1アトランタはF34-F37, *2北京, ロンドンはF37/F38, アテネはF36-F38,
*3北京, ロンドンはF42/F44, *4ロンドンはF11/F12, *5ロンドンはF42/F44.

表15-4　競泳50m自由形の記録(上段:男子,下段:女子)

クラス	1992バルセロナ	1996アトランタ	2000シドニー	2004アテネ	2008北京	2012ロンドン	2016リオ
S4	0.50.00	0:41.85	0:38.84	0:35.41	0:37.89	0:38.26	0:39.30
S5	0.39.96	0:37.52	0:34.47	0:32.62	0:33.00	0:32.05	0:32.78
S6	0:32.31	0:31.26	0:31.31	0:30.80	0:29.78	0:28.57	0:28.81
S7	0:30.75	0:30.81	0:28.58	0:28.77	0:27.95	0:27.84	0:27.35
S8	0:29.46	0:28.84	0:27.93	0:26.84	0:26.45	0:25.82	0:26.24
S9	0:27.82	0:28.09	0:26.36	0:26.37	0:25.34	0:25.13	0:25.95
S10	0.26.24	0:26.52	0:25.37	0:24.71	0:23.61	0:23.16	0:23.33
S11*1	0:26.58	0:27.24	0:26.37	0:26.64	0:25.82	0:25.27	0:25.57
S12*2	0.26.07	0:26.61	0:25.79	0:24.80	0:23.43	0:23.60	0:23.67
S13*3	0.26.45	0:26.06	0:24.67	0:24.88	0:23.75	0:23.99	0:23.44
クラス	1992バルセロナ	1996アトランタ	2000シドニー	2004アテネ	2008北京	2012ロンドン	2016リオ
S5	0:42.13	0:42.13	0:39.47	0:37.26	0:35.88	0:35.88	0:36.87
S6	0:42.26	0:42.26	0:36.73	0:36.14	0:35.60	0:34.77	0:33.43
S7	0:36.68	0:36.68	0:36.85	0:34.34	0:33.84	0:32.63	0:32.42
S8	0:35.68	0:35.68	0:33.03	0:31.51	0:32.09	0:31.13	0:29.73
S9	0:32.31	0:32.31	0:31.36	0:29.52	0:29.20	0:29.12	0:28.29
S10	0:29.84	0:29.84	0:29.90	0:28.75	0:28.51	0:28.10	0:27.37
S11*1	0:34.32	0:34.32	0:33.02	0:32.35	0:31.39	0:30.94	0:30.73
S12*2	0:29.32	0:29.32	0:29.90	0:28.02	0:27.07	0:26.90	0:27.53
S13*3	0:28.57	0:28.57	0:27.38	0:28.47	0:27.85	0:27.46	0:27.34

*1アトランタ, バルセロナはB1, *2アトランタ, バルセロナはB2, *2アトランタ, バルセロナはB3

マルクス・レーム選手自身の記録も 2012 年の 6m50 から，2016 年には 8m21 と大きく伸ばしている．同種目クラスの 1996 年アトランタ大会の記録は 5m80 であり，その差は 2m41 だ．なお，オリンピックの優勝記録は，1996 年アトランタ大会 8m50 に対して，2016 年リオ大会は 8m38 であった．

　唯一，記録の向上がみられないのは，陸上競技 100m の T52〜T54 である．このクラスは，髄損傷や脊髄損傷を含む重度障害のクラスである．それ以外のクラスについては，若干の凸凹はあるものの，また，同じ名称のクラスであっても厳密にはクラス分けの基準が変わっていることもあるが，大きな流れとしては，パラリンピックの記録は，年々，向上しているといってよいだろう．

4．パラリンピックの競技化の背景
（インタビュー：JPC 委員長 河合純一氏）

　さて，パラリンピックの「競技化」には，どのような要因があるのだろうか．日本パラリンピック委員会の委員長を務める，河合純一氏に話をうかがった．

　河合氏は，自身もパラリンピックに出場した経歴を持つ．1992 年バルセロナ大会に初出場してから 6 大会連続でパラリンピックに出場し，金メダル 5 個を含む 21 個のメダルを獲得し，2016 年には日本人としてはじめて IPC の殿堂入りを果たした．表 15-4 の男子 S11 クラスの 1996 年，2000 年，2004 年の記録は，河合氏が金メダルを獲ったときの記録である．

1）競技記録の向上

Q1：改めて競技記録をながめてみると，やはり大きな流れとしては記録の向上が顕著ですね．河合さんが 50m 自由形で三連覇（1996 年アトランタ，2000 年シドニー，2004 年北京）したときの記録は 26 秒 37〜27 秒 24 でしたが，2016 リオ大会で優勝した選手の記録は 25 秒 57 でした．同じく，100m 自由形はシドニー大会で 1 分 1 秒 18 で金メダルを取りましたが，リオ大会の優勝記録は 56 秒 15 です．それでも，変動幅としては小さい方です．よく，パラリンピックの「競技化」ともいわれますが，それには，どんな背景があるのでしょうか？

A1：パラリンピック，障害者スポーツは，もともとは福祉としてはじまり，ど

の国でもリハビリの一環でした．実際，かつてのパラリンピックでは，医療や福祉が充実している国のメダル獲得数が多く，この傾向は 1990 年代まで顕著です．それが，2000 年以降，風向きが変わり，いわゆるスポーツ強豪国がパラリンピックに力を入れるようになりました．一番の要因は，IOC（国際オリンピック委員会）と IPC のアグリーメントです．2000 年シドニー大会の閉会式で両者がより緊密に連携する方針を打ち出し，翌年の招致活動（2008 年大会の招致活動）から，オリンピックとパラリンピックを一体で行うことになりました．その結果，参加国において，オリンピックとパラリンピックのメダルの価値を同一視する傾向が強まったのです．

　これは，パラリンピックへの取組を通じて，障害者福祉分野における問題解決の一助にしようする側面がある一方，「パラリンピックのメダルが多い国」＝「福祉が充実している，社会的弱者にやさしい国」というプロパガンダに利用されたという側面もあるのではないかと思っています．

　次に起きたのは，スポーツ医科学の活用です．オリンピックで蓄積したスポーツ医科学の知見をパラリンピックへ活用する取り組みがはじまっており，それを効果的に進めている国が強くなっている．今が，まさにそのような状況です．

　国内に目を向けると，特に，この 10 年で大きく変わりました．2011 年に約半世紀ぶりにスポーツ基本法が全面改正されましたが，その中で「障害者スポーツの発展」が掲げられました．2013 年には東京 2020 大会の開催が決定し，2014 年には障害者スポーツに関する事業が**厚生労働省**から**文部科学省**に移管され，2015 年にはスポーツ庁が発足しました．**国立スポーツ科学センター**やナショナルトレーニングセンターもオリンピック選手と同じように利用できるようになり，強化も進んでいます．

　変な話ですが，私がバルセロナパラリンピックに出場した時は，試合用の水着は一枚しかもらえませんでした（笑）．今は，予選・決勝で 4〜5 枚は支給されます．それから，当時は，パラリンピックに出場すると，必ずスーツケースが支給されました．障害者で海外旅行に行く人がいない時代だったので，誰もスーツケースをもっていなかったからです．選手を取り巻く環境も，本当に大きく変わったと思います．

Q2：マルクス・レーム選手が，2014 年 7 月のドイツ陸上選手権で優勝したと
き，あるいは，2015 年 10 月に IPC 陸上競技世界選手権で 8m40 を跳んだ
ときは，大きな話題になりました．一方で，国際陸上競技連盟は，義足
の選手の国際大会への出場について，義足の反発力等が競技に有利に働
いていないことを選手自身が証明することを求めています．

A2：純粋に「すごい記録だな」という思いでした．私自身は，有利か不利か，
という議論はあまり意味がないと考えています．発想を変えて，技術の
素晴らしさに目を向けてほしいですね．義足の技術と厚底シューズの技
術には共通点があると聞いたことがありますが，パラリンピアンは，常
に前例のないことにチャレンジしているので，その技術が，オリンピッ
クを含むハイパフォーマンス全体を押し上げる可能性があるのです．

　　東京大学の中澤先生の研究（中澤，2021）では，たとえば，一般的には，
右足で歩くときは左脳が働きますが，右足切断の義足の選手の場合，右
足で歩くときに，左脳に加えて右脳も使っていることが脳科学的に明ら
かになっています．つまり，切断直後はうまく歩けなくても，ハイパフォー
マンスを目指す高度なトレーニングによって，義足をうまく使い，義足
を身体の一部として使いこなせる脳に変わっていくということです．有
利か不利かという議論ではなく，このような視点でパラリンピアンのパ
フォーマンスを捉えると，実にさまざまな可能性が広がってくると思い
ませんか？

Q3：この話題は，自明のものと思われていたオリンピックとパラリンピック
の「境界線」，健常者と障がい者の「境界線」が，実は極めて曖昧で，線
引きができないということを示唆しているように思います．オリンピッ
クとパラリンピックの一体化が話題になることもあります．マルクス・
レーム選手のような選手が，オリンピックに出場する日はくるのでしょ
うか？

A3：スポーツイベントとしてのオリンピックとパラリンピックを一緒にやる
ということと，障害の有無を超えてスポーツを一緒にやれる社会をつく
るということは，分けて考えた方がよいと思っています．オリンピック
とパラリンピックの一体開催というと聞こえはよいのですが，世界 1 位
の規模のイベントと世界 3 位の規模のイベントを一体化するのが，果た

してサステナブルな仕組みなのかというと，難しい面もかなりあると思います．

　重要なのは，もっと身近なスポーツのインクルージョンです．小学校の体育，運動会，部活動，地域のスイミングクラブなどで，障害のある子どもとない子どもたちが一緒にスポーツをする．あるいは，全中（全国中学校体育大会），インターハイ（全国高等学校総合体育大会），インカレ（全日本大学選手権）などの国内大会を一緒にやることが先だと思います．「パラリンピックを通じた共生社会の実現」とよくいわれますが，実現するためにはまずスポーツ界自身がインクルーシブになる必要があるでしょう．

　身近なスポーツがインクルーシブになることによって，「障害」が，個人的な差異や医学的な根拠によって定義されているのではなく，私たち自身を含む社会がつくった制度やルール，偏見などによって，「障害」や健常者と障害者の「差異」が生み出されていると気づくことができれば，共生社会への一歩につながるのではないかと思います．

5．オリンピックとパラリンピックの境界線
－アイデンティティからの自由と共生社会－

　パラリンピックの歴史，そして，河合氏へのインタビューからみえてくるのは，「障害（者）」に対する，実証主義的アプローチではなく，相対主義的アプローチの重要性である．この観点からは，イギリス，アメリカで発展したディスアビリティ・スタディーズ（Disability Studies）を「障害学」と訳し，日本に導入した長瀬（1999）らの論が興味深い．

　長瀬（1999）は，「障害学」を「障害，障害者を社会，文化の視点から考え直し，従来の医療，リハビリテーション，社会福祉，特殊教育といった「枠」から障害，障害者を開放する試みである」とし，その中で，1975年に「隔離に反対する身体障害者連盟」（UPIAS）が定義した「インペアメント」と「ディスアビリティ」の概念を紹介している．インペアメントとは，"手足の一部または全部の欠損，身体に欠陥のある肢体，器官または機構を持っていること"，ディスアビリティとは，"身体的なインペアメントを持つ人のことをまったくまたはほとんど考

慮せず，したがって社会活動の主流から彼らを排除している今日の社会的組織によって生み出された不利益，または，活動の制約"として定義されている．そして，ディスアビリティに焦点を当てることで，障害者を排除する社会組織に目を向け，従来の個人モデル，医学モデルから脱却し，社会モデルが成立したとしている．

　また，石川（1999）は，この問題に対して「存在証明」による説明を提案する．他者は他者自身の証明のために「わたし」を定義し，「わたし」もまた自分の存在証明のために他者を定義しなければならないとし，存在証明には，印象操作，補償努力，他者の価値剥奪，価値の取戻しの4つの方法があるとしている．印象操作は，負のアイデンティティを隠したり，価値あるアイデンティティの持ち主であると装うこと，補償努力は，社会的威信の高い集団に所属するなど価値あるアイデンティティ獲得することで，否定的な価値を帯びた自分を補償しようとすること，他者の価値剥奪は，文字通り人から価値を奪おうとする消極的な方法だが，この3つの方法は，既存の支配的な存在証明の体系への従属を意味する点において一連であり，また，無限のループを循環すると述べている．

　そして，石川が強調するのは，「価値の取戻し」と「存在証明からの自由」の重要性だ．価値の取戻しとは，社会の支配的な価値を作り替えることによって，自分の社会的アイデンティティを肯定的なものへと反転させようとすることであり，存在証明からの自由とは，存在証明への圧力そのものを無視・軽視することである．「価値の取戻し」＝「価値を増殖しようとする営み」，「アイデンティティへの自由」，「存在証明からの自由」＝「価値から自由になろうとする営み」，「アイデンティティからの自由」は，アイデンティティ問題を解決する手段を超えて，共生と多様性を祝福する社会へと向かう契機になるとしている．一方で，石川は，価値の取戻しを大胆に企てた場合，既存の価値体系のものとで存在証明を成功させてきた人々から，強い反発や拒絶を受けるとも述べている．

　この長瀬や石川の議論は，マルクス・レーム選手の大ジャンプや海老原（2001）の問いかけがわれわれに意識させたオリンピックとパラリンピックの「境界線」について，鋭い視座を与えてくれる．本人が意識しているかどうかは別として，マルクス・レーム選手の驚異的なパフォーマンスは，価値を増殖する営みであり，オリンピックに出場することは，既存の価値体系を作り替えて，自らのアイデンティティを反転させようとする営みとなるのであろうか．

あるいは，既存の価値体系のもとで成功してきた人々，つまり，オリンピック側からの反発や拒絶を受けるのであろうか．

　いや，このような当てはめが，そもそも不毛かもしれない．河合氏が述べたように，オリンピックとパラリンピックをイベントとして統合するか，あるいは，マルクス・レーム選手はオリンピックに出場すべきかどうかという，一面的な議論と混同すべきではないだろう．しかしながら，パラリンピックや障がい者スポーツにまつわるさまざまな事象を取り上げることで，存在証明からの自由，アイデンティティからの自由についての議論が深まることは確かだ．マルクス・レーム選手の大ジャンプの行く先が，共生社会への道につながっていくことを期待したい．

引用文献

海老原修（2001）ある身体ともつ身体−パラリンピック考−義足のモーリス・グリーン．体育の科学，51（1）：67-71.

石川准（1999）障害，テクノロジー，アイデンティティ．石川准ほか編著，障害学への招待，pp41 − 77，明石書店．

国際パラリンピック委員会：https://www.paralympic.org（参照日　2022 年 3 月 1 日）

長瀬修（1999）障害学へ向けて．石川准ほか編著，障害学への招待，pp11-39，明石書店．

中澤公孝（2021）パラリンピックブレイン．東京大学出版会．

日本経済新聞（2019）マルクス・レーム−パラの絶対王者が夢見る「共生」−．2019 年 9 月 12 日付．

日本パラリンピック委員会：https://www.jsad.or.jp/paralympic/jpc/（参照日　2022 年 3 月 1 日）

日本パラ陸上競技連盟：https://jaafd.org（参照日　2022 年 3 月 1 日）

日本パラ陸上競技連盟：クラス分け Q&A．https://jaafd.org/pdf/topclasswake_qa_rr.pdf（参照日　2022 年 3 月 1 日）

日本パラスポーツ協会：かんたん陸上競技ガイド．https://www.jsad.or.jp/about/referenceroom_data/competition-guide_01.pdf（参照日　2022 年 3 月 1 日）

日本パラスポーツ協会：かんたん水泳ガイド．https://www.jsad.or.jp/about/referenceroom_data/competition-guide_02.pdf（参照日　2022 年 3 月 1 日）

世界パラ陸競技連盟：https://www.paralympic.org/athletics（参照日　2022 年 3 月 1 日）

［横田　匡俊］

第 16 章

リバース・インテグレーションに伴う
インクルーシブ・スタンダードの妥当性

　2014 年ソチパラリンピック大会滑降・スーパー大回転で金メダルを獲得したチェアスキー・狩野亮は同年春の叙勲で紫綬褒章を受ける．そのハイ・パフォーマンスは，父親が地域でスキー指導員，学校で教師という生育期のスポーツ環境を出発点とする．これを恵まれた環境と判定する理由は，同じように受傷した小学 3 年の少年 A を想定し，受傷後にスポーツに接する環境にない，と仮定するからに他ならない．はたして，彼や彼女が身体を動かして，心臓をドキドキさせるチャンスはどこにあり得たのであろうか，と問うからだ．教育基本法第 4 条は教育の機会均等を，スポーツ基本法前文はいわゆるスポーツ権をそれぞれ言明する．では，この義務教育段階にある少年 A に，小学校・体育や中学校・保健体育は，どのようなかたちの教育を用意できたのであろうか．同じ地域社会において運動・スポーツを行いたいと強く要望する身体欠損児にいかなるスポーツ環境を準備できるのか．狩野亮が過ごしたスポーツ環境は偶発的に出来したと省みるべきであり，同じように発症・受傷した同年代の障害児が，その生育過程で教育基本法やスポーツ基本法を遵守する教育・スポーツ環境に身を置いたならば，狩野亮を超えるようなスポーツ選手に成長したかもしれない，と想像すべきである．少年 A に保障すべき教育機会を，われわれはこれまでも，そして，現在も備えていない現状を認識しなければならない．

　図 16-1 に近年の障害者スポーツを取りまく組織・人材・所管部局（関連法）を図示した．障害児・者への社会資本・支援にみる縦割り行政が確認できる中で，2020 年東京パラリンピック大会開催に向けて文部科学省ではトップアスリートの発掘・育成事業をスポーツ庁に一元化する．がしかし，一方でパラリンピックでの活躍が期待されるトップアスリートへの制度化が伸展するが，他方で一般の障害児・者に対する制度設計が旧態のままとなりやしまいか．この制度上の論議をおざなりとしたままに，社会教育部門や厚生労働部門で障

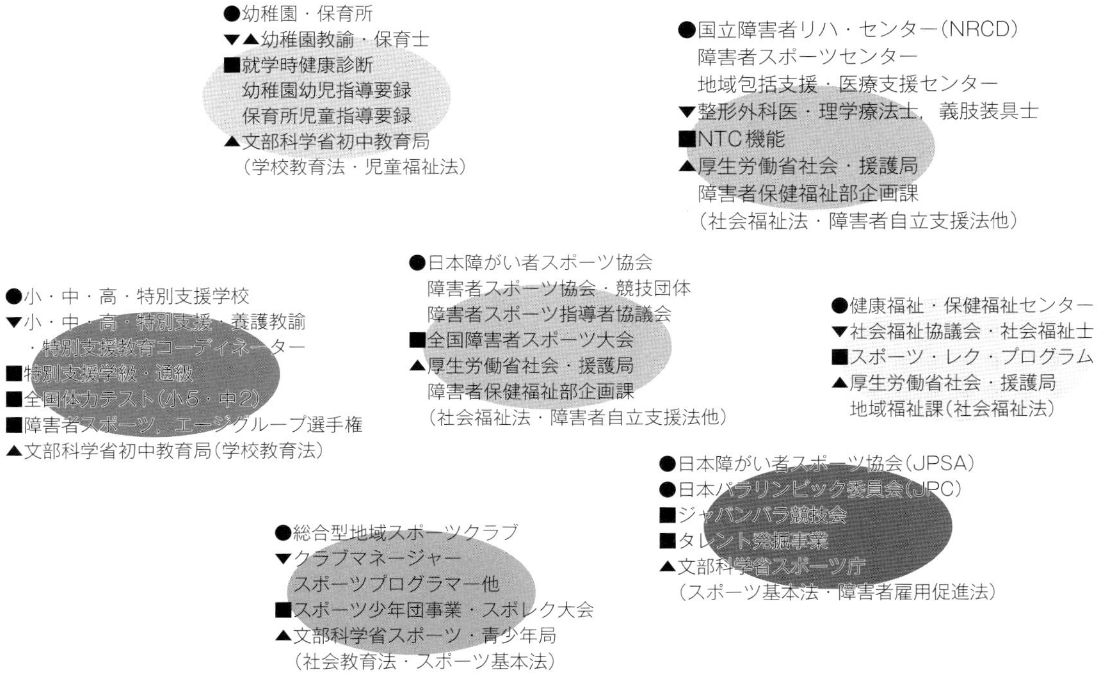

●幼稚園・保育所
▼幼稚園教諭・保育士
就学時健康診断
幼稚園幼児指導要録
保育所児童指導要録
▲文部科学省初中教育局
（学校教育法・児童福祉法）

●小・中・高・特別支援学校
▼小・中・高・特別支援・養護教諭
特別支援教育コーディネーター
■特別支援学級・通級
障害者スポーツ、エール・グループ選手権
全国体力テスト（小5・中2）
▲文部科学省初中教育局（学校教育法）

●国立障害者リハ・センター（NRCD）
▼障害者スポーツ包括支援・医療支援センター
地域包括支援・医療支援センター
整形外科医・理学療法士
義肢装具士
NTC機能
■厚生労働省社会・援護局
障害保健福祉部自立支援企画課
（社会福祉法・障害者自立支援法他）

●健康福祉・保健福祉センター
社会福祉協議会・社会福祉士
▼スポーツ・レク・プログラム
■厚生労働省社会・援護局
地域福祉課（社会福祉法）

●日本障がい者スポーツ協会・競技団体
障害者スポーツ指導者協議会
■全国障害者スポーツ大会・援護局
厚生労働省社会・援護局
障害保健福祉部自立支援企画課
（社会福祉法・障害者自立支援法他）

●日本障がい者スポーツ協会（JPSA）
●日本パラリンピック委員会（JPC）
■ジャパンパラ競技大会
タレント発掘事業
障害者スポーツ庁
▲文部科学省スポーツ庁
（スポーツ基本法・障害者雇用促進法他）

●総合型地域スポーツクラブ
▼スポーツネージャー・クラブマネージャー
スポーツプログラマー他
■スポーツ少年団事業・スポーツ・レク大会
文部科学省スポーツ・青少年局
▲（社会教育法・スポーツ基本法）

図16-1 障害者スポーツを取りまく組織・人材・所管部局（関連法）（海老原ほか，2013）

●組織、▼人材、■所管部局（関連法）

害者や障害者スポーツへの理解をすすめるべく，一方でイベントがより大きくなる中で，他方ではこれに反比例して無関心への免罪符が大きくなると予見できる．障害者スポーツを共通教材として障害児と健常児が一緒に体験する機会を設けてこそ実践的なインクルーシブ教育の端緒となると期待した（海老原ほか，2013）．

　振り返るまでもなく，2011年に制定されたスポーツ基本法ならびに翌2012年に立案されるスポーツ基本計画では，従来の文部科学省のスポーツ政策ではほとんど言及されなかった障害者スポーツの振興が生涯スポーツと競技スポーツの両面で記述される．もとより「すべて国民は，ひとしく，その能力に応じた教育を受ける機会を与えられなければならず，人種，信条，性別，社会的身分，経済的地位又は門地によって，教育上差別されない」と，教育基本法第4条が教育の機会均等を謳う中，スポーツ基本法が言及する障害者スポーツの現状を把握してみた．ヤマハ発動機スポーツ振興財団プロジェクトでは，① 2012年度にはトップアスリートのスポーツ環境を保証し続ける大学の社会資本が障害者スポーツとりわけ障害者アスリートに対応する環境が整っていない実情を（海老原ほか，2013），② 2013年度には2004年以後に開催されたパラリンピック大会に出場したパラリンピアンやその指導者を取り巻く劣悪なスポーツ環境を（海老原ほか，2014），さらに③ 2014年度にはパラリンピアンのスポーツ・キャリアの分析から，障害者スポーツ選手の発掘，育成，強化の課題を（海老原ほか，2015），それぞれ明らかにするとともに，これらの研究プロジェクトを通じて，普通学級に在籍する身体欠損児童・生徒への学校体育や地域スポーツの現況とその問題点を指摘した．

　さらに2014年度プロジェクトでは，インターネット・ウェブ調査によって障害者スポーツに対する関心度・認知度に迫ったが，オリンピアンに比べパラリンピアンへの認知度は著しく低い状況にあった．2012年7月に実施された内閣府「障害者に関する世論調査」では障害者への差別や偏見があると答えた人が2007年調査と比較して6.3ポイント上昇し89.2%に上った．パラリンピックへの傾倒が障害者ならびに障害者が参画し得る運動・スポーツへの無関心を許容・容認する免罪符となっていないか，一般社会の視線を危惧する背景は，これらの調査分析への複合的な理解に基づく（海老原ほか，2015）．

1．リバース・インテグレーション

　このような状況のもとで，留意すべき視点は障害の障壁をいかに乗り越えるか，である．そこには，障害者スポーツに健常者が参画し，障害の有無にかかわらず，同じ地平に立つという考え方がある．**車椅子バスケットボール**，シッティングバレー，ゴールボールなどですでに実現する．この試みは健常者の中に障害者を併合するインクルーシブが一方向的であり，たとえば，義足や義手が疑似的な健常者であるという一部パラリンピック種目の問題点を明らかにする．すなわち，障害者スポーツにかかわる科学的研究は身心の障害からの回復を志向する医学系のリハビリテーションをはじまりとする潮流のもとで，障害から健常へ向かうノーマライゼーションの思想のもとにある．とりわけ欠損部位を補完する義手・義足や基本的な動作・歩行を代替する車椅子などの発展は著しく，オリンピック選手の記録を義足のパラ選手が追い抜く事例はその本質をえぐり出す．今般の 2020 年東京オリンピック大会でも，ドイツ・パラ陸上・走り幅跳び・義足のマルクス・レームによるオリンピック出場の申し立てに，その納得できる説明があったのかなかったのか，定かではない．

　このようなノーマライゼーションの思想に対して DePauw ら（1995）が Disability and Sport を焦点化し，ありのままの身体を基盤にスポーツとのかかわりを，① handicapped sports，② sport for the disabled，③ adapted sport，④ disabled sport，⑤ wheelchair sport の視点で論じ，わが国では 1993 年に第 9 回 International Symposium on Adapted Physical Activity を開催し，造語としてのアダプテッド・スポーツ（adapted sports）は実践者の障害の種類や程度に合わせて，障害者スポーツにおける主体性の獲得に至る．それでもなお障壁は高いままである．

　図 16-2 はリバース・インテグレーションを念頭とする実証事業のポスターである．神奈川県体育センターならびに横浜市教育委員会の協力のもと，横浜市内の小学 4 年生〜中学 3 年生までの児童・生徒を対象に，障害者スポーツ体験イベントを開催し，正課体育や総合学習的教育の分野への障害者スポーツ導入を模索した．当日の参加者は児童・生徒 35 名（障害者 2 名 / 健常者 33 名）を含めて，指導員，視察者，保護者，報道・行政・教育機関など約 100 名が参加した．市内の中学校バスケットボール部員 10 数名が顧問教諭とともに

図16-2　目指せ！未来のトップアスリート：
インクルーシブ実証事業（2016年）

　参加した．教諭の言葉が現下の問題点を射る．曰く，「バスケットボール部員
には車椅子バスケットを体験させたいと模索してきたが，障害者スポーツ体験
イベントは障害者のみで，健常者はお断り，初めて希望が叶った」と伝えられた．

　だからこそ，健常者と障害者による双方的なコミュニケーションを指向する
中で，障害者のみならず健常者による障害者スポーツの体験が，障害による不
可視な区分を可能な限り可視的に取り払う身体表現を伴う挑戦であり，必要
最低限の条件整備となる応戦を超え，多種多様な障害をさらに乗り越える可能
性を持つ．とりわけ，健常者が障害者スポーツに挑戦するリバース・インテグ
レーションは，周辺にいる障害者の存在を初めて認識せしめる可能性を有し
（awareness），障害者と日常生活を共に過ごす公共性を分かち合う心性を刺
激し（share），自らの余力を不足する人物に提供する意欲・心意気を喚起し
（sprite），実際の行動として顕在化させる（behavior）と位置付けた．

　本論は，リバース・インテグレーションの具体的な実践となる障害者スポー
ツの体験がはたしてインクルーシブ教育の推進に資するか否か，を検討する．
日常生活での障害者やマイノリティに対する多角的な観点別評価指標となるイ
ンクルーシブ・スタンダードへの2019年度と2020年度での追跡調査を通じて，
その妥当性や効果を分析する．すでに2016年度・文部科学省科学研究費助成

【日常生活】

1. 片手で杖を使っている		
こういう人を…	どちらかえらんでください	
1. 見たことがありますか？	1. はい	2. いいえ
2. 手伝おうと思ったことがありますか？	1. はい	2. いいえ
3. 手伝ったことがありますか？	1. はい	2. いいえ

【スポーツ】

1. ブラインド・ウォーキング		
この種目を	どちらかえらんでください	
1. 実際に見たり，テレビやネットで見たりしたことがありますか？	1. はい	2. いいえ
2. やってみたいと思いますか？	1. はい	2. いいえ
3. やったことがありますか？	1. はい	2. いいえ

図16-3　オリンピック・パラリンピック教育に関する調査項目例 (海老原，2016より改変)

事業（挑戦的萌芽研究）「学校体育への障害者スポーツ導入によるインクルーシブ教育の推進」において，障害者や障害者スポーツの絵柄をイラストで制作し，認知，意欲・関心，態度・行動を指標とするインクルーシブ・スタンダード試案を準備した（図16-3）．この障害者やマイノリティへの対応12項目を取り出し，「見たことがある」を知識・理解に，「手伝おうとしたことがある」を関心・意欲に，「手伝ったことがある」を態度・行動に相当させる．並行して，障害者スポーツ種目12種目を「実際に見たり，テレビやネットで見たりしたことがある」を知識・理解，「やってみたい」を関心・意欲，「やったことがある」を態度・行動と照合し，障害者スポーツの体験群と非体験群にみるインクルーシブ・スタンダードへの応答の違いを検討する．

2．障害者スポーツ体験者にみる障害者・マイノリティへの対応

表16-1に障害者スポーツ体験別にみる日常生活における障害者・マイノリティへの対応を示した．対象者は2019年度と2020年度の両調査に回答した小学生（6歳）〜高校生（18歳）の4,658名となる．障害者スポーツ体験群は図16-3インクルーシブ・スタンダード調査票の後段に示す障害者スポーツ

12 種目の体験の有無に基づく．12 項目のうち，いずれかを体験した者は 2019 年度 1,917 名，2020 年度 1,997 名を数え，1,369 名が 2 年続け，体験していない者は 2,113 名となる．この体験者と未体験者の 2 グループによる 2020 年度における日常生活での障害者・マイノリティへの対応に基づき，クロス集計とカイ二乗検定にて統計的な有意差を検定した．

　全体の傾向を把握する視点の 1 番目は「見たことがある」（知識・理解）の出現率である．最も高い項目は「車いすを使っている」96.3％，次いで「外国人のかた」95.1％，「片手で杖を使っている」82.3％，「妊娠マークをつけている」79.5％，「白杖（白い杖）や杖を使っている」76.6％が続き，低い項目では「義手をつけている」15.3％，「LGBT（多様な性）」28.0％，「酸素吸入器をつけている」34.7％であった．次いで 2 番目に注目する視点は「見たことがある」（知識・理解），「手伝おうとしたことがある」（関心・意欲），「手伝ったことがある」（態度・行動）の出現率の順序であり，「義手を付けている」と「LGBT（多様な性）」を除く 12 項目中 10 項目で，関与が高まるほど割合が小さくなる．

　また，より深化した関与となる「手伝ったことがある」行動レベルでは，「外国人のかた」とのコミュニケーションが最も高く，次いで「妊娠マークをつけている」，「車いすを使っている」が 25％ 強を示し，外国人，妊娠，車いすが日常生活に溶け込んでいる様子がうかがえる．このような日常性に比べ，一桁台となる「義足をつけている」2.4％，「義手をつけている」2.2％，「手話を使っている」5.4％，「酸素吸入器を使っている」4.7％，「盲導犬を連れている」3.9％では具体的な手助けが想定しにくく，実践場面としてボランティアに関与できない現状にある．なお，盲導犬を傘の先端で突き刺す事件が記憶されるが，酸素吸入器の使用者や盲導犬に道を譲るだけでも十分な対応と考えられよう．

　これらの 3 つの全体的傾向を踏まえた上で，障害者スポーツ体験の影響はいずれ項目でも体験群が未体験群よりも関与の度合いが高いと確認できる．障害者スポーツ体験の有無とインクルーシブ・スタンダードの関与の有無の組み合わせは 4 通りとなり，体験の有無による違いはカイ二乗値の大きさによって判断できる．

　このカイ二乗値の大きさを手がかりに，障害者スポーツ体験の有無を比較すると，「見たことがある」（知識・理解）では「LGBT（多様な性）」，「義足をつけている」，「手話を使っている」，「手伝おうとしたことがある」（関心・意欲）

表16-1　障害者スポーツ体験別にみる日常生活での障害者・マイノリティへの対応
（海老原，2019）

	あり (n=2,545)	なし (n=2,113)	合計 (n=4,658)	χ^2 (d.f.=1)
1. 片手で杖を使っている				
1. 見たことがある	83.8	80.5	82.3	8.237***
2. 手伝おうと思った	53.2	44.2	49.1	37.742***
3. 手伝ったことがある	15.2	9.6	12.7	33.131***
2. 義足をつけている				
1. 見たことがある	41.1	30.8	36.4	52.793***
2. 手伝おうと思った	28.8	21.5	25.5	32.537***
3. 手伝ったことがある	3.1	1.5	2.4	12.542***
3. 義手をつけている				
1. 見たことがある	17.8	12.2	15.3	28.757***
2. 手伝おうと思った	24.0	17.5	21.0	29.431***
3. 手伝ったことがある	3.1	1.0	2.2	25.147***
4. 白杖(白い杖)や杖を使っている				
1. 見たことがある	78.9	73.8	76.6	16.297***
2. 手伝おうと思ったことがある	55.1	44.2	50.2	54.724***
3. 手伝ったことがある	17.7	9.8	14.1	58.978***
5. 車いすを使っている				
1. 見たことがある	97.1	95.3	96.3	11.220***
2. 手伝おうと思ったことがある	63.0	54.1	59.0	37.671***
3. 手伝ったことがある	31.2	20.7	26.4	66.131***
6. 補聴器をつけている				
1. 見たことがある	58.6	53.4	56.2	12.463***
2. 手伝おうと思ったことがある	35.2	27.5	31.7	31.292***
3. 手伝ったことがある	15.1	8.9	12.3	40.393***
7. 手話を使っている				
1. 見たことがある	58.5	48.7	54.1	44.721***
2. 手伝おうと思ったことがある	30.0	20.4	25.6	55.615***
3. 手伝ったことがある	7.2	3.3	5.4	33.239***
8. 酸素吸入器をつけている				
1. 見たことがある	36.9	32.1	34.7	11.591***
2. 手伝おうと思ったことがある	27.3	20.7	24.3	27.152***
3. 手伝ったことがある	5.7	3.5	4.7	12.418***

9. 妊娠マークをつけている				
1. 見たことがある	82.2	76.3	79.5	24.766***
2. 手伝おうと思ったことがある	57.1	46.4	52.2	52.248***
3. 手伝ったことがある	31.2	21.6	26.9	54.808***
10. 盲導犬を連れている				
1. 見たことがある	48.4	45.2	47.0	4.643*
2. 手伝おうと思ったことがある	30.7	23.9	27.6	27.299***
3. 手伝ったことがある	5.4	2.0	3.9	34.836***
11. 外国人のかた				
1. まちなかで見た	96.0	94.1	95.1	8.659***
2. 話しかけようと思ったことがある	38.2	26.7	33.0	68.946***
3. 話しかけたことがある	32.9	20.2	27.1	95.162***
12. LGBT（多様な性）				
1. 見たことがある	33.0	22.0	28.0	68.796***
2. 見守ろうと思ったことがある	41.1	31.9	36.9	41.629***
3. 見守ったことがある	21.3	13.5	17.8	47.581***

　では「外国人のかた」,「手話を使っている」「白杖（白い杖）や杖を使っている」「妊娠マークをつけている」,「手伝ったことがある」（態度・行動）では「外国人のかた」「車いすを使っている」「白杖（白い杖）や杖を使っている」「妊娠マークをつけている」により大きな違いを見出せる.

　表16-2は障害者スポーツ体験別にみる障害者・マイノリティへの対応「手伝ったことがある」（態度・行動）の変化状況を示した. この変化は2019年度と2020年度の対応によって4パターンとなり, 2年間続けて手伝った関与継続群, 2019年度は手伝ったが2020年度は手伝わなかった離脱群, 2019年度は手伝わなかったが2020年度には手伝った新規関与群, ともに手伝わなかった非関与継続群に区分できる. それを障害者スポーツ体験別にクロス集計に取りまとめた. 同じ手法で「見たことがある」（知識・理解）と「手伝おうとしたことがある」（関心・意欲）を取りまとめられるが, 障害者スポーツ体験の影響をより明確にするべく「手伝ったことがある」（態度・行動）のみを取り上げ, カイ二乗値を手がかりに関与・非関与の継続状況に注目した. 関与継続率が高い項目は「妊娠マークをつけている」と「外国人のかた」18.6%,「車いすを使っている」16.4%で, 次いで「LGBT（多様な性）」8.4%,「片手で杖を使っている」

表16-2　障害者スポーツ体験別にみる障害者・マイノリティへの対応変化(海老原，2019)

		あり (n=2,545)	なし (n=2,113)	合計 (n=4,658)	χ^2 (d.f.=3)
1. 片手で杖を使っている					
3. 手伝ったことがある	関与継続率	8.2	4.5	6.5	
	離脱率	10.1	6.6	8.5	
	新規参画率	7.1	5.1	6.2	
	非関与継続率	74.6	83.8	78.8	59.801***
2. 義足をつけている					
3. 手伝ったことがある	関与継続率	0.6	0.4	0.5	
	離脱率	3.5	1.6	2.6	
	新規参画率	2.6	1.1	1.9	
	非関与継続率	93.4	96.9	95.0	31.504***
3. 義手をつけている					
3. 手伝ったことがある	関与継続率	1.1	0.4	0.8	
	離脱率	2.7	0.7	1.8	
	新規参画率	2.0	0.6	1.4	
	非関与継続率	94.2	98.3	96.1	53.452***
4. 白杖(白い杖)や杖を使っている					
3. 手伝ったことがある	関与継続率	8.0	3.4	5.9	
	離脱率	11.1	7.2	9.3	
	新規参画率	9.7	6.5	8.2	
	非関与継続率	71.2	83.0	76.5	93.515***
5. 車いすを使っている					
3. 手伝ったことがある	関与継続率	16.4	10.3	13.6	
	離脱率	12.7	9.3	11.1	
	新規参画率	14.8	10.4	12.8	
	非関与継続率	56.1	70.0	62.4	97.730***
6. 補聴器をつけている					
3. 手伝ったことがある	関与継続率	7.8	4.0	6.1	
	離脱率	5.8	4.4	5.1	
	新規参画率	7.3	4.9	6.2	
	非関与継続率	79.1	86.7	82.6	49.940***
7. 手話を使っている					
3. 手伝ったことがある	関与継続率	2.2	1.0	1.7	
	離脱率	4.8	2.2	3.6	
	新規参画率	4.9	2.3	3.7	

	非関与継続率	88.1	94.5	91.0	58.088***

8. 酸素吸入器をつけている

3. 手伝ったことがある	関与継続率	2.0	1.2	1.7	
	離脱率	3.6	2.1	2.9	
	新規参画率	3.7	2.3	3.0	
	非関与継続率	90.7	94.4	92.4	21.758***

9. 妊娠マークをつけている

3. 手伝ったことがある	関与継続率	18.6	11.4	15.3	
	離脱率	10.3	8.9	9.7	
	新規参画率	12.6	10.2	11.5	
	非関与継続率	58.5	69.5	63.5	70.048***

10. 盲導犬を連れている

3. 手伝ったことがある	関与継続率	1.5	0.6	1.1	
	離脱率	5.0	2.7	4.0	
	新規参画率	3.9	1.4	2.8	
	非関与継続率	89.6	95.3	92.2	53.461***

11. 外国人のかた

3. 手伝ったことがある	関与継続率	18.6	9.7	14.6	
	離脱率	14.0	10.6	12.5	
	新規参画率	14.3	10.5	12.6	
	非関与継続率	53.0	69.2	60.4	137.038***

12. LGBT（多様な性）

3. 手伝ったことがある	関与継続率	8.4	4.3	6.6	
	離脱率	7.9	5.9	7.0	
	新規参画率	12.8	9.2	11.2	
	非関与継続率	70.8	80.6	75.2	65.530***

8.2%，「白杖（白い杖）や杖を使っている」8.0% と続く.

3．車いすを手伝う

　2012 年ロンドンオリンピック・パラリンピック大会閉会後，シティの地下鉄の改札口の出口付近で車いすに乗った婦人が地上に上がるエレベーターを探して右往左往している．それをみかけた男性が見ず知らずの 2 人に声をかけて，車いすの左右と後方を支えて，婦人ともども階段を運び上がるニュースが記憶

に残る.

　困っている人がいると気づき，1 人ではできないと判断して，すぐに手伝いの声を掛ける．声を掛けられた 2 人が二つ返事で応じる．身近に困っている人がいれば可能な限りの手助けを提供する心持ちが普遍的に行き渡るコミュニティがうらやましい．さらには，車いすのどの部分を支えれば安全に持ち運べるかを熟知しているのだろう，とも推察した．

　2006 年 12 月に施行された**バリアフリー法**（高齢者，障害者等の移動等の円滑化の促進に関する法律）が適用され，この移動等に配慮する建築設計標準が改定されたり追補されたりして今日に至る．新国立競技場のエレベーターもまた，車いすを利用する観客が地震や火災といった非常時に円滑に身の安全を図れるように設計されているのだろう．昨今では公共交通機関を筆頭にエレベーターやエスカレーター，トイレなどの施設が充実する．がしかし，このような配慮が充実するほどに，無関心が拡がるのではないだろうかと危惧される．ロンドンのシティのような光景を日常的にみかけるコミュニティをわれわれはもち得るだろうか，心もとない．

附　　記
　本論は文部科学省・平成 31（2019）年度基盤研究（B）「障害者スポーツのリバースインテグレーションによるインクルーシブスタンダードの開発」（〜令和 3（2021）年度）の一部である．

引用文献
海老原修（2016）学校体育への障害者スポーツ導入によるインクルーシブ教育の推進．2016 年度文部科学省科学研究費助成事業（学術研究助成基金助成金・挑戦的萌芽研究）（課題番号 16K12992，〜2017 年度）

海老原修（2019）障害者スポーツのリバースインテグレーションによるインクルーシブスタンダードの開発．2019 年度文部科学省科学研究費助成事業（学術研究助成基金助成金・基盤研究（B）（一般）（課題番号 19H03997，〜2021 年度）

海老原修ほか（2013）大学における障害者スポーツの現状に関する調査研究報告書．ヤマハ発動機スポーツ振興財団．

推薦図書
海老原修ほか（2013）大学における障害者スポーツの現状に関する調査研究報告書．ヤマハ発動機スポーツ振興財団．

海老原修ほか（2014）我が国のパラリンピアンを取り巻くスポーツ環境調査報告書.
　　ヤマハ発動機スポーツ振興財団.
海老原修ほか（2015）障害者スポーツ選手発掘・育成システムの現状と今後の方向性
　　に関する調査研究報告書.　ヤマハ発動機スポーツ振興財団.
DePauw KP et al.（1995）Disability Sport. Human Kinetics.

［海老原　修］

おわりに

　「へぇー，すっごぉーい！」とうそぶかれ，おだてられ，学究の道に迷い込んだ者，数知れず．その真意を読み解き論そうとすると「よけぇーなこと，すんじゃねぇーよ」と一喝．善意を踏みにじる者に天罰をと拗ねていると，あらぬ方より「No Education is Educative，教育せざるが教育なり」の声．「なんにもしなくても，みんな，りっぱになっちゃて，よ！」と胸を張る．余計な手出しをしないとはすなわち No Education となるのだろうか．

　生存を続けようと努力する生命の本質は不断の更新によってのみ確保され得る．ゆえに生活が自己更新の場を提供する．自己と環境の間の交信において，自身の活動を環境に順応させると，まったく同じくらい，環境をわれわれの活動に順応させるので，結果として個人が改造の主体となり，改造・更新・再組織化を続ける．しかし，この改造と更新には，重苦しい努力を伴う不愉快な状況となる習慣の再調整が求められるが，そこに出現する葛藤や困難を克服して初めて成長が成し遂げられる．余計な手出しをしない No Education が J. Dewey が力点を置く Spontaneous に通じるのかもしれない．

　民主主義の実現化は，あらゆる様式の人間の社会的関係（Human Association）に基づき，共同社会生活を構築するコミュニケーションが深化する．その上で，前述の通り，手出しをしないように心がける結果，コミュニケーションの相手には最小限のキーワードの交信に留まる．全国調査データの共有化，コミュニティとアソシエーション，公私，部活，暴力，推薦入試，キャリア，ボランティア，ナショナリズム，グローバリゼーション，ドーピング，ジェンダー，障害者をキーワードに執筆された，同じ地平にて交信のある先生方，企画立案編集に尽力された明治大学・高峰修先生，出版の機会を快く引き受けて下さった杏林書院・太田康平氏，齋田依里氏に深謝申し上げる．

海老原修

2022年4月10日　第1版第1刷発行
2024年3月10日　　　第2刷発行

現代社会とスポーツの社会学
定価(本体2,500円+税)　　　　　　　　　　　　　検印省略

編　者	高峰　修ⓒ，岡本純也ⓒ，	
	千葉直樹ⓒ，束原文郎ⓒ，横田匡俊ⓒ	
発行者	太田　康平	
発行所	株式会社　杏林書院	
	〒113-0034　東京都文京区湯島4-2-1	
	Tel　03-3811-4887(代)	
	Fax　03-3811-9148	
	http://www.kyorin-shoin.co.jp	

ISBN 978-4-7644-1597-3　C3037　　　　　印刷・製本所：三報社印刷

Printed in Japan

乱丁・落丁の場合はお取り替えいたします.